高职高专"十二五"规划教材

企业经营
管理实务

QIYE JINGYING
GUANLI SHIWU

付春雨　主编

张国云　蔡洪庆　副主编

化学工业出版社

·北京·

本书主要内容包括：认识企业经营管理、企业的设立与终止、企业战略管理、经营决策与控制、企业生产管理、商品经营管理、企业质量管理、企业财务管理、企业人力资源管理、企业文化与形象管理等。本书坚持以培养应用型专门人才为指导，针对高等院校学生的实际，在每章正文之前列有"学习目标"和"导入案例"，章末列有"本章小结"、"复习思考题"、"案例分析"和"实践训练"等众多具有特色的栏目设计。

　　本书可作为高等院校市场营销、商务管理、电子商务、经济管理等专业学生的教材，也可供从事营销工作的人员和经济理论工作者参考阅读。

图书在版编目（CIP）数据

企业经营管理实务/付春雨主编. —北京：化学工业出版社，2012.8

高职高专"十二五"规划教材

ISBN 978-7-122-14216-0

Ⅰ. 企… Ⅱ. 付… Ⅲ. 企业经营管理 Ⅳ.F270

中国版本图书馆 CIP 数据核字（2012）第 087530 号

责任编辑：蔡洪伟　　　　　　　　　　　　　文字编辑：李　曦
责任校对：周梦华　　　　　　　　　　　　　装帧设计：史利平

出版发行：化学工业出版社（北京市东城区青年湖南街 13 号　邮政编码 100011）
印　　装：北京云浩印刷有限责任公司
787mm×1092mm　1/16　印张 17　字数 408 千字　2012 年 8 月北京第 1 版第 1 次印刷

购书咨询：010-64518888（传真：010-64519686）　售后服务：010-64518899
网　　址：http://www.cip.com.cn
凡购买本书，如有缺损质量问题，本社销售中心负责调换。

定　　价：33.00 元

前 言 Preface

　　企业经营管理是一门实践性很强的学科，我国企业在改革开放以来的发展过程中，有无数成功的经验和失败的教训。高等院校迫切需要结合我国企业管理的实际，改革和完善现代企业管理教材的内容和体系结构，提高高校现代企业管理课程的教学质量。本书为适应高等院校教学的需要，强化学生综合职业能力的培养，促进基础理论知识的创新和整体素质的提高而编写。本书编写的指导思想是注重理论与实践、传统与创新、全面与重点相结合。本书充分地反映了 21 世纪现代企业管理的最新知识和最新理论，其内容包括认识企业经营管理、企业的设立与终止、企业战略管理、企业经营决策与控制、企业生产管理、商品经营管理、企业质量管理、企业财务管理、企业人力资源管理、企业文化与形象管理十章。每章正文前列有"学习目标"，章末有"本章小结"、"复习思考题"，"案例分析"和"实践训练"等众多具有特色的栏目设计，既体现了高等教育的特色，也有利于从事企业经营管理人员阅读和参考。

　　本书由付春雨任主编，张国云、蔡洪庆任副主编。付春雨编写了本书的第一章至第四章、第十章和全书的统稿工作，付春雨、张国云、蔡洪庆共同编写了本书的第五章至第七章。耿艳彩编写了第八章、第九章。本书在编写过程中，得到了有关单位、企业和专家的大力支持和帮助，在此一并表示感谢。

　　"企业经营管理"是一门涉及面广、实践性强的综合性课程。由于作者水平有限，书中难免存在不足之处，敬请同行专家和广大读者批评指正。

编　者
2012 年 5 月

目 录

Contents

◎ 第一章

认识企业经营管理

导入案例 ▶▶

奇瑞公司的自主创新

奇瑞汽车股份有限公司（以下称奇瑞公司）于 1997 年 1 月 8 日注册成立；1999 年 12 月 18 日，第一辆奇瑞轿车下线；目前，奇瑞公司已具备年产 90 万辆整车、发动机和 40 万套变速箱的生产能力。

"自主创新"是奇瑞公司发展战略的核心，也是奇瑞公司实现超常规发展的动力之源。"全球化"是奇瑞公司的战略发展目标。奇瑞公司从发展初期就注重开拓国际、国内两个市场，积极实施"走出去"战略，成为我国第一个将整车、CKD 散件、发动机以及整车制造技术和装备出口至国外的轿车企业。

在积极打造硬实力的同时，奇瑞公司还高度重视培育软实力。秉承"大营销"理念，奇瑞公司全面升级"品牌、品质、服务"三大平台，不断提升品牌形象和企业形象。权威汽车评级机构 J. D. Power 亚太公司发布了 2009 年中国新车质量调研 SM（IQS）报告，奇瑞 QQ3、QQ6 荣登紧凑型车与高档紧凑型车榜首。这是 J. D. Power 亚太公司连续第十年发布中国新车质量调研报告以来，自主品牌首次荣获两个细分产品类别的冠军，实现了历史性的突破。

奇瑞公司凭借富有朝气的创新文化，实现了跨越式发展。奇瑞公司将秉承"自主创新、世界一流、造福人类"的奋斗目标，继续保持艰苦奋斗的"小草房"精神，为实现成为"自主国际名牌"第二阶段目标而努力！

（选自奇瑞公司网站）

第一节　现代企业及管理

一、现代企业及其特征

（一）企业的概念

企业是从事生产、流通、服务等经济活动，以生产或服务满足社会需要，实行自主经营、独立核算、依法设立的一种盈利性的经济组织。

（二）现代企业的概念

现代企业是指在市场经济条件下，以赢利为目的，直接组合和运用生产要素，从事商品生产、流通或服务等经营活动，为满足社会需要依法进行自主经营、自负盈亏、自我约束、自我发展的法人实体和市场竞争主体。

企业管理学研究多以工业企业为主要对象。作为一个工业企业必须具有以下基本要素。

① 拥有一定数量的生产设备和资金——财和物。

② 有一定的生产经营活动的场所——土地（车间和厂房）。

③ 有一定数量和质量的工人和管理者——人。

④ 从事社会商品的生产、流通等经济活动——企业活动的内容（生产具体的产品）。

⑤ 企业自主经营、自负盈亏，具有法人地位——法人。

⑥ 企业生产经营活动的主要目的——获得利润。

（三）现代企业的特征

1. 企业是一个经济性组织

从经济角度看，企业是从事商品生产和经营活动的赢利性的经营实体。

2. 企业是一个社会性组织

企业直接向社会提供商品或劳务，满足社会的需要，同时对社会发展、政治进步、文化繁荣产生重大影响，发挥重要作用。企业的目标不仅是追求利润，还要承担一定的社会责任。

3. 企业是一个独立的法人

具有法人资格的相对独立的企业，至少应具备以下三个条件：一是必须在工商行政管理部门登记注册（验资、名称、场所、组织和经营范围等）；二是独立核算，在银行设立账户，独立行使财产支配权；三是独立自主地进行生产经营活动，并严格按照法律规定行使权利和履行义务。

4. 企业是一个自主经营系统

在市场经济体制下，企业是独立的商品生产者和经营者，必须使企业成为开放的经营系统，创造完善的市场环境和秩序。

（四）现代企业的类型

1. 按社会分工角度分类

可以分为工业企业、农业企业、商业企业、物流企业、建筑安装企业、交通运输企业、金融企业、电讯企业等类型。

2. 按企业规模分类

可以分为特大型企业、大型企业、中型企业、小型企业等类型。

3. 根据企业生产力各要素所占比例的不同分类

（1）劳动密集型企业　是指技术装备程度较低、用人较多、产品成本中活劳动消耗所占比重较大的企业。

（2）技术密集型企业　又称资金密集型企业，即所需投资多、技术装备程度高、用人较少的企业。

（3）知识密集型企业　是指综合运用先进科学技术成就的企业。

4. 按企业社会化的组织形式分类

（1）单厂企业　是由在生产技术上有密切联系的若干生产车间、辅助生产车间、服务单位和管理部门所构成的企业。

（2）多厂企业　是指由两个或两个以上的工厂组成的企业。

（3）企业集团　是以实力雄厚的企业为核心，以资产连接为主要纽带，通过产品、技术、经济契约等多种方式，把众多有内在联系的企业和科研设计单位连接在一起的法人联合体。

（4）公司　公司是按照《中华人民共和国公司法》规定的法律程序组建的以赢利为目的的经济组织。

5. 按法律形式分类

（1）自然人企业　是指具有民事权利能力和民事行为能力的公民依法投资设立的企业。企业财产属于出资者私人财产的一部分，民事主体是自然人，而不是企业。

（2）法人企业　是指具有法人资格的企业。法人是指具有民事权利和民事行为能力、依法享有民事权利和承担民事义务的组织。

法人与自然人的区别：自然人是以血缘的存在为主要特征的单个人；法人只是社会组织在法律上的人格化，不是具有生命的人，但法人代表可以由自然人来充当。

（五）现代企业的作用

（1）企业作为国民经济的细胞，是市场经济活动的主要参加者　企业扮演着双重角色，既向市场提供各种商品和服务，又从市场购买各种生产资料、招聘人才；企业既是生产者，又是消费者。

（2）企业是社会生产和流通的直接承担者　企业的经营状况如何，直接关系到产品的丰富程度和市场的活跃程度，与国家经济实力的增长、人民物质生活水平的提高息息相关。

（3）企业是推动社会经济技术进步的主要力量　企业为了避免在激烈的竞争中被淘汰，就得千方百计地提高技术水平，减少劳动消耗。主观上是为自身利益，客观上有利于社会技术水平的提高与进步。

二、企业经营和管理

（一）经营

经营是指个人或团体为了实现某些特定的目的，运用经营权使某些物质（有形和无形的）发生运动从而获得某种结果的人类最基本的活动。运用经营权的活动就是经营活动；在运用经营权的种种活动中所发生的人与人之间的关系就是经营关系；以进行经营活动为任务的各种组织就是经营组织；在经营活动中形成的观念、思想、感情、心理等就是经营意识或经营文化。

狭义的"经营"是指企业的生产活动以外的活动，即企业的供销活动。目前比较流行的观点是将"经营"等同于"营销"，将经营活动等同于营销活动。广义的"经营"认为，企业的经营活动包括六个方面的活动：技术活动（生产、制造、加工），商业活动（购买、销售、交换），财务活动（筹集和利用资本），安全活动（保护财产和人员），会计活动（清理财产、资产负债表、成本、统计等），管理活动（计划、组织、指挥、协调、控制）。

（二）管理

管理是通过计划、组织、协调和控制等职能活动，把一个组织所拥有的经营要素（人、财、物和知识资源）优化配置并充分运用，使之发挥最大效果，以期达到最佳组织目标的过程。

管理是对组织的资源进行有效整合以达成组织既定目标与责任的动态创造性活动。管理是社会组织中，为了实现预期的目标，以人为中心进行的协调活动。管理的这个综合概念至少包括以下四个方面的含义。

① 管理适用于任何一个社会组织。

② 管理的基本对象是人。

③ 管理是一种协调活动。

④ 管理是一种有目的的活动。

（三）经营与管理的关系

（1）经营在管理的外延之中　经营是指企业进行市场活动的行为；而管理是指企业理顺工作流程、发现问题的行为。

经营与管理是相互渗透的。经营中的科学决策过程是管理的渗透，而管理中的经营意识则是情商的体现。

（2）经营是对外的，追求从企业外部获取资源和建立影响；管理是对内的，强调对内部资源的整合和建立秩序　经营追求的是效益，要开源，要赚钱；管理追求的是效率，要节流，要控制成本。经营是扩张性的，要积极进取，抓住机会，放大胆子；管理是收敛性的，要谨慎稳妥，要评估和控制风险。

经营与管理是密不可分的。忽视管理的经营是不能长久、不能持续的；忽视经营的管理是没有活力的。企业发展必须有规则、有约束，但也必须有动力，否则就是一潭死水。

（3）经营是龙头，管理是基础，管理必须为经营服务　企业要做大做强，必须首先关注经营，研究市场和客户，并为目标客户提供有针对性的产品和服务；其次基础管理必须跟上。只有管理跟上了，经营才可能继续前进，经营前进后，又会对管理水平提出更高的要求。

（四）企业经营管理

1. 含义

企业经营管理是指对企业整个生产经营活动进行决策、计划、组织、控制、协调，并对企业成员进行激励，以实现其任务和目标的一系列工作的总称。

2. 企业经营管理的内容

合理确定企业的经营形式和管理体制，设置管理机构，配备管理人员；搞好市场调查，掌握经济信息，进行经营预测和经营决策，确定经营方针、经营目标和生产结构；制订经营计划，签订经济合同；建立、健全经济责任制和各种管理制度；搞好劳动力资源的利用和管理，做好思想政治工作；加强土地与其他自然资源的开发、利用和管理；搞好机器设备管理、物资管理、生产管理、技术管理和质量管理；合理组织产品销售，搞好销售管理；加强财务管理和成本管理，处理好收益和利润的分配；全面分析评价企业生产经营的经济效益等。

三、企业管理的性质及职能

(一)企业管理的性质——二重性

1. 企业管理的自然属性

企业管理的自然属性是指管理要处理人与自然的关系,要合理组织生产力,因此也称管理的生产力属性。管理的这种自然属性是由生产力发展水平和人类活动的社会化程度决定的,是一种客观存在,与生产方式、社会制度无关。

2. 企业管理的社会属性

企业管理的社会属性是指管理要处理人与人之间的关系,要受一定生产关系、政治制度和意识形态的影响和制约。通常也称作管理的生产关系属性。

企业管理的二重性既相互联系又不可分割。它不仅要求在时间上和空间上组织好企业的生产要素,以发展生产力,而且要协调好各种经济关系,让全体职工的智慧和才能都能得到充分发挥。

(二)企业管理的职能

企业管理的职能是管理者实施管理的功能或程序。它是管理系统功能的体现,是管理系统运行的表现形式。

1. 决策职能

市场经济是一个开放的系统。市场需求的迅速变化和竞争的加剧,使决策成为管理的核心和首要职能。决策是针对未来的行动制定的,未来的行动往往受到行动者所处环境的影响,包括内部环境和外部环境。

由于任何决策都是在预测的基础上进行的,而预测是以概率为前提的,很难做到完全准确,这就使得决策必然具有一定的风险。为了提高预测和决策的准确性,一般要依据一定的数学方法和计算机进行计算和模拟。但由于决策时还会受到决策者的价值前提、决策者追求的决策目标、决策者态度以及决策方法的影响,因此面对同样的事实,不同的决策者可能会做出完全不同的决策。

2. 计划职能

计划是一种结果,是对未来行动方案的一种说明。它告诉管理者和执行者未来的目标是什么,要采取什么样的活动来达到目标,要在什么时间范围内达到目标,以及由谁来进行这种活动。

计划职能是一个非常重要的职能。计划是管理者进行指挥的依据;计划是降低风险、掌握主动的手段;计划还是减少浪费、提高效益的方法。计划能够预先对未来的组织活动进行认真研究,从而消除活动所带来的不必要的浪费,选择最有效的方案来达到组织的目标;计划是管理者进行控制的标准。计划中的目标和指标可以作为控制职能中的标准,控制中的所有标准都源于计划。

3. 组织职能

组织职能实施的目的是发挥整体大于部分之和的优势,使有限的人力资源形成最佳的综合效果。

组织职能，就是根据工作的要求和人员的特点来设置岗位，通过授权和分工，将适当的人员安排在适当的岗位上，并用制度规定各个成员的职务、责任和权力，以及各成员之间的相互关系，形成一个有机的组织结构，使整个组织协调运转。可见管理的组织职能实质上就是要设计和维持一套职位系统，使人们在从事集体活动中合理分工与合作，以完成预定的决策目标。

4. 领导职能

领导的本质是一种影响力，是对组织为确立目标和实现目标所进行的活动施加影响的过程。

领导职能的具体内容是指导人们的行为，协调各种关系，激励每个成员自觉地为实现组织目标而努力。协调包括对内协调和对外协调两个方面。对内协调的目的是形成良好的人际关系，对外协调的目的是帮助企业树立良好的企业形象。

5. 控制职能

控制职能就是按照预定的决策目标、计划和标准，对管理活动的各个方面的实际情况进行检查，发现差距，分析原因，采取措施，予以纠正，使管理活动能按计划进行，保证预定决策目标的实现。

决策和计划是控制的前提，为控制职能提供目标和标准。管理者必须及时取得决策和计划执行情况的信息，并将有关信息与决策目标和计划进行比较，发现实践活动中存在的问题，分析原因并采取措施。因此没有决策以及在决策基础上制订的计划就不存在控制；同时控制又是实现决策目标和计划的手段。从管理活动的纵向看，各级管理层次都要重视控制职能；从管理活动的横向看，各项管理活动、各个管理对象都要进行控制。没有控制工作，决策目标和预先制订的计划就不可能实现。

6. 创新职能

从管理的角度来看，创新是指组织管理者对组织要素的重新组合，其目的是改变组织资源的产出量或提高消费者的满意程度。从这个意义上讲，创新就是指将发明创造引入经济活动之中，形成具有创造性的思想并将之转换为有用的产品或服务的过程。一般而言，创新包括技术创新、组织创新、制度创新和组织文化创新等。

创新职能与上述管理职能不同。它本身没有某种特有的表现形式，总是在其他管理职能的所有活动中表现自身的存在与价值。

（三）企业管理的特点

1. 突出经营和决策，重视战略管理，面向市场和用户

现代企业管理提出了管理的重心在经营，经营的重心在决策的观点，经营战略成为企业生存和发展的头等问题。由于当代社会经济环境不断变化，要求企业管理及其理论不仅要着眼于企业内部，更要着眼于企业外部环境和市场的变化对企业的影响；不仅要着眼于企业的今天，更要着眼于企业的明天，把企业未来的发展战略作为企业经济管理的重点；不仅要着眼于国内市场，更要着眼于国际市场，积极跟踪世界经济发展动向；不仅要重视战术性的短期计划，更要重视战略性的长期规划。

2. 实行高度的专业化协作和多样化的经营

目前，企业生产的专业化协作程度空前提高，每一大企业的周围都有一大批中小企业为其

生产零配件。这些中小企业专业化程度高、批量大、产品质量好、成本低、交货及时，与大公司相互依存。大企业在走向专业化协作的同时，还普遍实行产品的多样化和混合经营。有些企业除经营主要产品外，还经营同其有联系的其他产品；有些企业还把与其业务上并无联系的企业和互不相干的产品结合在一起，采取联合公司的形式，实行混合经营。这种混合经营方式有利于企业充分利用资金和资源，分散经营风险，提高竞争能力，保持利润的稳定增长。

3. 把提高企业技术管理水平作为企业发展的核心问题

大企业一般都设有强大的科研基地和技术开发中心，或与科研单位合作，投入大量的人力、物力，从事基础技术和新产品开发的研究，积极改造现有产品的设计和工艺，为未来的新产品开发做技术准备，把发展具有竞争力的新产品作为管理的重点。

4. 重视人力资源的开发

企业管理者不再把员工看做赚钱的"机器"，而是看做有感情、有需要、有观点和人格的社会人。应尊重员工的人格，满足其内在需求来激发工作积极性，注重智力资源的开发，注重技术人才和管理人才的选拔和培养，把人才看做企业稀缺的资源。

5. 广泛采用分权管理体制

随着技术的进步、工艺的复杂化，企业规模扩大，经营品种增加，领导层次增多，传统集权的管理体制越来越难以适应形势的发展。于是，企业逐渐改为分权的管理制度。

6. 广泛运用现代自然科学新成果和现代管理手段

其主要标志是将数学方法和计算机等现代技术工具运用于企业管理，极大地提高了管理效率和经济效益。

（四）企业管理发展的新趋势

1. 企业创新管理将越来越受到重视

企业要生存和发展，就要不断地创新，满足现状就意味着落后。现代企业家要树立市场竞争概念和风险经营概念，善于将企业资源转化为经营优势，提高企业的创新能力，在急剧的外部环境变化中，把握开拓市场的主动权。

2. 企业"软件"管理将更加系统化

现代企业管理的系统管理模式是由战略、结构、制度、技巧、人员、作风及共同价值观七方面组成的，简称"七 S"模式。在此模式中，战略、结构和制度是管理的"硬件"，适用于一切企业的管理；而人员、作风、技巧及共同价值观则是管理的"软件"，不同的企业有不同的"软件"。未来企业管理的重点，就是要提高"软件"管理企业的水平。

3. 企业战略管理将强调目标的创新

现代企业经营管理是一种实现企业预期经营目标的管理，主要是谋求企业发展目标、企业动态发展与外部环境的适应性。而战略管理是一种面向未来的、以强调创新为目标的管理，它谋求的是，既要适应外部环境变化，又要改造和创新外部经营环境，并努力用企业的创新目标来引导社会消费，促进企业不断地成长和发展。

4. 企业权变管理将更加灵活和精细

道格拉斯·麦格雷戈（Douglas McGregor）提出了有关人性的两种截然不同的观点：一种是基本上消极的 X 理论（Theory X）；另一种是基本上积极的 Y 理论（Theory Y）。在现代管理中，X 理论过分强调对人的行为的控制，结果形成家长式管理，严重束缚了职工的创造性和积极性；Y 理论过分强调人的行为的自主性，结果形成放任管理，缺乏统一的协调和组织。未来企业管理的发展将是实行一种宽严相济的权变管理，能因人、因时、因地随机采用各种各样的方式进行管理，使企业管理既能控制得很严，又让企业职工感到享有自主权，丰富了企业家精神和创新精神。

5. 开放式面对面的感情管理

面对面的管理，是以走动管理为主的直接亲近职工的一种开放式的有效管理。它是指管理人员深入基层、自由接触职工，在企业内部建立起广泛的、非正式的、公开的信息沟通网络，以便体察下情、沟通意见，共同为企业目标奋斗。这种走动管理充溢着浓厚的人情味。其内容外延广阔、内涵丰富，富于应变性、创造性，以因人、因地、因时制宜取胜。实践证明，高技术企业竞争激烈、风险大，更需要这种"高感情"管理。它是医治企业官僚主义顽症的"良药"，也是减少内耗、理顺人际关系的"润滑剂"。

6. 企业管理将更善于借用外脑

未来企业的经营管理，在面对外部环境剧烈变化的挑战下，已不能完全依靠企业内的管理人员做出正确的决策，而必须借助于外部力量，特别是借助于对企业的生产、技术、经营、法律等方面有专长的专家和顾问，为企业提供经营管理方面的咨询服务，在企业界形成以咨询为主的企业智囊团。

第二节　企业管理原理

一、企业管理基本原理

（一）系统原理

系统是指由事物间相互依赖、相互作用的各种要素（信息、人力、财力、设备、材料、能源、任务等）组合而成的，具有特定功能的有机整体。凡是客观存在的、由诸要素组成的各种独立事物，都可看做一个系统。

管理的系统原理要求把管理对象看成一个复杂的人造系统，树立整体观念，了解事物的组成要素、结构、功能等，以达到优化管理的目的。系统原理要求我们在管理上必须遵循以下原则。

1. 整分合原则

现代高效率的管理是在整体规划下进行明确分工，在分工基础上进行有效的综合，这就是整分合原则。整体规划是分工的前提，分工则是为了提高效率，适应社会大生产的要求；分工之后，各部门还必须进行有效的配合、协作，以保证整体目标的完成。所以，企业中没有分工的管理是一种低效管理，没有整、合的管理则是无效管理，只注重分工而没有整体观念和互相协作与配合，企业就如同一盘散沙。

2. 封闭原则

封闭原则是指企业管理系统内的管理方法、管理手段、管理制度等必须形成一个连续的封闭回路。在企业管理机构的设计上，要有指挥机构、执行机构、监督机构和反馈机构等，这些机构相对独立而又相互制约，构成回路，以保证管理活动的正常高效运行。在管理者的授权方面，必须使管理者有责、有职、有权、有奖、有惩，使之内有动力，外有压力，形成循环管理。现代管理，要求管理必须严密，不应出现管理漏洞。当然，封闭是相对的，随着管理环境的变化，企业必须不断改善原有的封闭回路，以适应新的形势。

3. 规律效应原则

规律是客观事物本身所固有的、本质的、内在的、必然的联系，任何事物的运动都有其客观的规律性；效应是客观事物在其运动过程中引起的反应和结果。规律效应原则要求管理者认识管理对象运动的规律性，主动掌握规律、运用规律，按规律办事，取得良好的效益。

4. 协调和谐原则

协调和谐原则是指系统内各要素之间，系统和其环境之间要保持良好的生态平衡，以保证系统健康、持续地发展。要求管理者以矛盾制衡求得动态的平衡，积极创造企业整体结构的和谐，使企业内部人—机关系、人—人关系、人—环境关系保持和谐，保证企业取得良好效益。

（二）人本原理

管理主要是人的管理和以人为对象的管理，即一切管理活动要以调动人的积极性、做好人的工作为根本，这就要求管理者必须以人为中心来开展工作，反对和防止那种见物不见人、见钱不见人、重技术不重视人、靠权力不靠群众的行为。人本原理要求我们在管理上必须遵循以下原则。

1. 动力原则

管理的动力是指在管理活动中，把人们的行为引向实现企业目标的力量，包括动力源和动力机制。

管理的动力源主要有物质动力、精神动力和信息动力。物质动力包括对个人的物质鼓励，又包括企业的经济效益、社会效益；精神动力主要指信仰、价值观、精神鼓励和思想工作等；信息动力主要指有利于企业发展的信息。

管理的动力机制是指引发、刺激、诱导、制约管理动力源的方式，它包括工作条件、企业规章制度、行为法则、成果效益考核及控制标准等。

管理的动力原则要求管理者在管理中，必须正确认识和掌握管理的动力源，运用有效的管理动力机制，激发、引导、制约和管制管理对象，使其行为有助于整体目标的实现。在实际管理中正确运用动力原则，必须树立以人为中心的管理观念，正确认识和综合运用三种动力，保证管理活动得到足够的动力源；正确处理个人动力与集体动力、当前动力与长远动力的关系；建立有效的动力机制，使各种动力的作用方向与企业目标尽可能一致。

2. 能级原则

管理的能级原则要求管理系统有稳定的组织形态。稳定的组织系统一般是封闭的金字塔形结构，它是由操作层、执行层、管理层、决策层四能级构成。上一层的管理者比下一层的管理者权力更大，责任也更大。这就要求每一层次的管理者始终有与其权、责、利相对应的能力。管理者按其能力大小进行管理层次上的安排，力求避免能力强的人被安排在下层，而能力弱的人被安排在上层的人才错位现象。

3. 行为原则

管理的行为原则是指管理者必须对其下属人员的行为进行全面的了解和科学的分析，并掌握其特点和发展规律，在此基础上采用合理的政策和措施，最大限度地调动下层的积极性和创造性。在实际管理中，一名出色的管理人员要了解和掌握下属的心理和需要，及时解决下属的困难，为下属创造良好的发展条件，尽可能满足其需要，从而调动其工作积极性。

（三）动态原理

事物的运动是永恒的，不动则是相对的。一切事物都处于不断的变化与发展之中，企业亦如此。管理环境是不断变化的，它要求管理方法、手段和观念也必须进行调整。动态原理要求企业管理必须遵循以下原则。

1. 反馈原则

反馈是指一个系统把信息输送出去，又将其作用结果反送回来，并对信息的再输出发生影响的过程。反馈是决策的前提，是实现有效控制的必要条件。反馈原则就是根据过去的实践情况来调整未来的行为，使之不偏离预定的目标，以提高管理效率。它要求管理者在进行企业系统的管理活动时，为了保证及时、高效、准确地完成企业计划和目标，必须及时了解企业外部环境的变化及企业自身生产的经营现状，及时把企业经营状况和环境对企业的反应与原计划和目标进行对比，发现问题及时采取措施予以解决。

2. 创新原则

创新是一切事物向前发展的原动力，技术的进步、社会经济的发展等都是创新的结果。因此，把创新作为管理的原则，不仅是企业生存、发展的需要，而且是管理魅力所在。它要求管理者具有创新思维，不断更新观念，尽快将现代的科技成果和最新的社会经济理论运用于管理之中。

3. 弹性原则

弹性原则是物理学的概念，指的是物体的伸缩性。管理的弹性原则要求管理者要在对企业的外部环境进行深入研究和充分认识的基础上，结合企业内部条件，对影响企业决策的各种因素进行科学的分析与预测，保证企业的决策目标、计划都留有充分的余地，以增强企业管理的应变能力。企业在制订方案上，应尽量备有应急方案，这样才能保证目标的实现更具可行性。

（四）效益原理

效益是有效产出与其投入之间的一种比例关系。管理必须追求效益，提高管理效率和企业经济效益是企业永恒的追求目标，也是管理的出发点和归宿。效率高低和效益好坏是管理成败的试金石。因此管理者应把提高管理效率和企业经济效益放在首位，同时要处理好直接效益和间接效益、经济效益和社会效益、短期效益和长期效益之间的关系，保证各方面的均衡发展。

效益原则要求企业管理必须遵循以下原则。

1. 效用最大化原则

市场经济中，消费者追求的消费目标是效用最大化，企业只有实现消费者的消费目标才能保证自己赢利。换句话说，满足消费者的需要是企业获利的前提条件。而消费效用因时、因地、因人而异，这就要求企业必须适时开发、生产符合消费者需要的产品，最大限度地满足消费者的需要。

2. 效益最优原则

效益最优原则是指在一定的技术条件下，企业根据其目标、外部环境和内部条件，对三者进行综合平衡而制定的效益标准。效益最优原则要求管理不仅要追求效益，而且要综合分析，追求最优效益。同时效益最优是一个相对的、动态的概念，短期最优不一定长期最优，局部最优不一定整体最优。效益最优原则要求企业必须从全局的角度考虑企业长远的发展。

二、企业管理方法

（一）行政方法

行政方法是指企业各级行政组织机构运用其权力，通过发布命令和指示，颁布规章制度，制订和贯彻企业计划等手段管理企业的方法。企业行政机构具有特定的权力，其行政方法具有强制性，企业所有人员都必须服从和执行。

在管理过程中，行政方法可以使管理信息迅速传递、管理措施及时有效地发挥作用；有利于集中使用和调动人力、物力、财力及技术力量，迅速解决生产经营中的问题；能够保证企业内各系统之间在行动上的一致，保证对所属部门和人员的有效控制。

（二）经济方法

经济方法是指按照客观经济规律的要求，正确运用经济手段和经济责任制管理企业的方法。它与行政方法不同的是，不用强制性的手段而应用经济杠杆和价值工具，正确处理国家、企业、员工三者之间的经济利益，调节三者之间的经济关系，从而调控企业的经济活动。具体内容如下。

① 正确处理好各种分配关系。根据按劳分配的原则，科学合理地确定工资、津贴、奖金和罚款。

② 根据市场需求和国家有关规定，合理确定产品的价格。

③ 在国家政策和法律允许的范围内，合理分配企业的利润。

④ 合理制定和贯彻落实经济责任制。经济责任制是以提高经济效益为目的，实行责、权、利相结合的经济管理制度，它是管理企业的有效方法。

经济方法的实质是按照物质利益原则，实行按劳分配，用经济利益来激发员工的积极性。因此，经济方法的运用必须以经济利益关系的存在和人们对物质利益的追求为前提，在运用时要注意其限度。

（三）法律方法

法律方法是指根据法律规范，运用国家法律维护企业利益和管理企业的方法。法律方法比其他管理方法具有更大的权威性和强制性。一种法律、法规一经制定和设施，任何组织和个人都必须严格遵守和认真执行。

在企业管理中，法律方法主要依据的是经济法规。经济法规是我国法律的重要组成部分，是处理经济活动中所发生的社会关系的法律规范，如企业法、公司法、经济合同法、专利法、商标法、产品质量法、企业承包经营责任制条例、企业租赁经营责任制条例等。企业是具有独立经济利益的法人实体，国家通过立法，保障企业的经营自主权。如果合法权益受到侵犯，企业可以法人的资格参加民事诉讼活动，要求法律保护。

（四）教育方法

教育方法是指管理者运用现代教育思想和方法，通过对企业职工进行思想、科学文化、生产技能和经营管理等方面的教育，提高职工素质，从而增强企业生存和发展能力的管理企业的方法。教育方法立足于人才开发、智力开发和企业文化的培育，是具有战略性的管理措施。它包括三方面内容：一是企业职工知识技能的增长；二是良好的心理品德素质的提高和加强思想政治工作；三是价值观和企业精神的培育。

教育方法是企业管理中最重要的基本方法之一，其实质是用社会主义精神文明建设来促进和保证企业物质文明建设。运用教育方法，必须掌握管理活动中团体和个人的社会心理特点，按照不同特点采取不同的教育方式，使教育有的放矢。同时，要营造良好的教育环境，如企业文化建设等，以便更有效地实现教育与管理的目标。

（五）科技方法

科技方法是管理者将现代科学技术的成果应用于管理活动，以提高企业经营管理素质的方法。现代科技方法可以使企业管理定量化、精确化、系统化和科学化，可以对企业生产经营活动各种因素的影响进行定量控制，使许多复杂问题的处理变得简单、快捷。现代科技方法的运用是企业管理现代化的标志。企业管理中采用的科技手段十分广泛，包括数学分析方法、管理技术设备现代化等，其中主要是在管理中广泛使用计算机。

三、企业管理观念

企业管理观念受一定的政治制度、经济制度、企业环境等因素影响，随着影响因素的变化，企业管理的观念也应不断变化。只有在现代管理观念的指导下，才能更好地解决企业经营与管理中出现的新问题，领导企业迎接挑战，走向成功。

1. 市场观念

市场是商品交换的场所，同时也是组织有序的商品交换的基本机制。市场反映了两个方面，即消费者的需求和生产企业的供给。消费者通过市场了解企业所提供的产品或服务，生产企业则通过市场得知消费者需要什么产品或服务，需要多少。在市场经济条件下，企业必须以市场为导向，企业的一切行为必须围绕市场进行，根据市场的供给、需求情况组织生产。市场观念要求企业必须认识市场，认真研究市场。市场的主体是用户，企业必须牢固树立为用户服务的观念，认识用户的需要，千方百计地满足用户的需要和要求。只有找到了市场，找到了用户，并及时地为市场、用户提供适销对路的产品，企业才能生存和发展。

2. 法制观念

市场经济是法制经济。法律是竞争的裁判。在市场经济条件下，企业自主经营、自负盈亏，是市场竞争的主体。政府管理企业不是直接进行行政干预，而是通过市场，采用法律、法规、经济等手段进行间接管理，维护企业主体的利益。企业自主经营必须以合法经营为前提，违法经营不仅会侵害社会利益、他人利益，而且会把自己推上被告席，甚至破产的边缘。企业要想在市场经济中长期生存和发展下去，必须依法经营、按章纳税、遵纪守法，积极维护社会利益和消费者权益。

3. 竞争观念

市场经济是竞争经济。市场经济给企业提供了公平竞争的舞台，随着市场经济的发展，企业间的竞争更加激烈。市场竞争遵循自然竞争的法则，即优胜劣汰。任何企业，包括目前处于完全垄断地位的企业或行业的老大，都必须树立竞争观念，清醒地看清形势，提高自身素质，增强竞争能力，才能在无情的竞争中处于不败之地。我们强调竞争讲求策略。主张公平竞争，反对不正当竞争。企业应居安思危，坚持不懈地提高企业素质，增强企业实力，提高竞争能力。

4. 效益观念

企业作为自主经营、自负盈亏、自我约束、自我发展的经济实体，必须以效益为中心，以尽可能少的投入或资金占用，生产销售尽可能多的符合消费者需要的商品或服务。效益是企业生存的需要，是企业发展的需要，是企业资产保值增值的要求，是社会发展的要求。企业的一切行为必须从效益出发，既要考虑投入，又要考虑产出，还要考虑市场的需要；既要考虑短期利润，又要考虑长期效益，还要兼顾社会责任。

5. 信誉观念

企业信誉是企业在市场上的威信和影响，在消费者心目中的形象、地位和知名度。良好的企业信誉和企业形象是企业的无价之宝，它有利于企业筹集资金；有利于寻找协作者；有利于创造"消费信心"；有利于吸收、稳定企业人才；有利于协调各方面的关系；有利于企业新产品的开发。良好的企业形象和信誉可以为企业长期生存和稳定发展创造有利的条件。树立良好的企业形象并非一日之功，它依赖于企业平常不懈的努力，长期为用户提供优质的产品和服务，与客户公众建立长期的信赖与合作关系，和公众进行双向沟通，巩固和发展企业同公众的良好关系。

6. 创新观念

随着技术的不断进步、经济的高速发展，市场和环境的不断变化，企业正面临着知识经济时代的挑战。企业利润来自创新，没有创新就没有效益，企业就无法生存和发展。企业要不断进取、勇于创新，走在时代的前沿，迎接各种挑战，才有生存和发展的空间。

企业管理系统是企业神经中枢系统，必须率先创新，实现管理制度、管理观念、管理方法与管理组织的同步创新。技术创新包括企业老产品更新、新产品开发、新工艺采用和新材料的采用，它是企业获取利润的主要手段。面对不断变化的市场和竞争日趋激烈的外部环境，企业只有进行市场创新才能维护和扩大市场占有率。市场创新的重要途径包括创造购买力；积极主动促销，增强消费者的购买欲望；为消费者创造尽可能完善的消费条件，增强消费者的购买意愿。

7. 人才观念

人才是企业最宝贵的财富，是企业实力之所在。现代企业如果没有一批高素质的人才，则什么事情都办不成。人才不是指一般的人，而是集知识、能力和政治素质于一体的能人。知识经济时代，企业更需要树立人才观念，尊重知识、尊重人才，为人才的培养和使用创造条件，使企业的人才充分发挥其才能。

8. 信息观念

信息是企业最重要的资源，信息就是金钱。在当今信息大爆炸的时代，企业必须重视信息对企业的影响，及时、准确、全面收集信息，科学加工处理信息，并充分开发信息资源。这是企业紧跟时代步伐，把握市场动向，不失时机地抓住商机，进行科学决策的要求。企业领导要树立信息观念，充分发挥信息在决策中的作用；要建立信息管理系统和信息网络，保证企业能及时、准确全面地收集到所需信息，科学加工和保存信息；还要注重信息资源的开发和利用。

9. 质量观念

质量不仅是产品的生命，也是企业的生命，产品质量直接关系到企业的长期生存和稳定发展。产品质量是企业创名牌、保品牌的前提，质量不行，产品就难以创名牌，即使创出了品牌，也是昙花一现。只有可靠的质量，才能保证企业和产品的品牌。产品质量好坏影响着销售成本和售后服务的成本，产品质量好，售后服务成本降低，效益就会提高。质量是竞争的武器，提高质量对企业开拓国内外市场，增加销售有直接作用。

10. 时效观念

时效是指时机（或机会）的有效性。环境给企业带来机会，是企业求之不得的好事，是企业发展的机遇。企业必须及时抓住机会，才能战胜对手，求得发展。"机不可失，失不再来"，错过时机，企业就可能在市场竞争中败下阵来，甚至陷入困境。企业树立时效观念，要建立环境预测系统，及时、准确地预测机会；要提高办事效率，及时把机会变为企业效益，使企业发展走上新台阶。

第三节　企业组织管理

一、企业管理组织及其作用

（一）组织的定义

组织是为了达到某种特定的目标，由分工与合作及不同层次的权力和责任制度而构成的人的集合。具体理解如下。

① 组织必须有一定的目标。

② 组织必须有分工与合作。

③ 组织要有不同层次的权力和责任制度。

（二）企业组织是对企业各生产要素投入者的力量和活动的组合与协调

在现代公司制企业中，由于所有权与经营权的分离，而且所有者可能不止一个，这时的组织工作不仅包括经营者与一般劳动者的协调，还包括资产所有者之间以及资产所有者与经营者、劳动者之间的协调。公司制企业的两权分离是相对的，企业的所有者为了维护自己的利益，通过行使所有者权利间接干预企业的生产经营和管理活动，而且从利益目标和责任范围来看，他们与经营管理者和劳动者一起构成企业利益共同体。

企业组织除保证企业目标的实现外，还必须保证企业中成员的个人目标的实现，如果不能满足组织成员的这种需求，组织就不可能形成。人之所以要参加组织，并向组织投入一定的人力、时间或其他要素，就是为了实现自己的某种目标。人们为了实现自己的目标，就得参加可能实现自己目标的组织，通过组织的"综合效应"，在实现组织目标的同时使个人的需求得到满足。

（三）企业管理组织的内容

1. 确定领导体制，设立管理组织机构

就是要解决领导权的权力结构问题，它包括权力划分、职责分工及它们之间的相互关系。当然，在确定领导体制时，形式可以多种多样。

2. 对组织中的全体人员指定职位、明确职责及相互划分

使组织中的每个人明白自己在组织中处于什么样的位置，需要干什么工作。

3. 制定规章制度，建立和健全组织结构中纵横各方面的相互关系

设计有效的工作程序，包括工作流程及要求。一个企业的任何事情都应该按照某种程序来进行，必须有明确的责任制和完整的操作规程。一个混乱无序的企业组织是无法保证完成企业的总目标、总任务的。

（四）企业管理组织的作用

① 确定企业目标、进行决策及贯彻落实。
② 合理组织生产力，实现企业目标。
③ 协调企业各个部门、各个环节的工作，使组织运行处于良性循环。
④ 组织的凝聚力作用。

二、企业组织设计的原则

1. 任务、目标一致

企业组织机构设置的根本目的，是为实现企业的战略任务和经营目标服务的。组织机构的全部设置工作都必须以此为出发点。衡量组织机构设置的优劣，要以是否有利于实现企业任务和目标作为最终标准。当企业的任务和目标发生变化时，组织机构必须作相应的调整和变革。

2. 分工与协作相结合

现代企业的管理，工作量大、专业性强，根据需要分别设置不同的专业部门，有利于提高管理工作的质量与效率。在合理分工的基础上，各专业管理部门要加强协作与配合，特别要重视组织机构设置中的横向协调。这样，才能保证各项专业管理的顺利开展，实现组织的整体目标。

3. 统一指挥

组织现代社会化大生产，需要具有权威性，根据企业的整体利益及整体目标，对企业的各项活动进行统一的指挥和调度。这就要求企业组织机构在其组织关系上能够形成强有力的纵向指挥系统，实行一级管一级，避免越级指挥，实行直线参谋制。直线指挥人员可向下级发号施令，参谋职能人员进行业务指导和监督，避免多头指挥，以保证命令的迅速贯彻和执行。

4. 有效管理幅度

有效管理幅度是指一位领导能够直接地、有效地管理的下级人数。在一般情况下，管理

幅度与管理层次呈反比关系。管理层次是指企业内部管理组织系统分级管理的各个层次。如果加大管理幅度，能够领导的下级人数就多，管理层次就少；反之，如果缩小管理幅度，管理层次就要增加。管理幅度的大小受到管理内容的相似程度和复杂程度，管理者的知识、能力、经验、精力等条件的制约，超过一定限度，就不能实现具体的、有效的领导。

建立组织机构，必须正确解决有效管理幅度与管理层次的关系，努力提高管理者的管理能力，实现管理业务的标准化，在服从生产经营活动需要的前提下，在有效的管理幅度内，力求减少管理层次，提高工作效率。

5. 精简和高效

组织机构是企业的神经系统，是任何企业都不可缺少的。在设计和改革企业组织机构时，应本着精简和高效的原则，在保证企业组织机构的功能要求和完成任务的前提下讲求机构精简、人员精干，以保证工作效率和工作成绩。不要因人设机构、设职务、配人员。所有机构的设置，都要有利于企业目标的实现，有利于调动职工的积极性。

6. 责权利对等

企业组织机构的建立，要与相应的责权利相统一。一是要建立岗位责任制。明确规定每个管理层次、部门、岗位的责任和权力，保证管理有序。二是赋予管理人员的责任和权力要相对应，有多大的责任就应有相对应的权力。三是责任制的落实还必须和相应的经济利益挂钩，做到责任明确、权力恰当、利益合理。

7. 集权与分权相结合

企业在进行组织机构设计时，既要有必要的权力集中，又要有必要的权力分散，两者不可偏废。集权是社会化大生产的客观要求，它有利于保证企业的统一指挥和资源的合法使用；而分权则是调动各级组织和人员的积极性和主动性的条件。集权和分权的程度要考虑企业规模大小、生产技术特点、专业工作性质、管理水平高低和职工素质等因素。

8. 稳定性和适应性

在设置企业组织机构时，既要根据企业一定的外部环境和任务、目标的要求，注意保持相对稳定性，又要在情况发生变化时做出相应变更，使组织保持一定的弹性和适应性。为此，需要在组织机构设置中建立明确的指挥系统、责权关系和规章制度。同时又要选用一些具有较好适应性的组织形式和措施，使组织机构在变动的环境中，具有一种内在的调节机制。

三、企业组织结构

企业组织结构，是指企业组织内各个部门的空间位置、排列顺序、连接形式以及各要素之间相互关系的一种模式。它是企业得以存在的必要条件。企业依靠内部的组织机构形式，使其各个方面，建立起和谐的内部关系。完善的组织结构是完成企业任务、实现企业目标的组织保证。

（一）直线制

1. 形式

直线制是企业发展初期的一种最早，也是最简单的一种组织结构形式。它的特点是企业各级行政单位从上到下实行垂直领导，下级只接受一个上级的指令，上级对所属下级单位的一切问题负责。企业的一切管理职能基本都由企业经理自己执行，不设职能部门。其结构示意图如图 1-1 所示。

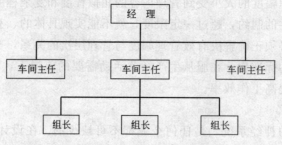

图 1-1　直线制组织结构示意图

2. 优点

结构简单、上下级关系明确、权责明确、便于监督。

3. 缺点

管理工作简单粗放；成员之间和组织之间横向联系差。

4. 适应性

直线制组织结构的形式适合于规模较小、生产技术比较简单的企业，对生产技术和经营管理比较复杂的企业不适合。

（二）职能制

1. 形式

职能制是 19 世纪末由美国的泰勒首先提出的，并在米德维尔钢铁公司加以试行。职能制组织结构在各级行政主管负责人外，还相应地设立一些职能机构，协助行政主管从事职能管理工作。各职能机构有权在自己的业务范围内向下级行政单位发号施令。因此下级行政负责人除接受上级行政主管人指挥外，还必须接受上级职能部门的领导。其结构示意图如图1-2 所示。

2. 优点

由于职能结构和职能人员能够发挥专业管理的作用，从而减轻了企业领导人的负担，能适应企业经营管理复杂化的要求。

3. 缺点

妨碍了指挥的统一性，有碍于工作效率的提高；当上级行政领导与职能结构的指令发生矛盾时，下级会无所适从。

（三）直线职能制

1. 形式

直线职能制是在直线制的基础上适应现代化工业生产的要求而发展的，是当前企业最常用的一种结构。这种组织结构形式以直线制为基础，在各级行政领导之下设置相应的职能部门，分别从事专业管理，作为该级行政领导的参谋部。职能部门对下级领导和下属职能部门无权直接下达命令或进行指挥，只起业务指导作用。其结构示意图如图 1-3 所示。

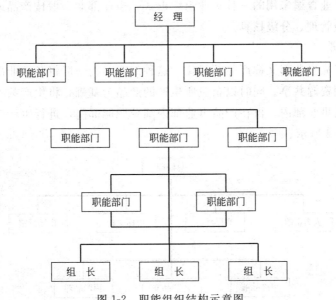

图 1-2　职能组织结构示意图

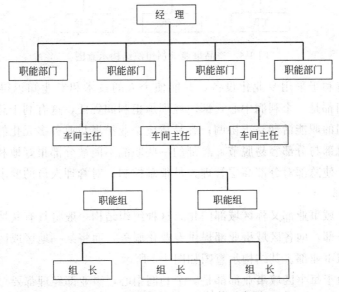

图 1-3　直线职能制组织结构示意图

2. 优点

有利于指挥的统一；能发挥专业管理职能的作用，提高管理工作的效率。

3. 缺点

各职能部门之间缺乏横向联系，容易发生脱节和矛盾。职能部门的许多工作要直接向上层领导报告请示才能处理，造成办事效率低下。

（四）事业部制

事业部制又称部门化组织结构，最早是由美国通用汽车公司总裁斯隆于 1924 年提出的。它是一种高度集权下的分权管理体制。适用于规模庞大、品种繁多、技术复杂的大型企业，是目前国内外大企业普遍采用的一种企业组织形式。事业部制一般按产品或区域划分为若干事业部，实行分级管理、分级核算。

1. 产品事业部

（1）形式　产品事业部又称产品部门化。这种组织结构一般将各事业部共用的职能部门集中在总部，做到资源共享。同时以企业所生产的产品为基础，将生产某一产品的有关活动完全纳入同一产品事业部内，再在产品事业部内细分职能部门，进行生产该产品的工作。其结构示意图如图1-4所示。

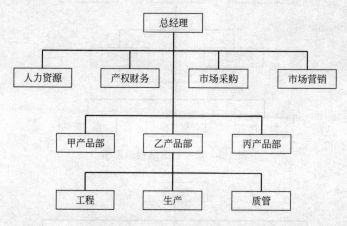

图1-4　产品事业部制组织结构示意图

（2）优点　有利于采用专业化设备，并能使个人的技术和专业知识得到最大限度的发挥；每个产品部门都是一个利润中心，部门经理承担利润责任，这有利于总经理评价各部门的政绩；同一部门的职能活动易于协调；容易适应企业扩展与业务多元化的要求。

（3）缺点　总部与分部容易脱节，总部的一些职能不能被分部很好地利用；每个分部都具有一定的权力，使总部对分部高层管理人员很难控制；对管理人员的要求很高。

2. 区域事业部

（1）形式　区域事业部又称区域部门化。这种组织结构一般将具有共性的职能集中在总部，设立中央服务部，向各区域事业部提供专业化服务，而将某一地区或区域的业务工作集中在一起形成区域事业部。其结构示意图如图1-5所示。

（2）优点　由于每个区域事业部都是一个利润中心，事业部经理都要对该地区业务的盈亏负责，有利于责任到位；由于将某一地区或区域的业务工作集中在一起管理，有利于地区内部协调；由于每一个主管都要担负一切管理职能的活动，有利于培养具有通才的管理工作者。

（3）缺点　对事业部经理的全面管理能力要求一般比较高，而这类人才往往不易得到；每个事业部都是一个相对独立的单位，使总部难以控制。

（五）模拟分权制

1. 形式

模拟分权制是介于直线职能制与事业部制之间的一种组织结构形式。其结构示意图如图1-6所示。

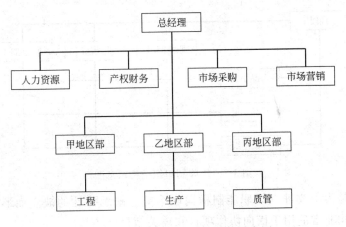

图 1-5　区域事业部制组织结构示意图

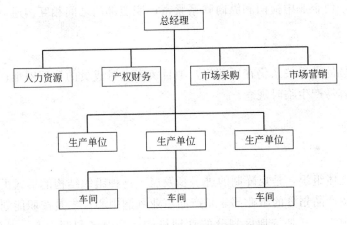

图 1-6　模拟分权制组织结构示意图

2.适应

模拟分权制适用于生产过程很难截然分开的连续性强的大型企业。这些企业由于规模大，不易于采用集权的直线职能制；而企业生产过程的连续性，又不易于采用分权的事业部制。

3.优点

企业最高领导层超脱日常行政事务性管理，而集中考虑战略性问题。

各组织单位负有模拟性的盈亏责任，易于调动各单位的积极性。

4.缺点

各组织单位的职责权限不如直线职能制和事业部制两种结构形式清晰。

（六）矩阵制

1.形式

矩阵制又称规划——目标结构组织。这种组织结构既有按职能划分的垂直领导系统，又有按产品或项目划分的横向领导关系的结构。其结构示意图如图 1-7 所示。

2.适应

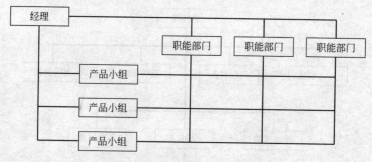

图 1-7 矩阵制组织结构示意图

矩阵制组织是为了改进直线职能制横向联系差、缺乏弹性的缺点而形成的一种组织形式。这种组织结构非常适用于横向协作项目和攻关项目。

3. 优点

机动、灵活，使企业中横向和纵向联系紧密；职能部门之间相互沟通，共同决策，能提高工作效率。

4. 缺点

项目小组成员的隶属关系仍在原部门，项目负责人对成员的管理困难；项目小组的成员是临时组成的，容易产生临时观念。

（七）多维制

1. 形式

多维制又称立体组织，是矩阵制的进一步发展。这种组织结构的形式由三个方面的管理系统组成：一是按产品划分的事业部，是产品事业利润中心；二是按职能划分的专业参谋机构，是专业成本中心；三是按地区划分的管理机构，是地区利润中心。其结构示意图如图1-8所示。

2. 特点

任何决策都必须由产品事业部经理、专业参谋机构代表、地区管理机构代表三方面共同组成的"产品事业委员会"进行，这样有助于及时互通情报，集思广益，做出正确的决策。这种组织结构适用于跨国公司或规模巨大的跨地区公司。

四、企业组织结构变化与发展

（一）影响企业组织结构的因素

1. 环境

社会环境，是指企业所面临的一般环境，包括政治环境、经济环境、文化环境、技术环境等。

工作环境，是指与个别企业相关联的，更为具体的因素，包括消费者、供应者、竞争者、社会政治和技术因素等。工作环境通常可分为稳定的环境、变化的环境和剧变的环境三种。稳定的工作环境适合采用正式的和集权化的组织结构；变化的工作环境仍适合采用正式的和集权化的组织结构，但必须辅以更多类型的参谋人员；剧变的工作环境适合采用相对分

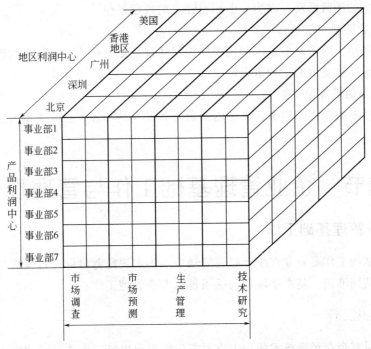

图 1-8　多维立体组织结构示意图

权化的组织结构，并对环境经常做出分析，使企业始终保持对环境的敏感性。

2. 企业的规模

小企业适合采用直线制组织结构的形式；对于大规模的企业，由于部门增多，部门之间的协调困难，因此适合采用事业部制、模拟分权制、多维制等较复杂的组织结构。

3. 工作任务

对于重复、呆板和简单的工作，采用正式的集权组织结构有利于指挥和管理；而对于有创造性的工作，则适合采用分权式的组织结构。

4. 技术特征

对于大批量的生产，往往应用专业化的技术，产品生产也实行专业化和流水作业，组织结构适合采用集权式；而对单件小批量的生产，应用的是变化的技术，产品生产的专业化程度低，组织结构适合采用分权式。

（二）企业组织结构的变化发展

从国内外企业组织结构发展的形式看，分权式的组织结构有以下几种类型。

1. 分厂制

即把规模庞大、产品众多的企业，按产品，或按生产工艺，或按销售方式等分解为若干个相对独立的分厂，分厂享有一定的权力，总厂对分厂进行目标和计划管理。

2. 分层决策制

指各分厂或独立经营的单位享有决策权。

3. 分散利润中心

指企业将内部各部门按生产或销售特点划分为若干个利润中心，这种利润中心可根据自身情况进行独立的经营活动，成为一个相对独立的经营单位。

4. 产品事业部制

实行事业部制，以产品事业部制代替职能管理制，是集权式金字塔型的组织结构向分权式森林型的组织结构发展的一种重要形式。

5. 研究人员的平等制

分权式森林型的组织结构中，企业内部研究开发人员与各级经营决策人员之间是一种平等的关系。

第四节　企业管理基础工作与管理现代化

一、企业管理基础工作

企业管理基础工作是企业在生产经营活动中，为实现经营目标，行使管理职能，提供资料依据，维护共同准则、基本手段和前提条件的专业管理工作。

（一）标准化工作

标准是指对在企业经济技术活动中重复发生的对象以特定形式制定的统一规定。标准化工作是指企业各种标准的制定、执行和管理，包括建立和健全标准体系，贯彻执行标准。

1. 技术标准

技术标准是指经过一定程序批准并在一定范围内共同遵守的技术规定。它是人类从事社会化大生产共同的技术依据。技术标准又可细分为四种标准。

（1）产品标准　它是对产品的规格、参数、质量要求、检查方法、包装运输及售后服务等所作的统一规定，是衡量产品质量的主要依据。

（2）方法标准　它是对生产过程中具有通用性的重要程序、规则、方法所作的统一规定，包括设计规程、工艺规程、操作方法、检验方法等。

（3）基础标准　它是针对生产技术活动中一般共性问题，根据最普遍的规律性而制定的基础规则。

（4）安全与环境标准　它是为了保证生产过程中的人身安全、保护环境所作的统一规定。

2. 管理标准

管理标准是指对企业重复出现的管理业务工作所制定的程序、职责、方法和制度，是组织和管理企业生产经营活动的依据和手段。

3. 工作标准

工作标准是对企业员工的工作方法、程序及基本要求所作的统一规定，是为各部门、各工作岗位以及各类人员制定的有关工作质量的标准。内容包括部门和岗位的工作任务和目标；任务的数量、质量要求和完成期限；为完成任务的工作程序和方法；与相关岗位在工作中协调配合和信息传递的方法；对任务完成情况的考核和奖惩方法。

标准化是一个过程，制定标准重要，依照标准付诸行动同样重要。制定出标准后，必须经过培训、指导和严格执行，才能保证标准化的实现。在贯彻执行标准时，必须维护标准的严肃性。领导要带头重视标准化工作；建立企业的标准化管理机构，负责标准的制定、修改和贯彻；采用行政、经济、教育、技术等多种手段，保证标准的全面贯彻实施。

（二）定额工作

定额是企业在一定的生产技术组织条件下，对企业资源的消耗、利用和占用的标准。定额在生产经营管理活动中可以反映企业在一定时期内的生产、技术、经济水平和管理的现代化程度。由于企业占用、消耗的资源的具体形式不同，企业定额表现的形式多种多样，按其内容不同，可分为以下几种。

1. 劳动定额

劳动定额即劳动消耗定额。它是指在一定的生产技术组织条件下，所规定的单位产品的劳动消耗的标准。劳动定额又可细分为单位产品的工时定额、单位工时的产量定额、设备看管定额、服务定额等。

2. 设备定额

设备定额又分为设备利用定额和设备维修定额。前者指在一定的生产技术组织条件下，单台设备在单位时间的产量标准；后者是为了编制设备修理计划而制定的有关标准。

3. 物资定额

物资定额又分为物资消耗定额和物资储备定额。它是指在一定的生产技术组织条件下，单位产品占用或消耗物资的标准。如各种原材料消耗定额、能源消耗定额等。

4. 流动资金定额

流动资金定额是指在一定的生产技术组织条件下，企业流动资金的占用标准，包括企业储备资金定额、生产资金定额、成品资金定额等。

5. 费用定额

费用定额是通过费用预算规定的部门、个人的费用开支标准，如办公费、管理费等。

在制定定额时，要做到及时、科学、全面；在定额的实施中，要维护定额的严肃性；严格考核并适时修改定额，保证其合理性。

（三）计量工作

计量是指用计量器具的标准量值去测定各种计量对象的量值。企业的计量工作包括计量技术和计量管理。做好计量工作，可为企业管理、生产技术研究提供准确的数据，是企业提高产品质量、降低成本的必要手段，是企业内部实行经济责任制的基础。

搞好计量工作，首先要配齐现代计量器具。没有高精度的检测手段，就没有准确的计量数据，也就没有高质量的产品。其次要保证计量器具的良好状态。要对计量器具进行定期检查，正确使用，及时维修，保证计量器具的准确性。要不断提高计量检测率，未经计量的物资不能入库，更不能出厂。要完善计量信息的传递系统，包括建立健全计量管理制度和管理机构，做好计量信息的记录、整理、保存、传递、分析等工作，使企业的计量信息能准确反映企业物资运动的质与量。

（四）信息工作

信息工作是指企业生产经营活动所需资料、数据的收集、处理、储存和利用等一系列工作。企业信息分为内部信息和外部信息。内部信息来源于企业内部的生产经营活动，包括原始记录、统计资料。外部信息来源于企业外部环境，包括有关的科技、经济情报。

信息工作总的要求是准确、及时、全面、连续。准确是信息的生命，准确的信息是科学决策的前提条件，是决策走向成功的保证。信息工作绝不能弄虚作假。及时是指所收集的信息能及时反映环境的变化和企业的实际情况。信息有时效性，过时的信息是无意义的信息，甚至会产生误导。全面是指所收集的信息必须反映客观事物的整体情况，不能断章取义，更不能报喜不报忧。企业的生产经营活动是一个连续不断的往复过程，只有连续不断地收集、整理和储存，才能有助于企业物流、资金流、人员流的畅通。现代社会是信息大爆炸的时代，随着电子计算机的应用和通信技术的发展，企业应该建立综合的计算机管理信息系统，开发信息资源，为经营决策者提供咨询和建议。

（五）规章制度

企业的规章制度是用文字的形式，对企业各项工作的要求所作的规定，是全体员工行动的准则。企业的规章制度就是企业内部的法律，协调企业内部人与人之间、部门之间、上下级之间的关系，保证企业生产经营活动有序进行。企业规章制度很多，大同小异，主要有三种类型。

1. 基本制度

基本制度主要是企业的领导体系，如"厂长、经理负责制"、"法人管理制度"等。

2. 工作制度

工作制度主要是指导企业具体管理方面的制度，如财务制度、计划制订制度、生产技术、销售等方面的工作制度。

3. 责任制度

责任制度是企业内部各岗位所规定的任务、权力和责任的总称。责任是企业规章制度的核心。通过责任制，以确定各个岗位上的人员所要承担的职责和义务，享有的权利和利益。

（六）职工教育

职工教育是指按照企业内部各岗位的"应知"与"应会"的要求，对在职员工进行的基础知识教育和技能训练，以适应企业技术不断进步的要求。在科学技术迅猛发展的知识经济时代，员工素质对企业的生存与发展至关重要。知识的更新、环境的变化、技术的进步，要求员工接受终身教育，接受新的观念和知识。

二、企业管理现代化

企业管理现代化就是把现代自然科学和社会科学一系列成果综合应用于企业管理，使企业管理能符合现代化大生产的客观要求，能适应现代科学技术的发展水平。

（一）企业管理现代化的内容

1. 管理思想现代化

就是要把企业看做一个经济组织，是一个相对独立的商品生产者和经营者。企业的一切人员，尤其是企业的领导者要树立市场观念、服务观念、竞争观念、革新观念、经济效益观念和经营战略观念等。一个企业既要搞好生产，又要搞活经营；既要重视计划，又要重视市场。要千方百计地做好为用户服务的工作，并且不断改革企业的管理组织、制度和方法，提高企业的经济效益。

2. 管理组织现代化

就是企业要根据生产关系适合生产力、上层建筑适合经济基础的原理，根据集权和分权相结合、统一性和灵活性相结合的原则，建立起高效率的管理体制和管理机构，确立科学合理的生产组织和劳动组织，克服官僚主义，提高工作效率，促进生产力的不断发展。

3. 管理方法现代化

就是要有一套适合现代化大生产要求的科学管理方法，使企业的各项管理工作做到标准化、系统化、准确化、文明化和最优化。要事事有标准，人人讲标准，处处有章可循，照章办事；要在科学预测的基础上制定企业的目标，并对实现这个目标的有关因素及其内在联系，进行定性分析和定量计算；要凭资料说话，而不能只凭直观判断、经验办事；要重视文明生产，改善工作环境和劳动条件。

4. 管理手段现代化

就是管理工作要采用电子计算机管理。随着现代化工业生产的发展，企业的信息量急剧增加，对资讯处理的速度和准确性提出了更高的要求。生产经营活动中各种原始记录、统计资料、情报、报告、汇总表、总结等形式的资讯流，使管理人员的工作量大大增加。将电子计算机应用于管理，可以大大提高管理效率。

5. 管理人员现代化

就是企业管理人员中要有各方面的专家。现代化工业生产的特点是：产品系列化、性能多样化、元件标准化、生产专业化。在企业实际工作中，设计、工艺、设备、制造、质量管理，供销、经济核算等都已发展成各自相对独立的学科，并创造了许多专业性的技术和方法。这种管理工作的专门化，必然要求企业管理人员的专业化和现代化。

上述企业管理现代化标志的五个方面是密切联系、互相促进、缺一不可的，它们构成了一个统一的整体。其中管理思想是根本、管理组织是保证、管理方法是手段、管理技术是工具、管理人员是关键。

（二）企业管理现代化的进程

1. 企业管理现代化进程是历史必然与自主努力相结合的过程

一个企业的前途和命运，取决于外部环境给它带来的机遇以及企业本身抓住这个机遇的意识和能力。我国改革开放的大环境，我国经济现代化不可逆转的历史潮流，我国政府倡导的科学发展观和建设创新型国家的基本国策，为我们提供了管理创新的宏观环境。

2. 企业管理现代化进程是只有起点没有终点、永续提升的过程

管理现代化是有台阶的，不可能一次到位，也不可能靠使用一种管理方法就能解决管理领域的所有问题。企业的技术进步没有止境，为技术进步提供组织保证和人力资源保证的管理创新活动也永不会停止。因此，企业必须不断挑战自我，在创新中迈向一个又一个新的台阶。

3. 企业管理现代化进程是引进外部经验与自主变革相结合的过程

在世界范围的现代化过程中，"先发"国家得引领潮流之利。"后发"国家学习、借鉴他

们的经验和技术，可减少失误，缩短差距，甚至后来居上，但也容易亦步亦趋，流于表面，丧失自我创新能力，这是我们应该警觉的。

4. 企业管理现代化进程是引进技术和引进管理同时进行的过程

引进、消化、吸收成为我国学习外国先进技术的主要方式。新技术、新设备的使用必然涉及对生产流程、组织体系的调整，涉及对员工的重新培训，甚至涉及整个管理模式的再造。这个改造过程，就是旧体制为适应新的生产力而进行的变革、创新的过程。

5. 企业管理现代化进程是对实现管理目标的路径、方法、方案的选择过程

企业实现现代化的路径、方法、方案是可以选择的。没有"唯一的"路径、方法、方案，只有适合本企业的路径、方法、方案；没有"放之四海而皆准"的管理模式，只有适合本企业的管理模式。不同企业，在不同的发展阶段，针对不同管理症结，采用的管理方法和手段也是不同的。

6. 企业管理现代化进程是管理创新与体制创新、技术创新交替进行、互动互助的过程

管理创新、体制创新、技术创新是构成企业创新体系的三个支点，缺少任何一项企业都不可能长期、健康发展，仅靠某一项创新企业也不可能长期、健康发展；技术创新的每个环节都必须以管理创新为保证；企业在不同的发展阶段、不同的经营环境下，必须根据轻重缓急，统筹考虑管理创新、体制创新和技术创新的次序问题。

第五节　现代企业制度

一、现代企业制度概述

（一）现代企业制度的含义

1. 现代企业制度的概念

现代企业制度是指在现代市场经济条件下，以规范和完善的法人制度为主体，以有限责任制度为基本特征，以专家为中心的法人治理结构为保证，以公司企业为主要形态的企业制度。

现代企业制度是企业制度的先进形式，它是由若干具体制度相互联系而构成的系统，是现代企业制度的基础和核心。现代企业制度以公司制为主要组织形式。

2. 现代企业制度的核心内容

① 规范和完善的企业法人制度。

② 严格而清晰的有限责任制度。

③ 科学的企业组织制度。

④ 科学的企业管理制度。

⑤ 它的运行环境是市场经济体制。

⑥ 它的生产技术条件是社会化大生产。

（二）现代企业制度的特征

1. 现代企业制度的基本特征

（1）产权清晰　主要是指产权关系与责任的清晰。完整意义上的产权关系是多层次的，它表明财产最终归谁所有、由谁实际占有、谁来使用、谁享受收益、归谁处置等产权中的一系列关系。

（2）权责明确　即用法律来界定出资者与企业之间的关系，明确各自的责、权、利，从而形成各生产要素之间科学的行之有效的相互制衡的法人治理结构。

（3）政企分开　这主要是针对国有企业而言的，是指必须把政府行政管理职能和企业经营管理职能分开，取消企业与政府之间的行政隶属关系。

（4）管理科学　即现代企业必须形成一套严格、科学、系统的管理制度。

2. 现代企业制度的一般特征

（1）企业的组织形式　现代企业制度的企业形式主要有四种类型——无限责任公司、两合公司、有限责任公司和股份有限公司。其中最具代表性的是有限责任公司和股份有限公司。

（2）企业的产权特征　建立在现代企业制度基础上的企业，其产权归结为两个方面：一是出资者所有权，二是法人财产权。传统企业制度基础上的企业财产是自然人的财产，出资者所有权与企业财产权是一致的。现代企业制度基础上的企业具有独立的法人地位，出资者所有权与法人财产权是分立的。

（3）有限责任的企业制度　现代企业制度基础上的企业的主体形式是有限责任公司和股份有限公司。一方面，企业的资产是企业经营的基础，是出资者投资依法成立的。所以，出资者所投资本不能抽回，只能转让，出资者以其投入企业的资本额享有所有者的权利包括资产收益、重大决策和选择企业经营者等，但是不直接干预企业的生产经营活动。另一方面，当企业亏损时，所有出资者都按投入的资本额多少承受损失。即使资不抵债依法破产时，也以投入的资本额为限承担有限责任。体现了权利和风险对称的原则。

（4）公司的法人治理结构　公司是一个由公司股东大会、董事会、经理人和监事会构成的"三会四权"分权制衡的组织制度与运行机制组成的法人治理机构来统治和管理的。所有者将自己的资产交由公司董事会托管；公司董事会是公司的最高决策机构，拥有对高层经理人员的聘用、奖惩以及解雇权；高层经理人员受雇于董事会，组成董事会领导下的执行机构，在董事会的授权范围内经营企业；董事会和高级经理人员又在出资者的委托监督人监督下行使职权，保证股东的利益得到实现。这样，形成了企业内部互相统一又互相制约的关系。

（5）企业的发展　从公司管理方式上看，公司立足长远的发展，在经营目标方面，虽然仍以利润为经营目标，但越来越重视社会目标、生态目标。

（6）企业与政府的关系　现代企业制度是政企职责分开的企业制度，政府和企业的关系体现为法律关系。政府依靠政策法规和经济手段等宏观措施，调控市场，引导企业经营活动，不直接干预企业的生产经营活动；企业按照市场需求组织生产经营，以提高劳动生产率和经济效益为目的。

3. 现代企业制度的环境保证

现代企业制度的环境保证内容如下。

① 完善的市场体系。

② 健全的法律制度。

③ 建立社会保障体系。

④ 转变政府职能。

二、现代企业制度的内容

（一）现代企业产权制度

现代产权制度是与社会化大生产和现代市场经济相适应的产权制度。产权主体归属明确和产权收益归属明确是现代产权制度的基础；权责明确、保护严格是现代产权制度的基本要求；流转顺畅、财产权利和利益对称是现代产权制度健全的重要标志。

1. 产权制度

产权制度是指在现代商品经济条件下，对财产权和各种权能利益的分解、组合、转让及确认、确定和界定。

2. 现代产权制度的内容

（1）产权清晰　是指法律上产权清晰与企业现实运行上产权清晰的统一体，产权应该尽量清晰到自然人。但有的产权则不能清晰到个人，只能清晰到法人、清晰到政府机构，对那些只能清晰到法人、政府机构的也要加强约束。

（2）产权结构合理化　产权结构合理化就是指产权结构多元化。我国过去国有企业产权结构是一元化，只有一个国家政府出资主体，结果解决不了行政干预问题。私营企业产权结构一元化，最后也解决不了家庭血缘关系的干预。家庭血缘关系干预有两重效应，当企业规模小的时候它是正效应，而当企业规模扩大后它就转成破坏力，所以民营企业也出现大量问题。

（3）产权流动　产权清晰了，产权结构多元化了，但是不流动还是死路一条。从现代企业制度上说，产权流动是一个重要特征。各类产权可以通过产权交易市场自由流动，以实现产权的最大收益。

（4）产权制度的设置　必须充分调动各方资本的积极性，保护产权的法律制度完备，各种经济类型、各种形式的产权一律受到法律的严格保护。

3. 建立健全现代产权制度的基本要求

（1）归属清晰　对出资人和企业来说，终极产权归出资人，出资人依法律规定和公司章程的约定履行出资义务，成为企业股东，作为资本的人格化与企业形成权、责、利关系。依出资额大小，股东有资产受益权、重大决策权和经营管理者选择权；企业则享有由所有股东出资而形成的公司财产权，不受非法干预。股东以出资额对公司债务负有限责任，公司以其全部资产对公司债务承担责任。

（2）权责明确　就是明确产权所有者和经营者的权利和责任，这有利于解决企业资产法人化、终极财产所有者多元化问题。在产权制度健全的企业中，分享利益是权利，公司发展是责任，股东或大股东应与公司相关利益代表者共同构建公司治理结构，在财产关系的约束上谋求控制性，使经营者在资产的运营中谋求效率性，使产权效率和资本经营效率有机结合起来。

（3）保护严格　不同产权主体依法得到保护是市场经济正常运行的基本条件。因为在产权制度安排上，应适应市场经济发展的要求，由市场来决定产权结构，以巩固公有制经济的主体地位，保护私有财产权，促进非公有制经济发展，有效保障所有市场主体的平等法律地位和发展权利。

（4）流转顺畅　就是产权的流转顺利通畅，这有利于各类资本的流动和重组。市场经济条件下产权作为重要资源和要素，其特点就是流动性和可交易性。产权的交易是否规范，流转是否顺畅，成为产权制度创新的重要内容。

4. 建立现代产权制度的意义

① 有利于调动社会各个方面的积极性，促进一切劳动、知识、技术、管理和资本的活力竞相迸发，从而为国民经济的发展提供强大的动力。

② 有利于优化资源配置，推动经济结构的调整与升级，从而为国民经济的发展创造无限的潜力。现代产权制度是经济结构转换与升级的制度保证。

③ 建立健全现代产权制度有利于规范生产经营行为，形成良好的信用基础和市场秩序。

（二）现代企业组织制度

1. 建立现代企业组织制度应遵循的原则

（1）统一目标原则　即组织各部分都要有实现有关任务的分目标，为完成组织统一的总目标而努力。

（2）权力系统原则　即企业从高层领导到一般员工有一个统一的权力系统。组织各层次的每个员工均有上级，一个人只接受一个上级的指令，避免多头指挥造成混乱。企业领导应把一部分权力逐级下放，使各级管理者有职有权。

（3）责、权、利相统一的原则　各部门及各成员都有明确规定的责任、权力和利益，三者相互协调统一。权力是履行责任的基础，责任是对权力的约束，利益大小取决于组织成员承担责任、接受权力的程度和履行职责的业绩。

（4）精干、高效原则　要求部门设置及配置人员合理、精干，相互分工明确，协调有序，沟通便捷，从而实现组织的高效运转。

（5）组织弹性原则　组织的机构不是不变的，而应具有一定的弹性，能根据组织需要适时进行调整和变革。

2. 影响现代企业组织制度的因素

影响现代企业组织制度的因素如下。

① 企业制度的类型。

② 企业规模的大小。

③ 企业的技术水平。

④ 企业所处的环境。

3. 现代企业组织制度的基本特征

所有者、经营者和生产者之间，通过公司的决策机构、执行机构、监督机构，形成各自独立、权责分明、相互制约的关系，并以法律和公司章程的形式加以确立和实现。公司组织制度坚持决策权、执行权和监督权三权分立的原则，由此形成股东大会、董事会和监事会并存的组织框架，如图1-9所示。

公司的组织机构通常包括股东大会、董事会、监事会及经理人员四大部分，按其职能分别形成决策机构、监督机构和执行机构。决策机构，股东大会及其选出的董事会是公司的决策机构，股东大会是公司的最高权力机构，董事会是股东大会闭会期间的最高权力机构；监督机构，监事会是由股东大会选举产生的，对董事会及经理人员的活动进行监督的机构；执

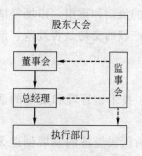

图 1-9　现代企业组织制度

行机构，经理人员是董事会领导下的公司管理和执行机构。

（三）现代企业管理制度

1. 现代企业管理制度的含义

现代企业管理制度是有关约束和调整企业经营管理活动中，各种经营管理行为方式和关系的行为规则。

企业管理制度是企业赖以生存的体制基础，是企业员工的行为规范；是企业经营活动的体制保障。现代管理制度要适应市场经济的发展，符合企业的实际并且积极应用现代科学技术成果。

① 具有正确的经营思想和推动企业发展的经营战略。

② 建立适应现代化大生产要求的领导制度。

③ 实行"以人为本"的经营理念，充分发掘企业人力资本的潜力。

④ 建立高效的组织机构和管理制度。

⑤ 运用现代的生产方式和先进的生产技术等。

2. 现代企业管理制度的规范性

现代企业管理制度的规范性是要求企业管理制度呈稳定和动态的统一。长年一成不变的规范不一定是适合的规范，经常变化的规范也不一定是好规范，应该根据企业发展的需要而实现相对稳定和动态的变化。

3. 现代企业管理制度的内容

（1）现代企业领导制度　建立科学完善的企业领导制度，是搞好企业管理的一项最根本的工作。现代企业领导制度应该体现领导专家化、领导集团化和领导民主化的原则。其主要职能为：

① 确定企业的领导体制和领导班子结构。

② 运用多种激励手段，调动员工的积极性。

③ 加强信息沟通，实现上下左右的信息交流。

④ 发挥员工参与领导的活动，提高领导效率。

（2）现代企业劳动人事制度　在市场经济条件下，企业实行市场化用工，即实行企业与职工双向选择的企业自主用工、劳动者自主择业的用工制度，并打破身份界限，实行能者上、庸者下的管理人员聘任制度。现代企业根据劳动就业供求状况和国家有关政策规定，由董事会自主确定企业的工资水平和内部分配方式，实行个人收入货币化和规范化。职工收入依岗位、技能和实际贡献确定；高层管理人员的报酬由董事会决定；董事、监事的报酬由股东会决定；兼职董事和监事实行津贴制度。

（3）现代企业财会制度　现代企业财会制度应充分体现产权关系清晰、财会政策公平、企业自主理财并与国际惯例一致的原则。现代企业有充分的理财自主权，包括自主的市场取向筹资、自主投资、资产处置、折旧选择、科技开发费提取，以及留用资金支配等权力。现代企业有健全的内部财会制度，并配备合格的财会人员，其财务报告须经注册会计师签证，上市公司要严格执行公共披露财务信息制度。

（4）现代企业破产制度　破产制度是用来处理企业在生产经营过程中形成的各种债权债务关系，维护经济运行秩序的法律制度。它不是以行政命令的方式来决定企业的存亡，而是以法律保障的经济运行方式"自动"筛选和淘汰一些落后企业，为整个经济运行提供一种优胜劣汰的途径。

现代企业产权制度、现代企业组织制度、现代企业管理制度三者之间是相辅相成的，它们共同构成了现代企业制度的总体框架。

本 章 小 结

1. 企业是从事生产、流通、服务等经济活动，以生产或服务满足社会需要，实行自主经营、独立核算、依法设立的一种赢利性的经济组织。

2. 中小企业是与所处行业的大企业相比人员规模、资产规模与经营规模都比较小的经济单位。

3. 企业经营管理是指对企业整个生产经营活动进行决策、计划、组织、控制、协调，并对企业成员进行激励，以实现其任务和目标的一系列工作的总称。

4. 企业管理的性质——二重性。企业管理的自然属性是指管理要处理人与自然的关系。企业管理的社会属性是指管理要处理人与人之间的关系，要受一定生产关系、政治制度和意识形态的影响和制约。

5. 企业管理职能是管理者实施管理的功能或程序。包括决策职能、计划职能、组织职能、领导职能、控制职能和创新职能。

6. 企业管理基本原理包括系统原理、人本原理、动态原理和效益原理。

7. 企业组织机构，是指企业组织内各个部门的空间位置、排列顺序、连接形式以及各要素之间相互关系的一种模式。最常见的有直线制、职能制、事业部制、分权制、矩阵制和多维制等形式。

8. 企业管理基础工作是企业在生产经营活动中，为实现经营目标，行使管理职能，提供资料依据，维护共同准则、基本手段和前提条件的专业管理工作。

9. 企业管理现代化包括管理思想、管理组织、管理方法、管理手段和管理人员现代化。

复习思考题

1. 什么是企业？
2. 企业管理的职能有哪些？
3. 什么是企业管理现代化？它的基本内容是什么？
4. 企业管理的组织结构有哪些基本形式？
5. 企业管理基础工作包括哪些内容？

案例分析

海尔公司：创造新动力

创新是企业文化的灵魂，是保持企业持续发展的动力。多年来，海尔公司不满足于自己的成功经验，不断地打破已有的成功经验，追求创新，重塑自我，从以下五个方面建立了自己独有的创新文化。

1. 战略创新：寻找企业的出路

海尔人认为："没有思路就没有出路。"在这一观念指导下，创造了对海尔最有利且富有远见的发展战略。

① 实施品牌战略。

② 实施多元化经营战略。海尔公司将海尔产品从"白色家电"扩展到以电视为代表的"黑色家电"和"灰色家电"领域。

③ 实施资本经营战略。利用海尔的文化盘活有形资产，利用海尔的品牌进行低成本扩张，使海尔公司先后兼并18个企业，共盘活包括5亿元亏损在内的18亿元资产。

④ 实施国际化战略。1998年，海尔公司开始实施国际化战略。

2. 管理创新：确保战略创新的成功

海尔公司的管理创新是从实际出发，由低要求向高要求推进。

他们创造了"日事日毕，日清日高"管理法。用领导文化推动群众文化。海尔公司从1999年开始，创造了模拟市场对企业内部进行管理的方法。

3. 技术创新：企业实力的坚强后盾

① 在指导思想上坚持"市场的难题就是技术开发的课题"的原则。

② 在创新定位上要坚持国际化，盯住全球行业先进水平搞创新。

③ 在创新宣传上还要坚持超前性，保持观念、技术、产品结构调整的三个超前。

④ 在创新策略上着眼于利用全球科技资源。

4. 组织创新：一切行动的根基

① 实行事业部制。

② 重视物流、资金流与商流。

5. 观念创新：一切创新之源

① 充分理解和认识"观念创新是一切创新之源"。

② 观念创新要有个震撼作用的大举动。

 问题讨论

1. 试分析海尔公司营业额连续高速增长的原因有哪几个方面？
2. 海尔公司营业额五大创新的内容主要体现在哪些方面？其五大创新关系是怎样的？

 实践训练

组织全班同学或分成若干小组，以座谈会或深度面谈形式，调查某一企业的管理创新活动。每位同学撰写访问报告及心得体会，优秀者在全班交流。

◎ 第二章

企业的设立与终止

> **[学习目标]**
>
> 1. 了解企业设立的概念和原则。
> 2. 掌握企业设立的程序和条件。
> 3. 熟悉企业变更的方式和要求。
> 4. 了解企业终止的相关条件。
> 5. 理解掌握企业破产的相关内容。

导入案例 ▶▶

"月球大使馆"被吊销营业执照

美国的丹尼斯·霍普利用联合国 1967 年公布的《外层空间条约》的漏洞，注册了月球大使馆公司，自任总裁，销售月球土地，每英亩31.5 美元。中国人李捷如法炮制，于 2005 年向北京市朝阳区工商局申请成立月球大使馆公司，被工商局否决。事后，他又申请注册北京月球村航天科技有限公司，并于 9 月 5 日获得营业执照，自任首席执行官。其住所位于北京市朝阳区安贞桥的深房大厦，注册资本 1000 万元，实缴 10 万元，主要经营项目为太空旅游和月球开发。该公司在住所挂牌为"月球大使馆"，实际从事的是月球土地销售活动，每英亩 298 元，并为购买者颁发月球土地证书。购买者拥有月球土地的所有权以及土地以上和地下 3 公里以内的矿物产权。10 月 19 日正式开盘，3 天内共有 34 名顾客购买了 49 英亩月球土地。10 月 28 日，朝阳区工商局发现，其经营对象为虚无缥缈的月球土地，且对其没有支配和处分权，便以涉嫌投机倒把为由，扣留了其营业执照和相关财物，随后做出吊销营业执照、责令退回财物和罚款 5 万元的决定。

第一节　企业的设立

一、企业设立概述

（一）企业设立的概念

企业的设立，是指依据国家法律，通过法定的程序，以某种特定的方式组成一个完整的企业组织的过程和行为。

在市场经济条件下，企业作为社会经济活动的基本单位，是以获取利润为主要目标的。因此，无论以什么方式设立的企业，首先必须拥有人、财、物等生产要素，具备从事商品生产与经营的基本能力；同时，企业要想参与各种社会活动，并得到国家法律的认可和保护，还必须依法设立和运行，必须取得在各种法律关系中依法行使权利并承担义务的主体资格。

（二）企业设立的原则

1. 放任主义设立原则

放任主义原则也称自由主义原则。这种放任主义原则表现为任何个人、任何社团、任何合伙组织等都可以不经过批准，完全凭当事人的自由意志为之，法律对公司设立的程序不加干预。由于采用放任主义原则极易导致公司滥设，不利于维护市场的正常秩序，所以这种设立方式逐渐被摒弃。

2. 特许主义设立原则

特许设立在西方国家为皇家特许证设立。如英国由皇家特许批准设立的公司称为"特许公司"或"习惯法人组织"。凡采用特许主义设立的公司必须由国家元首颁布命令。

3. 许可主义设立原则

许可主义原则又称核准主义原则，即设立公司必须经过行政机关审核批准。18世纪的法国、德国设立公司要求必经主管官署批准。

4. 准则主义设立原则

准则主义设立原则是指公司对自身的条件做出明确规定，准备设立的公司只要具备公司法规定的法定条件，公司即可登记设立并取得法人资格。20世纪后期，在公司设立程序上由准则主义发展为严格准则主义设立原则，它是严格按照法律规定设立并加重设立人的责任，加强行政机关对公司设立的严格监督。

我国《公司法》规定："设立有限责任公司、股份有限公司，必须符合本法规定的条件。符合本法规定的条件，登记为有限责任公司或者股份有限公司。"同时又规定："法律、行政法规对设立公司规定必须报经审批的，在公司登记前依法办理审批手续。"我国公司设立原则采取的是以准则主义为主、许可主义为辅的设立原则，有限责任公司需要经有关部门审批的，应当在申请设立时提交批准文件。但是在准则主义条件下又对某些行业设立有限责任公司如金融、烟草有限公司，必须经国务院授权的部门或者人民政府批准，即采取许可主义原则。

二、企业设立的条件

（一）有限责任公司设立的条件

1. 股东符合法定人数

法定人数包括最低限额和最高限额。我国规定有限责任公司的人数为50人以下。

2. 股东出资达到法定资本最低限额

公司资本是公司权利能力、责任能力的财产基础，是设立有限责任公司的重要条件。我国有限责任公司注册资本的最低限额为人民币三万元。法律、行政法规对特别行业的有限责任公司注册资本的最低限额，可由法律、行政法规另行做出规定。

3. 股东共同制定公司章程

制定公司章程是有限责任公司设立的必备条件，章程是公司股东的共同准则。章程的内容是有限责任公司宗旨、营业范围、资本数额以及股东权利等。有限责任公司章程应当载明的事项如下。

① 公司名称和住所。

② 公司经营范围。

③ 公司注册资本。

④ 股东的姓名或者名称。

⑤ 股东的出资方式、出资额和出资时间。

⑥ 公司的机构及其产生办法、职权、议事规则。

⑦ 公司法定代表人。

⑧ 股东会会议认为需要规定的其他事项。

股东应当在公司章程上签名、盖章。

4. 有公司名称，建立符合有限责任公司要求的组织机构

公司名称是某一公司区别于其他公司的特定标志。公司名称经过公司登记机关核准后，公司享有名称权，公司的名称标志着公司有独立的法律人格。

按照公司法规定，除国有独资公司外，有限责任公司的组织机构通常设股东会作为公司的权力机构。除股东人数较少和规模较小的有限责任公司可设一名执行董事外，其他则应设立董事会。作为公司的可设 1~2 名监事外，其余均应设立监事会，作为公司的监察机构。

5. 有固定的生产经营场所和必要的生产经营条件

固定的生产经营场所是指公司主要生产经营地。公司的主要生产经营地应当是固定的。公司有固定的生产经营场所是取得法人资格、从事生产经营活动的基本条件。必要的生产经营条件是指除了具有生产经营场所、公司住所以及资本外，还应当有生产经营设备、设施、环保条件、从业人员、技术条件等。

（二）股份有限公司的设立条件

1. 发起人的资格与发起人的最低限额规定

股份有限公司的发起人应当具有行为能力的自然人或法人。关于发起人的国籍和住所问题，各国公司法一般都未加限制，本国公司与外国公司都一视同仁。但个别国家也有一定的限制。

我国公司法规定：设立股份有限公司，应当有二人以上二百人以下为发起人，其中须有半数以上的发起人在中国境内有住所。

2. 公司股本应达到法定资本最低限额

发起人认购和募集的股本达到法定资本最低限额；股份有限公司注册资本的最低限额为人民币五百万元。法律、行政法规对股份有限公司注册资本的最低限额有较高规定的，从其规定。

3. 股份发行、筹办事项符合法律规定

股份有限责任公司的设立一般可分为三个阶段，即创办阶段、资本筹集阶段和注册登记阶段，这三个阶段的一切活动都应当符合法律规定。如发起设立的股份有限公司，按公司法规定发起人应认购股份有限公司应发行的全部股份。募集设立的，由发起人认购公司所发行股份的一部分，其余部分向社会公开募集而设立公司。公司的章程、董事的选举、创立大会的召开、申请登记等各类事项都应符合法律规定。

4. 发起人制定公司章程，并经创立大会通过

公司章程是规范公司的宗旨、资本、组织机构、名称等对外设立的法律文件，是规范公司活动的根本大法。公司的发起人就是公司章程的签署人。股份有限公司的设立，必须经过国务院授权的部门或者省级人民政府批准。作为发起人必须向批准机关提交公司章程，由批

准机关审查公司章程效力。

股份有限公司章程应当载明的事项如下。

① 公司名称和住所。

② 公司经营范围。

③ 公司设立方式。

④ 公司股份总数、每股金额和注册资本。

⑤ 发起人的姓名或者名称、认购的股份数、出资方式和出资时间。

⑥ 董事会的组成、职权和议事规则。

⑦ 公司法定代表人。

⑧ 监事会的组成、职权和议事规则。

⑨ 公司利润分配办法。

⑩ 公司的解散事由与清算办法。

⑪ 公司的通知和公告办法。

⑫ 股东大会会议认为需要规定的其他事项。

5. 有公司名称，有固定的生产经营场所和必要的生产经营条件

公司名称需要依法进行登记，在公司名称中标明股份有限公司字样。公司名称与公司的信誉和前途是休戚相关的，创造一个知名公司就是创造一笔财富，这种无形的财产价值往往是公司兴旺发达的标志。

在选用公司名称时：一是要注意不得与其他公司和企业名称重复或相似；二是公司名称应保持与公司的经营范围相一致；三是公司名称要避讳一些名字和词汇；四是保护公司名称的独占权。

固定的经营场所和必要的生产经营条件是公司生产经营活动的基本条件，是股份有限公司不可缺少的物质基础，缺少这个条件，股份公司则不得设立。

组织机构的完备主要指股东大会、董事会、监事会、经理等应依法设立。公司的各项管理工作是通过完备的组织机构行使的。如董事长确立后可以在董事会中设立执行、生产、销售、财务、情报、法律等各委员会来行使具体工作，保证公司正常营运。组织机构的完备是公司独立人格的象征。

（三）设立个人独资企业（一人公司按《公司法》办理）应具备的条件

1. 投资人

投资人为一个自然人，且只能是作为自然人的一个中国公民

2. 有合法的企业名称

个人独资企业名称中不能使用"有限"、"有限责任"或"公司"字样。

3. 有投资人申报的出资

个人独资企业的出资额和出资方式由出资人自行决定。可以用货币出资，也可以用实物、土地使用权、知识产权或者其他财产权利作为出资，但不能用个人劳务作价出资，也不能用个人信誉或者名誉作价出资。

4. 有固定的生产经营场所和必要的生产经营条件

临时经营性的、流动的场所不能作为设立个人独资企业的条件。

5. 有必要的从业人员

(四）设立合伙企业应具备的条件

1. 普通合伙企业有两个以上合伙人，并且都是依法承担无限责任者

有限合伙企业中的普通合伙人对合伙企业债务承担无限连带责任，有限合伙人以其认缴的出资额为限对合伙企业债务承担责任。有限合伙企业由两个以上五十个以下合伙人设立；但是，法律另有规定的除外。有限合伙企业至少有一个普通合伙人。

2. 有书面合伙协议

合伙协议是指两个以上自然人签订的以各自提供资金、实物、技术等，共同经营、共同劳动等为内容的合同。按照《中华人民共和国合伙企业法》的规定，合伙协议必须载明下列事项：合伙企业的名称和主要经营场所的地点；合伙目的和合伙企业的经营范围；合伙人的姓名及其住所；合伙人出资方式、数额和交付出资的期限；利润分配和亏损分担办法；合伙企业事务执行；入伙与退伙；合伙企业的解散与清算；违约责任。

合伙协议必须采用书面形式，采用口头协议是不能设立合伙企业的。

3. 有各合伙人实际缴付的出资

合伙人可以用货币、实物、土地使用权、知识产权或者其他财产权利出资；上述出资应当是合伙人的合法财产及财产权利。有限合伙人可以用货币、实物、知识产权、土地使用权或者其他财产权利作价出资。有限合伙人不得以劳务出资。

对货币以外的出资需要评估作价的，可以由全体合伙人协商确定，也可以由全体合伙人委托法定评估机构进行评估。经全体合伙人协商一致，合伙人也可以用劳务出资，其评估办法由全体合伙人协商确定。

4. 有合伙企业的名称

合伙企业作为一个市场经济组织，同自然人和其他组织一样，应有一个称谓，以区别于他人。普通合伙企业在合伙企业名称中应当标明"普通合伙"字样；有限合伙企业名称中应当标明"有限合伙"字样。

5. 有经营场所和从事合伙经营的必要条件

三、企业设立的程序

（一）有限责任公司的设立

有限责任公司只能由发起人发起设立。发起设立又叫简单设立，是指由发起人认购公司设立的全部股份，而不再向外招募股份的一种设立方式。即公司设立时所需的出资全部由发起人认购，而不再向社会公开发行股票。采用这种设立方式，设立公司时的股东都是发起人，所以最初的董事、监事只能在发起人中选任。

发起设立的程序比较简单，主要有发起人发起、订立章程、认购股份、设置机构和登记注册等环节。

1. 发起人发起

发起人首先要对设立公司进行可行性分析，确定设立公司的意向。所有发起人必须就创办公司的重大事项进行协商，签订发起人协议，明确各自的权利和义务。发起人协议在法律上被认为是合伙协议，发起人在公司未成立之前，对他人承担连带的无限责任。

2. 制定章程

发起人就创办公司的重大事项进行协商后，要将协商结果以书面形式表达出来，这就是公司章程。章程是企业设立时最重要的文件，也是企业成立后员工的行为规范。所以，制定章程必须按照法律、法规的规定进行。公司章程经全体股东同意并签名盖章后，报登记主管机关批准，即正式生效。

3. 设置机构

公司登记成立之前，必须确立组织机构，有限责任公司的组织机构一般包括股东会、董事会和监事会。

股东会由全体股东共同组成，它是股东表达意愿、要求、行使权利的机关。股东会对外并不代表公司，对内也不执行业务，却是公司的最高权力机构。股东在公司的权力来自股权，即股东按出资比例行使表决权。

董事会是由股东选举产生的常设机构，它对内执行公司业务，对外代表公司。有限责任公司一般均要设董事会，特别是当公司不设股东会时（如中外合资经营企业）必须要设董事会，履行股东会的职权。董事会成员一般为3～13人。当股东会人数较少时，也可不设董事会，只设一名执行董事。

监事会是公司常设的监督机构，负责对公司执行机构的业务活动进行监督、检查，对股东会负责。监事人由股东和职工分别选举的监事共同组成，公司的董事、经理及财务人员不能兼任监督职责。公司规模较大的必须设立监事会，规模较小的也可不设监事会，只设1～2名监事。

4. 行政审批

大多数公司直接注册登记即可，只有某些特殊行业，如烟草公司、经营证券业务的公司等，必须经过国家有关部门批准。

5. 缴纳出资

发起人在签署章程时，须认缴出资。在审批手续办理后，一次缴足出资。发起人以货币出资的，要存入准备设立公司的临时账户；以实物、工业产权、非专利技术等出资的，要办理财产权的转移手续。注册资本中非货币资金不能高于注册资本总额的70％。

6. 验资

发起人全部缴纳出资后，要经法定的验资机构验资并出具证明。

7. 登记注册

验资后，由发起人代表或其委托的代理人向公司登记机关申请登记，并提交相关文件。公司登记机关对其申请进行审查，符合法律、法规规定条件的，予以登记，发给营业执照。自该日起，有限责任公司成立，取得法人资格，可以开始对外营业。

（二）股份有限公司的设立

股份有限公司的设立较有限责任公司复杂。其设立方式有两种，一种是发起设立，另一种是募集设立。

1. 发起设立

发起设立，是指由发起人认购公司发行的全部股份，不再向社会公众募集而成立公司的设立方式。这种方式是在较小范围内定向发行股份，优点是创办过程简便，缺点是不能充分吸收和利用社会资金。发起设立的主要程序如下。

（1）发起人发起　所有发起人就创办公司的重大事项进行协商，签订发起人协议，明确各自的权利和义务。

（2）制定公司章程

（3）认购股份　公司发起人必须认购首次发行的全部股份，每人至少认购一股。

（4）政府批准　根据规定，股份有限公司的设立必须经国务院授权部门或省级人民政府批准。

（5）缴纳出资。发起人在认购股份时，应按发行价缴纳出资。出资可以是货币，也可以是实物或无形资产。出资须一次缴清。

（6）验资

（7）选举董事会和监事会　发起人缴足股款后应召开发起人大会，选举董事会和监事会。

（8）登记注册　由董事会向公司登记机关申请设立登记，并报送相关文件。公司登记机关审核后，对符合法律规定条件的，予以登记，发给营业执照，公司成立。

（9）公告　公司成立后，应当进行公告。

2. 募集设立

募集设立，是指由发起人认购公司设立时的部分股份，其余部分向社会公开募集的设立方式。我国公司法规定，以募集方式设立的股份有限公司，发起人认购的股份不得少于公司股份总数的35%。发起人以外的其他法人和社会公众以投资参股方式而成为公司的股东。这种方式股东人数多，股本规模大，发起人承担的风险较小。但其设立过程较复杂，所以又称为复杂设立。又由于发起人和社会公众在认购时间上有前后顺序，所以又称渐进设立。

募集设立程序与发起人设立程序的主要区别是增加了向社会公众募股的过程。在具体内容上，各步骤比发起设立还要复杂一些。其主要步骤如下。

（1）发起人发起

（2）制定公司章程

（3）政府批准

（4）发起人缴纳出资

（5）验资

（6）向社会募股　发起人通过发行股票向社会其他法人和社会公众募集发起人未认购完的那一部分股份。如果募股不足，必须由发起人认购剩下部分。

对于社会招募股份，发起人需要订立招股章程，并经政府主管部门审批。

（7）创立　发起人在取得验资证明后30日内，应召开创立大会。创立大会通知全体认股人参加，并在有代表股份总数1/2以上的认股人出席时方可召开。创立大会的职权是：

① 审议发起人关于公司筹办情况的报告。

② 审议通过公司章程。

③ 选举董事会、监事会成员。

④ 对于公司设立费用进行审核。

⑤ 对发起人用于抵作股款的财产的作价进行审核。

⑥ 发生不可抗力或经营条件发生重大变化直接影响公司设立时，创立大会可做出不设

立公司的决议等。

（8）登记注册　创立大会后30日内，由董事会向公司登记机关申请办理登记，并报送有关文件。一旦公司被核准登记，就发给营业执照。营业执照签发的日期为公司成立日期。

（9）发布公告

（三）个人独资企业的设立

① 提出申请，包括投资人签署的个人独资企业设立申请书、投资人身份证明、企业住所证明和生产经营场所使用证明等文件，委托代理人申请设立登记的，应当提交投资人的委托书和代理人的身份证明或者资格证明。

② 国家工商行政管理局规定提交的其他文件。

③ 登记机关应当在收到设立申请文件之日起15日内，对符合本法规定条件的，予以登记，发给营业执照；对不符合本法规定条件的，不予登记，应当给予书面答复并说明理由。

（四）合伙企业的设立

① 设立合伙企业，应由全体合伙人指定的代表或者共同委托的代理人向企业登记机关申请设立登记。登记机关为工商行政管理部门。

② 申请时应提交的材料主要包括登记申请书、合伙协议书、出资权属证明、全体合伙人的身份证明等文件。

③ 企业登记机关应自收到申请人提交所需的全部文件之日起20日内，做出是否登记的决定。予以登记的，发给营业执照，合伙企业的营业执照签发日期，为合伙企业成立之日；不予登记的，登记机关应当给予书面答复并说明理由。

案例 2-1 ▶▶ ···

公司的设立

李某与其亲友、同事共45人共同投资200万元成立了一家有限责任公司。其中，作为股东之一的刘某以专利技术及机器设备出资，作价150万元。李某起草了公司章程，自任董事长。共有10名出资最多的股东在章程上盖章签字。公司章程规定，公司设董事会作为公司的权力机构，董事会由15名董事组成；另设总经理一人并由董事王某兼任监事。

问题：该公司的设立是否符合法律规定？为什么？

分析提示：有以下几处不符合法律规定。

（1）股东的货币出资与非货币的出资比例不符合法律规定。《公司法》第二十七条规定，全体股东的货币出资额不得低于有限公司注册资本的30%，而本案中股东的货币出资额仅占注册资本的25%。

（2）公司章程不符合法律规定。有限责任公司的章程上应由全体股东签字，而该公司的章程只有10名股东签字。

（3）董事会人数不符合法律规定，有限责任公司董事会成员由3～13人组成，而该公司董事会成员有15人。

（4）有限责任公司的权力机构是股东会，而不是董事会。《公司法》规定，公司的董事、高级管理人员不得担任监事。所以该公司的王某不能兼任监事。

（5）李某不能自任董事长，董事长应由董事会选举产生。

（6）非货币财产出资，应当依法办理财产权的转移手续。

四、企业设立登记

1. 企业名称登记

根据《企业名称登记管理规定》及其实施办法，对企业名称有以下规定。

（1）企业只准使用一个名称　在登记主管理辖区内不得与已登记注册的同行业企业名称相同或者近似。

（2）企业名称应当由以下部分依次组成　字号（或商号，下同）、行业或者经营特点、组织形式。

企业名称应当冠以企业所在地省（包括自治区、直辖市，下同）或者市（包括州，下同）或者县（包括市辖区，下同）行政区划名称。

经国家工商行政管理局核准，下列企业名称可以不冠以企业所在地行政区划名称：在名称中使用权用"中国"、"中华"或者冠以"国际"字词的企业；历史悠久、字号驰名的企业；外商投资企业。

（3）企业名称应当使用汉字　民族自治地方的企业名称可以同时使用民族自治地方通用的民族文字；企业使用外文名称的，其外文名称应当与中文名称相一致。

（4）企业名称不得含有下列内容和文字　有损于国家、社会公共利益的；可能对公众造成欺骗或者误解的；外国国家（地区）名称、国际组织名称；政党名称、党政军机关名称、群众组织名称、社会团体名称及部队番号；汉语拼音字母（外文名称中使用的除外）、数字；其他法律、行政法规规定禁止的。

（5）企业可以选择字号　字号应当由两个以上的字组成。企业有正当理由可以使用本地或者异地地名作字号，但不得使用县以上行政区划名称作字号，私营企业可以使用投资人姓名作字号。

（6）除国务院决定设立的企业外，企业名称不得冠以"中国"、"中华"、"全国"、"国家"、"国际"等字样。

在企业名称中间使用"中国"、"中华"、"全国"、"国家"、"国际"等字样的，该字样应是行业的限定语。

使用外国（地区）出资企业字号的外商独资企业，可以在名称中间使用"中国"字样。

（7）使用控股企业名称中的字号，可以将名称中的行政区划放在字号之后，组织形式之前。

（8）经国家工商行政管理局核准，符合下列条件之一的企业法人，可以使用不含行政区划的企业名称。

① 国务院批准的；国家工商行政管理局登记注册的。

② 注册资本（或注册资金）不少于 5000 万元的。

③ 国家工商行政管理局另有规定的。

（9）企业名称中不得使用国民经济行业类别用语表述企业所从事行业的，应当符合以下条件。

① 企业经济活动性质分别属于国民经济行业 5 个大类。

② 企业注册资本（或注册资金）1亿元以上或者是企业集团的母公司。

③ 与同一工商行政管理机关核准或者登记注册的企业名称中字号不相同。

（10）企业的印章、银行账户、牌匾、信笺所用的名称应当与登记注册的企业名称相同　从事商业、公共饮食、服务等行业的企业名称牌匾可适当简化，但应当报登记主管机关备案。

案例 2-2 ▶▶▶ ···

给公司起个好名字

在现实生活中，具有高度概括力与强烈吸引力的商店招牌（企业名），对消费者的视觉刺激和心理影响是很重要的。企业的名字起得好坏，是能否引起消费者好奇心和把企业牌子打响的关键。一些老字号店，多采用典雅、古朴、考究的名字，如鹿鸣春、同仁堂、天和堂、荣宝斋、全聚德等。这些店名，成了招徕生意的金字招牌。

2. 工商企业名称的登记注册

（1）企业营业执照上只准标明一个企业名称

（2）设立公司应当申请名称预先核准　法律、行政法规规定设立企业必须报经审批或者企业经营范围中有法律、行政法规规定必须报经审批项目的，应当在报送审批前办理企业名称预先核准，并以工商行政管理机关核准的企业名称报送审批。设立其他企业可以申请名称预先核准。

（3）需要提交的文件　申请企业名称预先核准，应当由全体出资人、合伙人、合作者（以下统称投资人）指定的代表或者委托的代理人，向有名称核准管辖权的工商行政管理机关提交下列文件。

① 全体投资人签署的企业名预先核准申请书（见表 2-1）。申请书应当载明拟设立企业的名称（可以载明备选名称）、地址、业务范围、注册资本（或注册资金）、投资人名称或者姓名及出资额等内容。

表 2-1　公司名称预先核准申请书　　　　　　　　　　（申请人填写）

申请公司名称				
备用名称				
拟设公司的类型		拟设公司的注册资本金		
拟设公司的住所				
拟设公司的经营范围				
全体股东(发起人)签名				
序号	提交文件、证件名称	有关说明		页数

申请人姓名　　　　　　　　　　电话

② 全体投资人签署的指定代表或者委托代理人的证明。

③ 代表或者代理人的资格证明。

④ 全体投资人的资格证明。

⑤ 工商行政管理机关要求提交的其他文件。

（4）工商行政管理机关应当自受理日起 10 日内，对申请预先核准的企业名称做出核准或者驳回的决定（见表 2-2）核准的，发给《企业名预先核准通知书》；驳回的，发给《企业名称驳回通知书》。

表 2-2　公司名称预先核定情况　　　　（登记机关填写）

收齐应提交 文件的日期		收件人	
对申请名称 查询情况	查询人		年　月　日
核定公司名称			
审 查 意 见	签字		年　月　日
核 定 结 果	签字		年　月　日
企业名称预先核准通知书文号（　）			名称预核〔　〕第号
保留期自			年　月　日至　年　月　日

（5）申请企业设立登记，已办理企业名称预先核准的，应当提交《企业名称预先核准通知书》。

企业预先名称核准与企业登记注册不在同一工商行政管理机关办理的，登记机关应当自企业登记注册之日起 30 日内，将有关登记情况送核准企业名称的工商行政管理机关备案。

（6）企业变更名称，应当向其登记机关申请变更登记。

企业申请变更名称，属于登记机关管辖的，由登记机关直接办理变更登记。如果企业原名称是经其他工商行政管理机关核准的，登记机关应当在核准变更登记之日起 30 日内，将有关登记情况送核准原名称的工商行政管理机关备案。

（7）企业申请变更名称的，不属于登记机关管辖时，按以下规定办理。

① 企业向登记机关申请变更登记，并提交下列文件：企业变更名称的书面申请；企业章程、营业执照复印件；其他有关文件。

② 登记机关向有名称管辖权的工商行政管理机关报送下列文件：本机关对企业拟变更名称的审查意见；上款所列文件，其中营业执照复印件应当加盖登记机关印章。

③ 工商行政机关应当在收到申报材料之日起 10 日内，对申请的企业名称做出核准或者驳回的决定。核准的，发给《企业名称变更核准通知书》；驳回的，发给《企业名称驳回通知书》。

④ 登记机关收到《企业名称变更核准通知书》或者《企业名称变更驳回通知书》后，

在法律规定的时限内，对企业名称变更登记做出核准或者驳回的决定。

第二节 企业的年检与变更

一、企业的年检

1. 年检的目的和意义

企业年检是指工商行政机关依法按年度对企业的注册资金（本）、生产经营及登记事项变动等情况进行审查，确认企业是否具备继续经营资格的法定制度。

根据我国现行法律制度的规定，企业登记是企业成为市场主体、取得法人资格、获准进入市场的"通行证"，而企业年检，是企业获得继续经营资格的必需程序。

各级工商行政管理机关，根据国家工商行政管理局制定的《企业年度检验办法》的规定和要求，每年对辖区内登记注册企业的出资、经营以及登记事项变动情况等集中逐一进行检验，确认其合法性和继续经营资格的监督管理制度，属于审查定期、集中的监督管理。年检和日常监督管理互为补充，构成了企业监督管理体系。由于年检具有时间固定、集中（每年3月1日～6月30日）、检验面广（对上年12月31日前登记的所有企业）、检验内容全（全部登记事项及其经营情况、对外投资及设立分支机构情况等）等特点。因此具有其他监督管理方式不可替代的作用，是监督企业依法办理登记注册，依法开展经营活动，维护社会主义市场经济秩序的重要手段和措施。按时参加年检，是企业的法定义务。

2. 年检的内容

（1）企业法人登记事项的执行和变动情况

（2）投资情况 年检中检查的企业投资情况，主要指企业以股东身份向其他公司法人的投资，或以联营者的身份在联营企业法人中的出资。

（3）资产负债及损益情况 资产负债表和损益表是反映企业生产经营状况的重要会计凭证。企业必须如实地在资产负债和损益表中反映生产经营情况和资产的运用效益情况，向有关部门申报，接受其监督管理指导。

（4）投资者出资情况 投资者出资是指投资者按照企业章程或协议规定，准时足额投入企业的资金数额。

上述年检内容，要求参检企业如实填报，对隐瞒不报的，登记机关应当从严处罚；对登记事项中存在问题的企业，在问题未解决之前，登记机关应暂扣执照不予通过年检。

3. 年检的基本程序和规定

（1）企业领取、报送《年检报告书》和其他有关资料 凡是应当参加年检的企业（包含经营单位），不论当年是否办理过变更登记、更换过营业执照，都应当按时参加年检，到原登记机关或登记机关指定的单位领取《年检报告书》。

《年检报告书》应当使用黑色或蓝色钢笔正楷填写，字迹应清晰工整。要求如实填报情况，不得隐瞒真实情况，不得弄虚作假。填写时，如某项栏目内容没有，应当填"无"，栏目格内填不下可另附纸，并粘贴于相关页后面。封面的"法人代表签字"要求法定代表人亲自签名，违者按登记管理规定处罚。

企业申报年检应提交的材料包括由企业加盖公章，并由法定代表人（负责人）签署的年检报告书1式2份；企业指定的代表或受权委托代理人的证明；营业执照全部副本及复印件1份；经营范围中属于企业登记前置行政许可经营项目的，应提交加盖企业印章的相关许可证件、批准文件的复印件；国家工商行政管理总局规定要求提交的其他材料。

企业法人应当提交年度资产负债表和损益表，公司还应当提交由会计事务所出具的审计报告。企业有非法人分支机构的，还应当提交分支机构的营业执照副本复印件。

（2）企业登记机关受理审查企业年检　企业按规定报送年检材料，对企业提交的年检材料齐全、内容完整的，企业登记机关应当受理，并出具受理通知书。

提交的年检材料不齐全或者内容不完整的，企业登记机关不予受理，并出具载明不予受理理由的不予受理通知书。

登记主管机关受理年检材料后，在规定时间内按照《企业年度检验办法》第十一条规定的主要审查内容，认真审核年检材料，做出核准通过年检或不予以核准通过年检的决定。对在年检中发现的问题，视情节轻重，依照《企业年度检验办法》、《公司登记管理条例》、《企业法人登记管理条例》的规定，分别给予警告、罚款、没收非法所得、停业整顿、扣缴或吊销《企业法人营业执照》或《营业执照》的行政处罚。

（3）登记主管机关加盖年检戳记　登记主管机关对经审查符合规定的，在其营业执照副本上加盖年检戳记，并发还营业执照副本；不符合规定的，责令其限期改正；符合规定后，在营业执照副本上加盖年检戳记，并还发营业执照副本。

二、企业变更

企业在其生产经营过程中，由于各种原因，可能会对企业的某一事项或若干事项做出新的调整和改变，比如变更企业名称、地址，调整企业经营范围，改变企业经营方式和财产关系等。这种在不中断企业法人地位情况下对企业组织所进行的调整和变动，叫做企业的变更。

（一）企业的合并

企业合并是指两个或两个以上的企业，依据法律规定，经过一系列法律程序变为一个企业的行为。

企业在不同情况下合并的动机可能各不相同，但合并的目的大致有两个：一是扩大生产经营规模，降低成本，增强企业的竞争实力，提高经济效益；二是在企业无力经营的情况下，避免因破产而给股东和债权人带来损失。

1. 合并的方式

根据参与合并的企业是否全部解散，企业合并可以分为两类：新设合并和吸收合并。

新设合并也称为创立合并，是指参与合并的企业全部解散，另外成立一个新企业的合并。这种合并形成中，由于原有企业不再存续，其法人资格也就不复存在。合并后的新企业依法取得法人资格后，承受解散企业的权利和义务。

吸收合并是指参与合并的企业中，有一个企业存续，其他企业解散，由存续企业承受解散企业的权利和义务的合并。在这类合并中，存续企业仍然保持原有的名称，而且有权获得其他被吸收企业的财产和债权，同时承担它们的债务。被吸收企业从此不再存在。

2. 合并的条件

企业合并必须具备一定的条件，只有具备了这些条件，企业的合并行为才具有法律效力，才能受到法律保护。在各类型企业中，公司合并的情况最为复杂。公司的合并一般必须具备下列条件。

① 公司的合并必须经过公司全体股东的同意。

② 合并须由合并各方协商，充分反映各方当事人的意志，并达成协议才是有效的。

③ 合并的内容必须合法。公司合并后，其责任形式、生产经营范围及募股集资方式、组织机构等，均应符合法律规定。

④ 合并程序必须合法。只有按法定程序进行的合并才是合法的合并，才具有法律效力。

3. 合并的一般程序

（1）订立合并协议　公司合并时，应当由各当事公司的代表订立合并合同。一般来说，合并合同应包括：合并各方的名称、住所；合并后续公司或新设公司的名称、住所；合并各方的资产状况、债权债务状况及其处理办法等主要内容。

（2）做出合并决议　合并当事公司的代表签订合并协议，是代表公司对外所进行的法律行为。而合并决议是由公司的股东大会对是否合并做出的决议。合并决议是合并协议生效的条件，合并决议要经过股东大会表决通过才能生效。

（3）报批审查，清产核资　公司的合并都要报企业主管部门审查，并由主管部门会同财务、税务、审计、银行、房产、工商等部门组成资产评估小组清产核资。

（4）通知及公告　合并双方通过合并决议后，应当在规定期限内向债权人发出通知，并进行公告，同时允许债权人在法定期限内提出异议。

（5）召开合并大会　对于新设合并的公司，公司合并期内，办完保护债权人手续和股份合并手续后，应召开创立大会：选举董事、监事，审计通过合并报告和公司章程。对吸收合并的公司，由于存续公司早已存在，其法人资格不因合并而改变，由它行使新设公司的职权，承担新设公司的义务。因此，不需召开创立大会。

（6）进行变更登记　合并各方都应到工商登记机关办理登记手续。

（二）企业的分立

企业分立是指一个企业分成两个或两个以上企业的行为。通过分立，将某一企业的部分财产、权利和义务转移到几个新成立的企业。

1. 企业分立的原因及特征

（1）企业分立的原因

① 出于企业经营的需要。当公司规模过大而影响公司效率和效益时，或出于拓展生存空间的需要时，可以将一部分业务分离出去成立新企业，导致企业分立。

② 为了扩大资本控制范围。有时，将业务项目转让给分公司而使其独立成立新公司。企业分立后，虽然直接经营规模缩小，但资本控制范围却扩大了。

③ 在某些特定情况下，为了回避法律限制而分立新的公司。

（2）企业分立的特征

① 通过分立，企业数量增加，规模缩小。

② 分立是一个企业的内部行为，它不需要与任何第三者协商，但在企业内部需要达成某种协议。

③ 分立必须依法进行。分立行为属于法律行为，它会引起原企业主体变更和资产转移等结果，所以必须依法实施。

2. 企业分立的方式

（1）存续分立　又叫派生分立，是指一个企业仅仅用其一部分财产或营业项目分立出去另设一个或若干个新企业的行为。企业分立后，新企业可依法取得法人资格，原企业也继续保留法人资格。

（2）解散分立　又叫做新设分立，是指将企业的全部财产分别归入两个或两个以上的新设企业中的行为。分立的原企业解散，新企业可依法取得法人资格。

3. 企业分立的程序

（1）股东会做出决议　先由公司董事会提出分立方案，提交股东会讨论，并最后做出决议。

（2）政府批准　股份有限公司分立，必须经国务院授权的部门或省级人民政府批准。

（3）订立内部协议，并经股东会议批准

（4）通知或公告债权人　公司分立协议批准后，应当在规定期限内通知债权人，债权人可以在法定期限内要求公司清偿债务或提供相应的担保。

（5）申请登记　公司分立后，应向登记机关申请有关登记。在存续分立中，存续公司依法办理变更登记；在解散分立中，解散公司依法办理注销登记，新设公司依法办理设立登记。

第三节　企业的终止

企业的终止，也叫企业的解散，是指企业法人停止生产经营活动，清理组织、财产，并依法取消法人资格的一系列行为。

一、企业终止的原因

企业终止的原因有很多，可以归纳为两大类：一类是由企业自身的行为而决定的终止，叫做自行解散；另一类是由有关权力机关强制决定的终止，叫做强制解散。

（一）造成企业自行解散的原因

1. 期限届满

由于企业法人存续期限届满或企业章程中规定了企业的存续期，那么一旦期限届满，企业就应该解散。

2. 企业终止

由企业最高权力机构做出企业终止的决议。在企业存续期内，如果企业内部发生生产经营方面的重大问题，如企业因亏损严重而无法继续经营或由于自然环境等企业外部原因使企业无法继续经营，企业只能解散。

3. 企业的合并与分立

主要是指新设合并和新设分立。原企业法人的全部权利与义务均由新设的企业法人承担，原法人不复存在，企业即自行解散。

4. 其他法定自行解散的原因

如果企业有达不到法律要求的事项，比如公司股东达不到法定人数，企业就应依法自行解散。

（二）造成企业强制解散的原因

1. 企业破产

企业如果宣告破产，则应依法定程序解散。

2. 政府主管机关的命令或法院的裁决

企业的行政主管机关和法院有对企业进行行政监督的职责。如果企业在其生产经营过程中遇到了重大困难而难以存续，法院可以判令其解散；或企业的设立本身不合法，在其设立和生产经营过程中存在严重违法行为，法院也可以判决或命令企业解散。如果企业在设立登记后无正当理由而长期没有开始营业，或停止营业在规定时间以上，或有严重违反法律和企业章程的行为，政府主管机关也有权强制企业解散。

二、企业的破产

对于一个企业来说，如果它作为债务人而不能清偿到期债务，为保护多数人的利益，就可以依照法律程序对其债权债务进行强制处理，使债权人得到公平满足，并解散企业，这就是企业的破产。

（一）企业破产的原因

1. 企业因经营不善、财务困难、资金周转受阻而出现严重亏损

如果企业因为经营管理不善而无法维护正常的生产经营状态，使企业长期亏损，又没有能力恢复，继续经营下去将会造成更大损失时，就应当主动申请破产，以防止企业财产减少。这对企业和债权人都是有利的。

2. 企业不能清偿到期的负债

"不能清偿"有三种具体情况。

① 企业全部财产已不足以清偿其全部债务，即所谓"资不抵债"。

② 企业作为债务人长期不能支付到期债务，即所谓"支付不能"。

③ 企业作为债务人已经停止支付到期债务，即所谓"停止支付"。

第一种情况是企业的真正破产；后两种情况尽管企业并非资不抵债，但由于企业处于清偿不能状态，所以也是法律意义上的破产。

（二）实行企业破产制度的意义

1. 有利于经济结构的调整和社会经济秩序的稳定

在破产制度的约束与压力下，企业会自觉改善经营管理，提高竞争能力。对因经营管理不善而严重亏损，或经营范围和发展方向不适应社会需要的公司实行破产，可以消除对社会资源的不当占有，解放生产力，调整社会经济结构，保证社会经济活动的正常开展。

2. 公平地保护全体债权人的利益

依据破产制度，法院依法全面调查债务人的财产和债务状况，并依法定程序处置，防止

债务人随意清偿债务，保护全体债权人的利益。

3. 有利于债务人从债务纠葛中解脱出来

当企业经营状况不佳甚至资不抵债时，由于债权人的追索，债务人会陷入债务纠葛当中，影响其生产经营。实行破产制度，如果能与债权人和解，可以使债务人专心整顿业务，有可能恢复清偿能力。即使宣告破产，也可以一次性了结全部债权债务，使债务人从债务纠葛中解脱出来。

（三）企业破产的界限

企业不能清偿到期债务就应当破产。但如何判定企业的清偿状态，有着严格的法律界限，即破产界限。

1. 欠缺清偿能力

对已到清偿期限的债务欠缺清偿能力，并且债权人已请求履行债务。清偿能力，不仅包括货币等有形资产，而且包括信誉、技术等无形资产。企业法人如果有形资产不足，但有良好的信誉和优良的技术，即还有清偿债务的潜在能力，不属于清偿不能。

2. 全面欠缺清偿能力

是指企业对其全部或主要部分债务不能清偿。

3. 长期欠缺清偿能力

是指债务不能清偿的状态是持续性的。企业一时的筹资困难不能视为清偿不能。

（四）企业破产的程序

1. 申请破产

企业不能清偿到期债务，债务人和债权人都可以申请破产。当债务人没有能力继续经营，或继续经营将造成更大损失时，主动申请破产以防止企业财产减少，对自己与债权人都是有利的。债务人提出破产申请时，应当证明公司亏损情况，提出有关会计报表、债务清册等记录文件。如果债权人提出破产申请，则应当提供关于债权数额、有无财产担保以及债务人不能清偿到期债务的证据。

2. 和解与整顿

和解是在债权人申请破产的情况下，由债务人与全体债权人就企业整顿和延期清偿债务或者减少债务数额等达成协议，从而中止破产程序的一种制度。整顿是债务人为履行其与债权人会议达成的和解协议，在法院监督和主管部门主持下，采取措施，整顿企业管理，恢复生产经营，最终清偿债务，免遭破产的一种制度。整顿是在和解的基础上进行的，而和解又以整顿方案为前提。如果双方达成和解协议，整顿成功，破产程序即告终止；如果整顿未能成功，则宣告破产。

3. 破产宣告

法院一旦裁定企业破产，就应该予以宣告，并依法组织清算组对公司进行破产清算。

4. 破产清算

企业被宣告破产，破产清算程序即行开始，法院成立清算组，接管破产企业。破产企业的债务人和财产持有人应向清算组提供清偿债务或交付财产。清算组在有关当事人参与下，对破产企业的财产进行保管、清理、估价，并依法提出分配方案，报请法院裁定后执行。

5. 注销登记

破产清算完毕后，由清算组提请法院结束破产程序，并向破产企业原登记机关办理注销登记。此时，破产企业即解散，企业的法人地位终止，债权人未得到清偿的债权也不再清偿。

三、企业清算

企业一旦解散，就应该立即停止一切生产经营活动，其法人资格也就应该随之终止。但是企业解散时，其法人资格并不是自然丧失的，还必须履行一定的法律程序。这种终止企业法律关系，消灭被解散企业法人资格的必要程序，就叫做清算。通过清算，查清企业财产，核实企业的债权债务，处理解散企业的剩余财产，终结企业现有的各种法律关系，才能使被解散企业完全丧失法人资格。

1. 任意清算

任意清算是只根据企业章程和全体股东的意见进行，而不必依照法律规定处置财产的一种清算形式。

2. 法定清算

法定清算是指必须按法律规定的程序进行的一种清算形式。这种清算形式适用于任何公司，股份有限公司和有限责任公司只能实行法定清算。法定清算又分为普通清算和特别清算。普通清算是指在没有法院监督情况下所进行的清算，企业在一般情况下都采用这种形式。但是，当普通清算产生显著障碍，或企业有资不抵债之嫌时，就必须采用另一种清算形式——特别清算。特别清算自始至终都处于法院的严格监督、管理之下，必要时法院可以实行强制处分。

（1）普通清算　清算应有专门的机构负责企业债权债务的清算工作，这种代表企业执行清算事务的法定机构叫做清算组或清算人。我国公司法规定，公司解散时，应在15日内成立清算组，有限责任公司的清算组由股东组成；股份有限公司的清算组由股东大会确定人选；逾期不成立清算组的，债权人可以申请人民法院指定有关人员组成清算组，负责清算。

如果企业财产不足以清偿其债务，清算人就应该立即申请宣告破产；如果清偿债务后企业尚有剩余财产，就应将其按比例分摊给各股东。普通清算的清算程序有以下内容：

① 清理公司的财产，编制资产负债表和资产清单。

② 公告通知债权人。

③ 处理、清算公司未了结业务。

④ 清缴所欠税款。

⑤ 清理债权债务。

⑥ 分派剩余的财产。

⑦ 清算结束后，提出清算报告报股东大会确认。

⑧ 股东大会确认后，清算人向公司登记机关申请注销登记。经公司登记机关核准后，公告公司终止。

（2）特别清算　特别清算是指在普通清算过程中，由于显著障碍使其难以继续进行，或公司资不抵债之时，法院根据债权人、清算人或股东的申请，命令公司采取的一种有别于普通清算的清算程序。

① 特别清算人，是指执行清算的机关。在特别清算中，由于债权人参与清算，股东会不再是最高的权力机关，而由能够代表债权人意愿的债权人会议取代，清算的监督权也由债权人会议选任的监理人行使。

② 清算程序，特别清算的基本程序与普通清算相同。

虽然清算的直接原因是企业解散，但并非所有企业的解散都必须进行清算。企业如果是因合并、破产而解散的，就不必进行清算。所解散的企业的权利和义务已由新设的企业承受，因此对过去的法律关系没有必要进行清算；而在企业破产情况下，则应按破产程序的规定对公司破产清算。

本 章 小 结

1. 企业的设立，是指依据国家法律，通过法定的程序，以某种特定的方式组成一个完整的企业组织的过程和行为。

2. 企业的设立应该具备下列基本条件：必须具备法定股东人数；有自己的名称、住所、组织机构、资本金、章程；有符合国家法律规定的经营范围；有与其生产经营范围相适应的经营场所和必要设施。

3. 企业变更的方式很多，如企业的合并、分立，变更企业类型，企业的扩展、营业的转让等，其中合并与分立是最重要、最常见的方式。

4. 企业的终止，也叫企业的解散，是指企业法人停止生产经营活动，清理组织、财产，并依法取消法人资格的一系列行为。

5. 企业破产还要经过一定的法定程序确定和宣告，并非只要具备破产条件，达到破产界限，就可自行宣告破产。破产的主要程序：申请破产——和解与整顿——破产宣告——破产清算——注销登记。

复习思考题

1. 简述企业设立的条件和程序。

2. 企业合并、分立和解散的主要类型有哪些？

3. 企业终止的主要原因有哪些？

4. 企业破产的主要原因有哪些？如何把握企业破产的界限？

5. 我国实行企业破产制度的现实意义是什么？

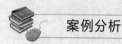

案例分析

是否应该吊销营业执照

田某、赵某想设立一个公司，定名为 A 科技开发公司。为了便于登记，他们找到了 B

公司作为挂靠单位，并同 B 公司领导达成协议。协议规定：A 公司以后每年向 B 公司交管理费 3 万元；B 公司不得干涉 A 公司的任何事务，A 公司是独立法人。然后田某、赵某以 B 公司的名义找申请设立 A 科技开发公司的报告，称有资金 30 万元。田某找到某县工商银行的朋友侯某，让其想办法出具一 30 万元的资信证明，侯某看在老朋友的面子上便设法开出了资信证明。田某与赵某事后给了侯某 5000 元的好处费。又由赵某给某旅馆的经理打电话，让其出具了租赁房屋合同书，并写明租期三年，实际上只租了 3 个月。《企业法人营业执照》批下后 A 公司开始营业。不料第一年便被一会计偷走了 10 万元的委托开发费，致使公司无法继续营业，当司法机关调查贪污委托开发费的会计时发现了 A 公司设立的有关情况，并告知当地工商行政管理局，工商行政管理局吊销了 A 公司的《企业法人营业执照》，田某与赵某不服。

问题讨论

工商行政管理局吊销 A 公司的营业执照是应该的吗？为什么？

实践训练

1. 目的

（1）理解掌握企业设立的相关内容。

（2）熟悉有限责任公司、股份有限公司的设立条件。

（3）撰写有限责任公司的公司章程。

2. 内容

将学生分组，然后到企业调研，回来后撰写一份有限责任公司的公司章程。

3. 要求

每组要给自己的模拟有限责任公司起个符合要求的名称，考察学生理解企业名称登记的有关内容；学生撰写有限责任公司的章程后，在班内宣讲交流，由同学们讨论、评议、交流，教师指导，达到理解掌握所学内容的目的。

◎ 第三章

企业战略管理

导入案例 ▶▶▶

阿里巴巴阻击式防御战略

C2C 是一种"消费者对消费者"的网上交易模式，1998 年易趣的成立标志着国内 C2C 的诞生。2002 年 3 月，易趣与全球最大的拍卖网站 eBay 合作，eBay 向易趣投资 3000 万美元。2003 年，eBay 并购了易趣余下的股份，进入中国市场。

eBay 与易趣的合并使作为当时国内最大的 B2B 电子商务企业阿里巴巴感到了巨大的压力。正如阿里巴巴的 CEO 马云所说："美国 eBay 的平台和我们阿里巴巴的平台几乎是一模一样的。如果平台是一样的。那么今天它只做 C2C，明天它会不会突然想明白了，也开始做 B2B 呢？"

2003 年 5 月，阿里巴巴投资 1 亿元推出淘宝网，致力于打造全球最大的 C2C 个人交易网站。淘宝创建的核心就是阻击 eBay 易趣。由于担心 eBay 易趣的业务对阿里巴巴形成直接竞争，于是创建一个淘宝，直接切入 eBay 易趣的领域，让其对阿里巴巴的 B2B 市场无暇顾及。

由于淘宝的成功运作，三年中，淘宝市场份额由零到 72%，交易总额突破 169 亿元人民币。而对手的市场份额由 90% 下降到 20% 多，这也导致 eBay 易趣自顾不暇，从而使阿里巴巴在 B2B 市场上心无旁骛地发展。目前阿里巴巴已成为全球企业间 B2B 电子商务的著名品牌，为来自 220 多个国家和地区的 1200 多万企业和商人提供网上商务服务。在全球网站浏览量排名中，稳居国际商务及贸易类网站第一。

2006 年 12 月 20 日，eBay 的总裁惠特曼莅临上海，宣布 eBay 的中国子公司 eBay 易趣与 TOM 在线组成合资企业"TOM 易趣"。业界认为，这意味着 eBay 已宣布"它们在中国市场没有获得成功"。

防守和进攻都只是企业战略决策的一种选择，关键是如何在恰当的时候选择恰当的资源做恰当的选择。没有人会否认，这场战争以阿里巴巴完胜而鸣金收兵。

第一节 企业战略概述

知识经济、信息技术、经济全球一体化及各种技术的高速创新是 21 世纪的主要特征。随着我国改革开放的全面推进，这些变化在推动我国企业发展的同时，也对我国企业提出了挑战。企业面临着一个更趋于动态多变的经营环境，使企业不得不重新审视自己，思考自己的战略定位，确定企业的战略发展目标。

一、企业战略与企业战略管理

企业战略是企业管理的核心内容，是企业高层管理者的重要职责，它对企业的生存和发展起着决定性的作用。

（一）企业战略

战略这个词最早来源于军事术语，原指战争指挥者为赢得战争，根据战争规律制定和采取的方略。现在战略一词已广泛应用于政治、经济、社会、文化、教育、科技等领域。

企业战略就是企业为了求得长远的发展，在对企业内部条件和外部环境进行有效分析的基础上，根据企业的总体目标所确定的企业在一定时间发展的总体设想和谋划，包括战略指导思想、战略目标、战略重点、战略步骤和战略策略等。

1. 战略指导思想

战略指导思想是企业总体战略的灵魂，其内容概括如下。

① 满足市场需要的思想。

② 系统的思想。

③ 竞争的思想。

④ 市场营销观念。

2. 战略目标

战略目标是一定战略时期内的总任务，也是战略主体的行动方向。战略目标是由企业的经营目的确定的，是经营目的的对象化和数量化。经营目的决定经营目标，经营目标决定经营战略及其目标的形成。企业战略目标有三种基本类型。

（1）成长性目标　如产品品种、产量；资产总额；销售额及其增长率；利润及其增长率。

（2）稳定性目标　如经营安全率；利润率；支付能力；企业凝聚力等。

（3）竞争性目标　如产品成本价格地位；产品质量水平；市场占有率；企业知名度和美誉度等。

3. 战略重点

战略重点是指那些对实现战略目标具有关键作用的方面，它们是企业资金、劳动和技术投入的重点，同时还是决策人员实行战略指导的重点。

4. 战略对策

作为实现经营战略思想、经营战略目标和经营战略任务的主要措施和手段的经营战略对策，其主要目的是谋求在解决企业战略发展过程中，经营战略目标与市场环境变化之间的不相适应性。企业必须通过制定正确的经营战略对策，促使经营战略目标与市场环境的变化相互适应。经营战略对策是强劲而有力的措施和手段，以确保经营战略能够具有突破性或跳跃式的发展态势。就经营战略对策特征而言，它主要具有预见性、针对性、灵活性和配套性四个方面。

企业战略构成

日本的雅马哈公司将其宗旨确定为"娱乐工业"，这一宗旨规定了雅马哈公司广泛的经营业务，使该公司的产品从钢琴到电子琴，再到立体音响设备、钢琴架、家具乃至现在的射箭工具、滑雪设备、游船、网球拍等，在整个娱乐用品范围内拓展。雅马哈凭着卓越的产品品质和先进的生产技术，迅速进入世界市场，并在世界许多国家和地区建立了生产基地，和当地的批发商和零售商建立了持久而良好的协作关系，从而成为娱乐工业中的知名品牌。

（二）企业战略的特点

1. 战略的全局性

战略的出发点是企业的总目标。企业的战略决策对于企业整体事业的影响至关重要，它涉及企业的各个领域。

2. 战略的环境性

企业战略与环境关系密切。企业制定战略的一个基本前提是企业与环境的密不可分，企业应用战略来应对变化着的环境。

3. 战略的竞争性

企业战略是竞争的产物。企业制定战略是为了把握内外环境条件，提出对抗竞争的整体性的方针、政策和策略。

4. 战略的复杂性

战略的组成部分十分复杂。因为环境的变化常给企业带来新奇的条件组合，致使战略的组成部分是非结构化的、非程序化的、非常规的和非重复的。

5. 战略的层次性

战略存在于不同的层次。企业通常有公司的总体战略（我们将从事什么业务）和业务战略（在每一项业务中我们将如何竞争）。

6. 战略的思考性

战略包含不同的思考过程，有概念性的思考，也有分析性的思考。战略决策的核心是由企业领导们的概念性思考决定的。

（三）企业战略的作用

1. 有利于企业建立长远的发展方向和奋斗目标

20世纪70年代美国的一些公司之所以竞争力下降，在与日本、德国企业的竞争中节节败退，很重要的原因就是这些企业没有经常战略的指导和控制。我国最近几年国有企业竞争力下降，一大部分乡镇企业失去了20世纪80年代的经营活力，说到底也都是没有明确的企业发展战略，当市场需求发生变化，竞争进一步加剧时束手无策，便很快失去了竞争力。

2. 有利于企业明确在市场竞争中的地位

近年来，一部分中小企业能够脱颖而出，一个很重要的原因是充分了解企业在市场竞争中的地位，抓住了市场空当，做到了出奇制胜。

3. 有利于提高企业的获利能力和经济效益

实行战略管理的企业经营成果大大超过了那些没有实行战略管理的企业，同时也大大超过了自己以前未实行战略管理的经营成果。比如，我国在微电子行业中迅速崛起的联想和北大方正的发展道路，就证明了实施企业战略的重要作用。

4. 有利于企业全面推行现代化管理

企业是否推行战略管理是区别传统静态管理和现代动态管理的一个重要标志。企业在制定和实施企业战略的过程中，能够把管理思想、管理组织、管理人员、管理方法、管理手段等方面的现代化结合成一个有机的整体，全面提高企业的管理现代化水平。

（四）企业战略的分类

1. 按照战略的目的性分类

（1）成长战略　是指企业为了适应企业外部环境的变化，有效地利用企业的资源，研究企业为了实现成长目标如何选择经营领域的战略。成长战略的重点是产品和市场战略，即选择具体的产品和市场领域，规定产品和市场的开拓方向和幅度。

（2）竞争战略　是企业在特定的产品与市场范围内，为了取得差别优势，维持和扩大市场占有率所采取的战略。竞争战略的重点是提高市场占有率和销售利润率。企业经营战略归根结底是竞争战略。从企业的一般竞争角度看，竞争战略大致有三种可供选择的战略：低成本战略、产品差异战略和集中重点战略。

2. 按照战略的领域分类

（1）产品战略　主要包括产品的扩展战略、维持战略、收缩战略、更新换代战略、多样化战略、产品组合战略等。

（2）市场战略　主要有市场渗透战略、市场开拓战略、新产品市场战略、混合市场战略、产品寿命周期战略、市场细分战略和市场营销组合战略等。

（3）投资战略　是一种资源分配战略，主要包括产品投资战略、市场投资战略、技术发展投资战略、规模化投资战略和企业联合与兼并战略等。

3. 按照战略对市场环境变化的适应程度分类

（1）进攻战略　进攻战略的特点是企业不断地开发新产品和新市场，力图掌握市场竞争的主动权，不断提高市场占有率。进攻战略的着眼点是技术、产品、质量、市场和规模。

（2）防守战略　也称维持战略，其特点是以守为攻，后发制人。所采取的战略是避实就虚，不与对手正面竞争；在技术上实行拿来主义，以购买专利为主；在产品开发上实行紧跟主义，后发制人；在生产方面着眼于提高效率，降低成本。

（3）撤退战略　撤退战略是一种收缩战略，目的是积蓄优势力量，以保证重点进攻方向取得胜利。

4. 按照战略的层次性分类

（1）企业总体战略　也称公司层战略。企业总体战略决定和提示了企业的目的和目标，确定企业的重大方针与计划、企业经营业务类型和人文组织类型及企业应对职工、顾客和社会做出的贡献。

（2）企业竞争战略　竞争战略要回答企业应该在哪儿竞争、与谁竞争和怎样竞争的基本问题。内容上包括如何选择行业与区域市场、企业将为其提供什么样的产品或服务、市场的竞争结构、以及企业将采用什么战略去谋求竞争优势，获取较长期的赢利。

（3）企业职能战略　是为实现企业总体战略和竞争战略，对组织内部各项关键的职能活动做出的统筹安排。如财务战略、营销战略、生产战略、人力资源开发战略、研究与开发战略等。

（五）企业战略管理的概念

企业战略管理是指企业确定其使命，根据组织外部环境和内部条件设定企业的战略目标，为保证目标的正确落实和实现进行谋划，依靠企业内部条件将这种谋划和决策付诸实施，以及在实施过程中进行控制的一个动态管理过程。

企业战略管理从企业整体的、全局的角度出发，综合运用职能管理理论，处理涉及企业整体的和全面的管理问题。它使企业的管理工作达到整体最优的水平，以追求企业总体经营效益最大化。

（六）企业战略管理的任务

① 提出公司的战略展望，指明公司的业务使命，使整个组织对一切行动都有一种目标感。

② 建立目标体系，将公司的战略展望转换成公司要达到的具体业绩标准。

③ 制定战略，以达到期望的组织目标。

④ 有效实施和执行选择的公司战略。

⑤ 评价公司的经营业绩，调整公司的战略展望、长期发展方向、目标体系、战略及其执行。

二、企业战略管理过程

战略管理具有多因素性、全局性、长远性和预见性。战略管理过程实际上是一个决策执行的过程。战略管理是对一个企业的未来发展方向制定决策和实施这些决策的动态管理过程。一个规范的、全面的战略管理过程包括：战略分析与制定、战略实施、战略控制三个阶段。如图 3-1 所示。

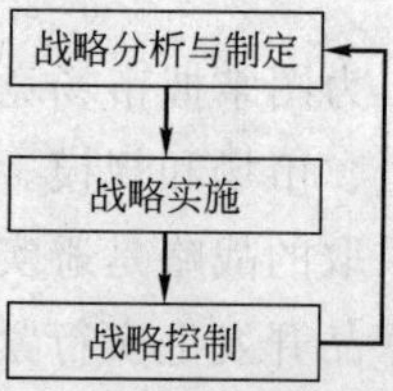

战略分析与制定 → 战略实施 → 战略控制

图 3-1　战略管理过程

（一）战略分析与制定阶段

1. 战略分析

战略分析是对企业的战略环境进行分析，评价和预测这些环境未来发展的趋势以及这些趋势可能对企业造成的影响。

一般来说，战略分析包括企业外部环境分析和企业内部条件分析两部分。

在企业外部环境分析中，最主要的分析内容是产业竞争性分析，即分析本行业中的企业竞争格局以及本行业和其他行业的关系。由于信息来源的不完整性和偏差性，加上各种因素之间存在着相互作用等，一般采用定性分析进行产业竞争分析。如固定资产反映了生产规模的信息；销售成本中的广告投入反映了产品差异优势的大小；销售渠道的模式反映了加入者打开市场的难易程度等。

企业的内部环境即企业本身所具备的条件，它是企业经营的基础，是制定战略的出发点、依据和条件。分析的内容包括：财务状况、产品线及竞争地位、生产设备状况、市场营销能力、研究与开发能力、管理人员的数量及素质等。一般采用定量分析。如财务分析根据资产负债表、损益表、现金流量表评估企业的业绩及预测未来趋势；客户服务管理反映了顾客对本企业产品的评价情况；销售分析反映了本企业市场占有率的情况；产品市场竞争力分析反映了市场营销能力的情况；人力资源管理模块提供管理人员数量和素质信息等。

战略分析必须要公正、客观，这样才能得到客观的、符合实际的结果。因此在这个阶段，企业高层管理者只有排除思维方式所造成的不利影响，有效掌握企业内部和外部的真实情况，才能进行正确有效的战略分析。

2. 战略制定

企业外部环境分析和企业内部条件分析为企业战略的制定奠定了基础。由于没有任何企业拥有无限的资源，因此必须根据战略分析的结果制定适合本企业的经营战略。战略制定将使公司在相当长的时期内与特定的产品、市场、资源和技术相联系，主要包括两个内容：一是企业的经营范围或战略经营领域，即规定企业从事生产经营活动的行业，明确企业的性质和所从事的事业，确定企业以什么样的产品或服务来满足哪一类顾客的需求；二是企业在某一特定经营领域的竞争优势，即确定企业提供的产品或服务，要在什么基础上取得超过竞争对手的优势。

一个企业可能会制定出实现战略目标的多种战略方案，这就需要对每种方案进行筛选和评价，以选择适合企业自身的满意方案。如波士顿咨询公司的市场增长率——市场占有率矩阵法、行业吸引力——竞争能力分析法等，并通过图表相结合的方式形象地描述战略评价的结果。

（二）战略实施阶段

战略实施阶段是执行达到战略目标的战略计划，将战略付诸于实际行动的过程。可从三个方面来推进战略的实施：一是制定职能战略，如市场营销策略、质量控制策略、成本控制策略、财务策略等。在这些职能策略中要有推进策略的步骤、采取的措施以及时间安排等。二是对企业的组织机构进行设计，使机构能适应所采取的战略，为战略实施提供一个有利的环境。三是领导者的素质及能力与所执行的战略相匹配，即挑选合适的企业高层管理者来贯彻既定的战略方案。

1. 实施市场营销策略

首先需要了解市场的需求以及本企业产品市场的销售变化趋势，即要进行销售预测；其次掌握竞争对手的动态，获取顾客的需求、满意与忠诚；最后建立完善的营销体系。通过竞争对手档案管理掌握竞争对手的长远目标、假设、现行战略、能力；通过客户关系管理获取顾客的实际需求；通过销售订单的远程查询赢取客户的满意；通过信用额度管理提升客户的忠诚度；通过分销管理实现对营销体系的严格管理与控制。

2. 实施质量控制策略

首先需要制定质量控制策略；其次建立质量控制流程；最后建立质量追溯体系。该工作可以对质量检验批次、质量检验指标实行动态管理；对原材料入库、生产过程的关键工序点、半成品、成品生产与入库各环节的质量管理进行控制；支持原材料从使用→领用→入库→质检→采购→供应商的追溯；支持产品从销售→生产→采购→供应商的质量追溯。

3. 实施成本控制策略

首先需要了解成本形成的动态过程；其次掌握当前成本的实际情况、分析成本的构成；最后分析成本变化的原因。对这些工作可以针对不同生产特点的成本计算方法；面向事前预测的成本模拟计算和事中控制的成本动态计算；基于成本性态分类的变动成本计算。

4. 实施财务控制策略

首先需要确定从事经营活动所需资金的数量及特征；其次确定资金获取的方式；在决定各种战略方案的可行性方面，为高层管理者提供财据。对这些工作可以建立在一系列生产水平上的弹性预算；针对各种投资方案的货币时间价值计算和资本成本计算；对长期投资方案的各种评价方法（如投资回收期法、净现值法、现值指数法、内部报酬率法等）；面向现有生产规模的盈亏平衡分析、面向企业最佳生产规模的边际分析。

（三）战略控制阶段

战略控制主要是指在企业经营战略的实施过程中，检查企业为达到目标所进行的各项活动的进展情况，评价实施企业战略后的企业绩效，把它与既定的战略目标与绩效标准相比较，发现战略差距，分析产生偏差的原因，纠正偏差，使企业战略的实施更好地与企业当前所处的内外环境、企业目标协调一致，使企业战略得以实现。战略控制包括三个因素。

1. 确定评价标准

战略评价标准用以衡量战略执行效果的好坏，分定性和定量指标两大类。定性评价标准方面，主要包括战略各部分内容的统一性、战略与环境的平衡性、战略实现的风险性、战略在时间上的稳定性、战略与资源的匹配性、战略在实施过程中的可行性和可操作性等方面。定量评价标准方面，主要包括劳动生产率、产品质量、新产品开发、物质消耗、市场占有率、资金利用率、社会效益等。

2. 掌握实际工作成效

实际工作成效是战略在执行过程中实际达到目标程度的综合反映。要建立管理信息系统，运用科学控制方法和控制系统。按照战略控制过程的渐进性、交互性、系统性的特征要求，控制方法和控制系统应该是低消耗、有实际意义、能适时提供有效信息的。

3. 评价工作成绩

实际成果与预定目标的比较结果有三种情况：一是正偏差，即超过预定目标，若这种正偏差属稳定、协调发展的结果，当然是好结果，若不是，则要具体分析；二是基本无偏差，即与预定目标基本相当，这样的结果也属于好的；三是负偏差，即没有达到预定目标，这是不好的结果，应采取及时有效的措施进行纠偏或调整。要研究产生负偏差的深层因素，针对其原因进行整改，这样才能达到战略控制的目的。

企业是一个系统，企业战略就是其活动的行动纲领。它指明了在市场竞争中企业的生存态势和发展方向，进而决定了战略方针、战略重点和战略定位，体现了企业决策者的经营理念。通过对企业经营数据的收集和深加工形成对高层决策有用的信息，从而使企业战略管理科学化、具体化和可操作化。

第二节　企业战略管理分析

战略分析是企业在制定战略之前，对企业所处的环境进行分析、评价，并预测这些环境未来发展的趋势，以及这些趋势可能对企业造成的影响等。

战略分析的主要目的是评价影响企业目前和今后发展的关键因素，并确定在战略选择步骤中的具体影响因素。

美国著名管理学家彼得·F·德鲁克认为，作为一个企业应当回答三个问题：即我们的企业是个什么企业？将是个什么企业？应该是个什么企业？要回答这三个问题需要进一步回答：谁是我们的顾客？我们的顾客购买的到底是什么？我们应当进入什么市场？什么市场是最有发展前途的市场？显然提出和回答这些问题需要对企业内外部环境进行全面系统的分析，即企业战略管理分析。

一、企业外部环境分析

企业是一个开放的经济系统，其运行总是在一定的环境中进行的。外部环境是企业生存和发展的土壤，是企业经营管理决策的依据。环境的变化会给企业带来机会，也会给企业带来威胁。

（一）总体环境

总体环境是指同一个国家或区域内的企业共同面对的经济、社会、政治、教育、文化、军事、科技、法律、风俗等大环境。总体环境分析如图3-2所示。

图3-2　总体环境分析图

1. 政治法律因素

包括国家的政治制度、政府的稳定性、特殊的经济政策、反不正当竞争法、环保立法等。

2. 经济因素

包括GDP的变化、利率的调整、通货膨胀率、财政货币政策、市场需求等。

3. 社会文化因素

包括生活方式、就业预期、人口增长率、家庭结构、民族风俗、消费习惯等。

4. 技术因素

包括国家研究开发支出、专利保护状况、新产品、新技术、新工艺等情况。

总体环境发生变化，企业都无法控制，只能通过一定的决策措施来适应已经发生的变化。但是有一些环境可以通过预测找到环境变化的趋势，尽早做出决策，使企业在市场中处于有利地位。

（二）行业环境分析

行业环境是对企业经营活动有直接影响的外部环境。主要涉及行业潜在进入者的威胁、替代品的威胁、买方和卖方的讨价还价能力，以及现有行业竞争者的竞争状况等五种竞争力是所构成的因素。它们共同影响行业内在价格、成本和企业所需的投资，从而决定了企业在一个行业里取得赢利的能力水平，即行业的吸引力程度。

美国战略学者波特（M. E. Porter）提出了五种竞争力模型。如图3-3所示。

1. 供应商力量

供应商通过提高和降低产品价格或服务质量等手段影响企业的赢利能力。一般来说，供

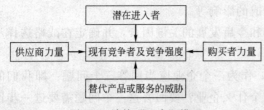

图 3-3　波特"五力"模型

应商的讨价还价能力取决于其数量、集中程度等要素。波特认为，在以下几种情况下，供应商有较强的议价能力。

（1）供应商提供的产品与众不同且转换成本高　英特尔公司在 20 世纪 80 年代和 90 年代以微处理器在个人电脑行业为自己创立了有力的地位。它的产品领先于直接的竞争对手。如果它的客户试图转向使用另一种微处理器，那就面临着巨大的转换成本。

（2）供应商有能力构成前向一体化的威胁

（3）参与竞争的供应商少而且他们为客户服务更集中　可口可乐公司对可口可乐瓶装厂就拥有很大的控制权力，因为它掌握着品牌和原浆的垄断和供应。

2. 购买者力量

当买方的影响力大时，会使业内企业降低价格，提供更高质量的产品或服务并使同一行业内的企业相互竞争。这种情况发生会降低整个行业的获利能力，因而进行产业分析时要分析购买者的力量。如果出现下列情况，购买者的影响力就会变得很大。

（1）客户数量少而购买量大　当客户购买量大时，就会影响到生产商提高产量低价销售。我国在世界飞机市场和美国农产品市场上就具有较强的影响力。

（2）产品差异小　客户们可以从一个供应商转向另一个供应商，并且可以运用这种威胁来设法得到更低的价格。这在餐饮行业就有明显的体现。

（3）实现后向一体化　如果客户不能从供应商处得到满意价格，那么他们就实现后向一体化。这在电子行业中非常明显。许多公司现在已能够设计自己的集成电路，并且与铸造厂联系生产这些部件。这种发展趋势对一些半导体公司造成很大的压力。

3. 现有竞争者及竞争强度

竞争者是五种竞争力中最强大的竞争力量。为获得竞争的成功，这些竞争者往往会不惜代价地开展竞争，甚至会出现产品价格低于单位成本的价格大战，从而导致全行业亏损。在同一行业内部，竞争者间的竞争激烈程度是由一些因素决定的，如竞争者数目、行业增长率、产品或服务的差异化程度等。

4. 潜在进入者

新进入者构成的威胁程度取决于行业进入障碍以及原有竞争者对新竞争者有效反应的能力。如果行业进入障碍小，业内企业的客户就可能利用新竞争者参与的这种威胁，从供应商那里得到更低的价格或更优惠的条件。

5. 替代产品或服务的威胁

替代产品是指能够满足顾客需求的其他产品，它包括行业内的更新换代产品以及其他行业所提供的具有相同功能用途的产品。如果许多物品可以替代你的产品，那么竞争压力就很大，反之则小。若替代品的价格比较低，就会限制行业产品的价格进而限制行业利润。

（三）竞争环境分析

竞争环境分析，主要是对行业内部战略集团的分析和竞争对手的分析。行业内的战略集团，是按照行业中采用相同或相似战略的一些公司的集合。由于战略集团采用战略的相似性，同一战略集团内的公司会对外部环境的变化做出类似的反应和采取相似的行动。竞争对手的分析，主要是针对自己所关注的少数几个竞争对手进行跟踪分析，包括分析并了解竞争对手的未来目的、了解竞争对手的自我假设和定位、它们现行的战略和手段以及潜在能力和优势。通过这种评估，可以推测其行动方向、预测竞争的焦点及公司相应的对策等。

二、企业内部条件分析

（一）企业核心能力

企业核心能力是企业获得竞争优势的关键，是竞争者无法迅速模仿的能力。所谓核心能力是指企业内部一系列互补的技能和知识的结合，它具有使一项或多项业务达到竞争领域一流水平的能力。核心能力是企业的特殊能力，具有价值优越性、异质性、难模仿性、不可交易性、难替代性特征。核心能力是一个过程，能够把企业的许多创新构成一个新的有机整体。如今核心能力受到企业重视，是因为企业核心能力已经成为企业竞争的基本战略。唯有培育核心能力才是使企业立于不败之地的根本战略。

（二）营销能力分析

营销能力分析可以分为产品竞争能力、销售活动能力、新产品开发能力和市场决策能力等几个部分。而每个部分还可进一步细分，如产品竞争能力的分析主要包括产品的市场定位（市场占有率、市场覆盖率）、产品收益性、产品成长性、产品竞争性（销售增长率、市场扩大率）、产品结构性等。我们可以选择若干指标项目，根据重要性、区分权重，逐个比较评分，形成综合评价。

（三）财务状况分析

财务状况分析，可利用雷达分析图，对收益性、安全性、滚动性、成长性、生产性逐项进行分析。

（四）组织效益分析

组织效益分析，可以从四项原则来衡量评估：有效性原则、统一指挥协调一致的原则、合理管理层次和幅度原则、责权对等原则。这些是一个良好的组织至少要体现的基本管理原则。其中，有效性原则，即组织是否有效率、在达成组织目标上是否有成效是核心的原则。

（五）企业文化分析

主要是分析企业文化环境是否能够对企业战略起支持作用。其关键要素可归纳为以下几点。

1. 企业文化现状及形成机制

了解企业文化中共同价值观是什么及怎样形成的，就能清楚地了解所制定的企业战略中有关企业使命、目标、政策、措施等能否被职工所接受。

2. 企业文化特色

企业文化特色是否与行业特点、要求吻合。

3. 改变现有企业文化的认同

改造企业文化应采用怎样适当的措施、步骤、方式等。

第三节　企业资源与能力分析

一、SWOT 分析

（一）SWOT 分析法的含义

SWOT 分析法又称为态势分析法，它是由旧金山大学的管理学教授于 20 世纪 80 年代

优势 Strengths	劣势 Weaknesses
机会 Opportunities	威胁 Threats

图 3-4　SWOT 示意图

初提出来的，是一种能够较客观而准确地分析和研究一个单位现实情况的方法。SWOT 分析方法，即优势（Strengths）、劣势（Weakness）、机会（Opportunities）和威胁（Threats）分析。它是基于企业自身的实力，对比竞争对手，并分析企业外部环境变化影响可能对企业带来的机会与企业面临的挑战，进而制定企业最佳战略的方法。其含义如图 3-4 所示。

（二）SWOT 分析法的基本要求

SWOT 分析法的基本要求就是企业战略的制定必须使其内部能力（强处和弱点）与外部环境（机遇和威胁）相适应，以获取经营的成功。

从整体上看，SWOT 可以分为两部分：第一部分为 SW，主要用来分析内部条件；第二部分为 OT，主要用来分析外部条件。利用这种方法可以从中找出对自己有利的、值得发扬的因素，以及对自己不利的、要避开的东西，发现存在的问题，找出解决办法，并明确以后的发展方向。根据这个分析，可以将问题按轻重缓急分类，明确哪些是目前急需解决的问题，哪些是可以稍微拖后一点儿的事情，哪些属于战略目标上的障碍，哪些属于战术上的问题，并将这些研究对象列举出来，依照矩阵形式排列；然后用系统分析的思想，把各种因素相互匹配加以分析，从中得出一系列相应的结论。而结论通常带有一定的决策性，有利于领导者和管理者做出较正确的决策和规划。

（三）SWOT 战略分析

SWOT 分析作为选择和制定战略的方法，提供了四种战略，即 SO 战略、WO 战略、ST 战略和 WT 战略。如图 3-5 所示。

1. SO 战略

就是依靠内部优势去抓住企业机会的战略。如一个资源雄厚（内在优势）的企业发现某一国际市场未曾饱和（外在机会），那么它就应该采取 SO 战略去开拓这一国际市场。

2. WO 战略

就是利用外部机会来改进内部弱点的战略。如一个面对计算机服务需求增长的企业（外在机会），却十分缺乏技术专家（内在劣势），那么就应该采用 WO 战略，培养、聘请技术专家，或购入一个高技术的计算机公司。

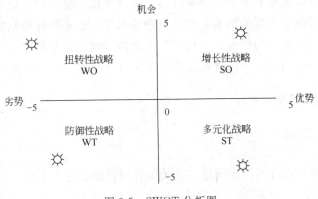

图 3-5　SWOT 分析图

3. ST 战略

就是利用企业的优势，去避免或减轻外部威胁的打击。如一个企业的销售渠道（内在优势）很多，但是由于各种限制又不允许它经营其他商品（外在威胁），那么就应该采取 ST 战略，走集中型、多样化的道路。

4. WT 战略

就是克服内部弱点和避免外部威胁的战略。如一个商品质量差（内在劣势），供应渠道不可靠（外在威胁）的企业应该采取 WT 战略，强化企业管理，提高产品质量，稳定供应渠道，或走联合、合并之路以谋生存和发展。

（四）SWOT 分析法的应用

SWOT 分析法常常被用于制定集团发展战略和分析竞争对手情况。在战略分析中，它是最常用的方法之一。通过环境研究，认识到外界在变化过程中可能给企业的存在带来什么样的发展机会，同时根据企业自身在资源拥有和利用能力上具有何种优势和劣势，依此两方面的结合点，就可以制定出指导企业生存和发展方向的战略方案。

① 当企业具有良好的外部机会和有利的内部条件时，可以采取增长型战略来充分掌握环境提供的发展良机。

② 当企业面临良好的外部机会，且受到内部劣势的限制时，可以采取扭转型战略，设法清除内部不利的条件，以便尽快形成利用环境机会的能力。

③ 当企业内部存在劣势，外部面临巨大威胁时，可以采用防御型战略，设法避开威胁和消除劣势。

④ 当企业具有强大的内部实力，但外部环境存在威胁，宜采用多元化战略。一方面使自己的优势得到更充分的利用，另一方面使经营的风险得以分散。

SWOT 分析方法在管理工作中受到广泛重视和普遍应用，原因在于它将内外部环境有机结合起来，把复杂的非结构问题结构化，为群体决策过程中有效沟通创造了条件，有助于识别自身优势、劣势，给决策者提供更多的方案。

企业内部的优势和劣势是相对于竞争对手而言的，一般表现在企业的资金、技术设备、职工素质、产品、市场、管理技能等方面。判断企业内部的优势和劣势一般有两项标准：一是单项的优势和劣势。例如，企业资金雄厚，则在资金上占优势；市场占有率低，则在市场上占劣势。二是综合的优势和劣势。企业外部的机会是指环境中对企业有利的因素，如政策支持、高新技术的应用、良好的购买者和供应者关系等。企业外部的威胁是指环境中对企业不利的因素，如新竞争对手的出现、市场增长率缓慢、购买者和供应者讨价还价增强、技术老化等。这是影响企业当前竞争地位或影响企业未来竞争地位的主要障碍。

二、投资组合分析

（一）波士顿矩阵图

"市场增长率/市场占有率"矩阵法，是美国管理咨询服务企业波士顿咨询集团提供的一种分析模式。

图 3-6 是"市场增长率/市场占有率"矩阵图。在矩阵中，纵坐标代表市场增长率，可以年为单位。增长率高低可依据具体情况确定。假设以百分之十为分界线，则高于百分之十为高增长率，低于百分之十为低增长率。横坐标为相对市场占有率，表示各经营单位与其最大的竞争者之间，在市场占有率方面相对的差异。某个经营单位的市场占有率为 0.4，说明它的市场占有率为最大竞争者的百分之四十；相对市场占有率为 2，说明比最大竞争者的市场占有率多一倍，自己才是市场上的"大头"。相对市场占有率比绝对市场占有率更能说明竞争情况。假定以 1.0 为分界线，可以分高、低两类相对市场占有率。

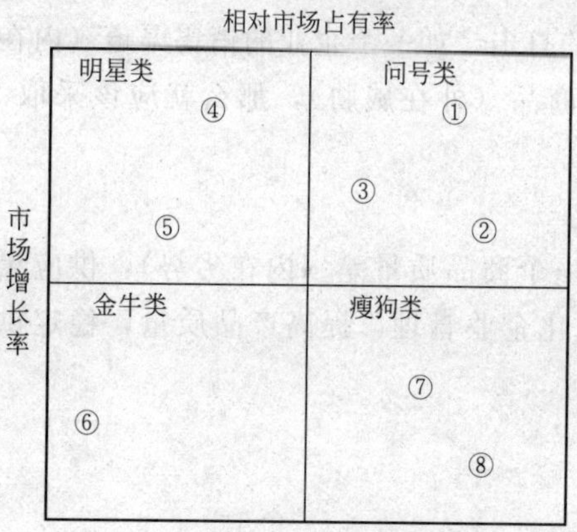

图 3-6　市场增长率/市场占有率矩阵

矩阵中的圆圈，代表企业所有的战略经营单位。圆圈的位置，表示各单位在市场增长率及相对占有率方面的状况。圆圈的面积，表示各单位销售额的大小。

（二）波士顿矩阵业务类型

图 3-6 中有四个象限，战略业务单位因此可划分为以下不同的类型。

1. 问号类

有较高增长率、较低占有率的经营单位或业务。大多数经营单位最初都处于这一象限。这一类经营单位需要较多的资源投入，以赶上最大竞争者和适应迅速增长的市场。但是它们又都前程未卜，难以确定远景。企业必须考虑，继续增加投入还是维持现状，或减少投入\精简\淘汰。例中企业有三个问号单位，这似乎太多。如果集中向两个单位投入资源，情况或许好些。

2. 明星类

市场增长率和市场占有率都很高，需要大量投入资源，以保证跟上企业市场的扩大，并击退竞争者，因此短时期内未必能给企业带来客观的收益。但是，它们是企业未来的"财源"。例中企业有两个明星类单位。如果一个也没有，则是危险的信号。

3. 金牛类

明星类单位市场的增长率降到百分之十以下，但有较高的相对市场占有率，便成为金牛类单位。由于市场增长率降低，不再需要大量资源投入，又由于相对市场占有率较高，这些经营单位可以产生较高的收益，支援问号类、明星类及瘦狗类单位。例中的企业只有一个金牛类单位，说明它的财务状况比较脆弱。如果该单位的市场占有率突然下降，企业就不得不从其他单位抽回资源，以帮助其巩固市场领先地位；要是把它的收益全部用于支持其他单位，这个强壮的"金牛"就会日趋瘦弱。

4. 瘦狗类

市场增长率和市场相对占有率都较低的经营单位。它们也许还能提供一些收益，但赢利甚少或有亏损，一般难以再成为"财源"。例中企业有两个瘦狗类单位，情况显然不妙。

（三）波士顿矩阵分析

战略经营单位分类以后，企业要评价其业务组合是否恰当。企业既要看到现状，又要分析前景，将目前的矩阵和未来的矩阵两相比较，考虑主要的战略行动，并依据资源有效的分配原则，决定各单位将来应该扮演的角色，从整体角度规划投入的适当比例和数量。

（1）发展　以提高经营单位的相对市场占有率为目标，甚至不惜放弃短期收益。比如对问号类单位，使其尽快成为"明星"，就要增加投入。

（2）保持　投资维持现状，目标是保持业务单位现有的市场份，对于较大的"金牛"可以此为目标，以使它们产生更多的收益。

（3）收割　这种战略以获取短期效益为目标，不顾长期效益。比如较弱小的金牛类单位，因其很快要由成熟期进入衰退期，前景黯淡，企业又需要较多的收益。此外，也可用于"问号"及"瘦狗"。

（4）放弃　目标是清理、撤销某些经营单位，减轻负担，以便把有限的资源用于效益较高的业务。这种战略尤其适合于没有前途或妨碍企业赢利的"问号"及"瘦狗"单位。

公司投资组合分析为企业提供了如何在这些业务中配置现金和资源的方法。一般来说，企业应该从金牛身上挤出尽可能多的"奶"来，把金牛的投资额限制在一定的水平上，而利用金牛产生大量现金投资于"明星"业务，也可以投资于"问号"业务，以促其发展。对于"瘦狗"业务的现金资源也可能流向"明星"或"问号"业务。"明星"和"问号"的数量应该和"金牛"之间取得平衡，"问号"由于具有很大风险，所以应该限制这种投机性业务的数量，而对"瘦狗"应逐渐放弃。

三、企业的价值链

（一）价值链的含义

早期的价值链是由美国麦肯锡咨询公司提出来的，后由美国哈佛商学院著名战略管理学家迈克尔·波特在 1985 年所著的《竞争优势》一书中加以发挥。价值链是企业为客户创造价值所进行的一系列经济活动的总称，企业也可以说就是这些活动的集合。

① 企业各项活动之间都有密切联系，如原材料供应的计划性、及时性和协调性与企业的生产制造有密切的联系。

② 每项活动都能给企业带来有形或无形的价值，如售后服务这项活动，如果企业密切注意顾客所需或做好售后服务，就可以提高企业的信誉，从而带来无形价值。

③ 价值链不仅包括企业内部的活动，更重要的是，还包括企业外部活动，如与供应商之间的关系、与顾客之间的关系。

（二）价值链分析

1. 价值链分析的提出

价值链分析是由美国哈佛商学院著名战略管理学家波特提出来的。波特认为在企业的经营活动中，并不是每个经营环节都创造价值或者具有比较优势。企业所创造的价值和比较优势，实际上是来自于企业价值链上某些特定环节的价值活动。这些真正创造价值的、具有比较优势的经营活动，才是最有价值的战略环节。企业的竞争优势，或者说企业的核心竞争力，实质上就是企业在价值链上某一特定的战略环节上所具有的优势，这些战略环节是企业核心竞争力的源泉。只要控制住这些关键的战略环节，也就控制了整个价值链。企业要发展或者保持自己的竞争优势，并不需要在企业的所有环节上都保持优势，关键是发展或者保持那些创造价值同时产生比较优势的战略环节的优势。

"价值链分析法"可简单描述如下：把企业内外价值增加的活动分为基本活动和支持性活动，基本活动涉及企业生产、销售、进料后勤、发货后勤、售后服务。支持性活动涉及人事、财务、计划、研究与开发、采购等，基本活动和支持性活动构成了企业的价值链。不同企业参与的价值活动中，并不是每个环节都创造价值，实际上只有某些特定的价值活动才真正创造价值，这些真正创造价值的经营活动，就是价值链上的"战略环节"。企业要保持的竞争优势，实际上就是企业在价值链中某些特定的战略环节上的优势。

2. 价值链分析的特点

（1）价值链分析的基础是价值，各种价值活动构成价值链　价值是买方愿意为企业提供经他们的产品所支付的价格。也是代表着顾客需求满足的实现。价值活动是企业所从事的物质上和技术上的界限分明的各项活动。它们是企业制造对买方有价值的产品的基石。

（2）价值活动可分为基本活动和辅助活动两种　基本活动是涉及产品的物质创造及其销售、转移给买方和售后服务的各种活动。辅助活动是辅助基本活动并通过提供外购投入、技术、人力资源以及各种公司范围的职能以相互支持。

（3）价值链列示了总价值　价值链的内容除了价值活动外，还包括利润，利润是总价值与从事各种价值活动的总成本之差。

（4）价值链的整体性　企业的价值链体现在更广泛的价值系统中。供应商拥有创造和交付企业价值链时使用的外购输入的价值链（上游价值）。许多产品通过渠道价值链（渠道价值）到达买方手中，企业产品最终成为买方价值链的一部分，这些价值链能影响到企业的价值链。

（5）价值链的异质性　不同的产业具有不同的价值链。在同一产业，不同企业的价值链也不同，这反映了他们各自的历史、战略以及实施战略的途径等方面的不同，同时也代表着企业竞争优势的一种潜在来源。

3. 价值链分析的内容

（1）纵向价值链分析的内容　企业通过对某产业在整个纵向价值链上的利润共享情况的分析，以及对产业未来发展趋势的合理预期可以做出进入或者退出该产业的战略决策；纵向整合是指在某一企业范围内对企业现有生产过程进行扩展。在企业范围内分别向纵向价值链的上游和下游延伸，通过这种方式来建立企业的优势地位。

（2）纵向价值链分析的内容 产品的价格和数量；技术开发的方向；采购和销售。服务，是指与提供服务有关的各种价值活动。

（3）企业内部价值链分析的内容 采取各种措施降低企业基本职能活动、人力资源管理活动和生产经营活动的成本。

4. 价值链分析的基本步骤

（1）分析企业内部价值链，划分企业的主要价值活动 在划分过程中，关键在于确定影响各项价值活动的成本动因。成本动因主要分为两大类，一类是结构性成本动因，包括产品规模、产品的技术、范围、多样性等。另一类是执行性成本动因，包括员工责任感、质量管理、生产能力利用程度、产品设计合理程度等。通过这种可以量化的成本分析，找出自己优势的价值活动。

（2）分析外部产业价值链 企业要获得竞争优势，不能局限于内部价值链分析，还需要把企业置身于整个产业价值链，从战略高度分析、考虑是否可以利用产业链的上游、下游来帮助企业进一步降低成本，或者调整企业在整个产业价值链所处的位置。

（3）分析竞争对手价值链 在充分识别竞争对手价值链和价值活动的基础上，通过对其价值链的调查、测算和模拟，确定本企业与竞争对手相比在各价值环节的优势和劣势。

（三）价值链分析的应用

价值链分析有利于企业战略成本管理目标的实现，为其成本的改善提供了途径，是战略成本管理的重要分析工具。

1. 改善效率

一个企业中最有价值的改善机会不是来自于改进个别职能，而是来自于更好地链接贯通整个企业为顾客服务的各项活动，如采购、生产和销售活动之间更好地协调；在产品设计、生产和营销活动之间加深理解。由于把注意力集中于向顾客传送价值的各项活动，价值链分析提供了确保企业核心链接有效运作的基础。

2. 管理成本和价值

需要提出的问题有：该活动的成本是否正当？该活动能否用其他方式完成？该活动是否有其他人能够更有效地完成？为什么不将一些业务活动分包给其他企业？

3. 控制支持性活动的成本

衡量价值链的成本能够帮助企业确定不增加价值的支持性活动所耗费的成本。

4. 提供差别化

在任何一个行业中，只有能够以更低的成本提供产品/服务或者能够提供差别化的产品/服务以致顾客愿意为之支付更多时，才可以获得超出行业平均水平的利润率。

案例 3-2 ▶▶ ⋯⋯⋯⋯⋯⋯⋯⋯⋯⋯⋯⋯⋯⋯⋯⋯⋯⋯⋯⋯⋯⋯⋯⋯⋯

IBM 公司的价值链战略管理

IBM 公司作为全球 IT 领域的知名企业和曾经的龙头老大，在它的每次转型中，其表现都堪称价值链战略管理的典范。20世纪80年代末，IBM公司推出PS/2电脑，遭受市场重创。新总裁郭士纳上台后，对IBM公司实施转型，定位于高端服务和高端计算技术，推出NC网络电脑。为了增强这方面的核心能力，1995年IBM公司以35亿美元收购莲花软件（LOTUS），使其网络软件与IBM电脑集成，大大增加了产品的附加价值。20世纪90年代末期，IBM公司再次战略转型，公司定位于"提供硬件、网络和软件服务的整体解决方案供应商"。为了发挥公司硬件优势，针对IBM公司不擅长管理咨询服务的现实情况，2002年IBM公司斥资35亿美元收购普华永道旗下咨询子公司PWCC Consulting。至此，IBM公司拥有一流的硬件、一流的软件，同时又具有专业的管理咨询服务能力，最终形成了一条完整的客户服务价值链，为客户提供整体解决方案能力大大增强，完成了从一家IT硬件制造商向IT服务商的初步转型。在IBM公司打造自己的价值链过程中，针对自己不具有竞争优势的环节，也在不断地优化组合。例如2002年IBM公司剥离硬盘制造业务，将硬盘业务出卖给日立公司。2004年，IBM公司剥离PC业务，将PC业务出售给联想公司。IBM公司基于自己的整体价值链分析，认为："PC业务越来越具有家电行业特征，它创造的利润将依赖于规模经济和价格优势，不符合IBM公司的整体战略和定位。"从以上分析中可以看出，IBM公司一系列的动作都是围绕价值链管理、打造企业核心能力、去掉不具有竞争优势的环节来实施的。

第四节　竞　争　战　略

正确的市场竞争战略，是企业成功地实现其市场营销目标的关键。企业要想在激烈的市场竞争中立于不败之地，就必须树立竞争观念，制定正确的市场竞争战略，努力取得竞争的主动权。

一、一般竞争战略

企业利用竞争战略参与企业产品的市场竞争，应当有长远的眼光，从多方位考虑。在对竞争对手充分了解的基础上，可以根据自己的实际情况确定采用什么样的竞争战略。一般采用的竞争战略有以下几种。

1. 防守性战略

对于在市场上处于领先地位的企业，领跑防守是比较明智的选择。防守型战略成功的关键是企业要十分注重影响企业经营成败的关键因素。

企业采用防守型战略，首先应建立以正面竞争优势为根本目的，搞清楚影响企业经营成败的关键因素。通常情况下，第一，在技术上首先创新的企业，市场将给予其超常的回报。随后效仿者跟进，创新者的利润开始受到侵蚀。创新者在其他企业开始模仿之前，一方面得到了独一无二的利润，另一方面开始下一轮的创新。第二，以"你做得好，我做得更好"为企业宗旨，也是企业采用防守型战略的常见方法。这种方法把主要精力放在竞争对手努力的方面，不断在产品或服务上超越自己。第三，采用防守型战略的企业还应该注意用强有力的手段及时狙击随时可能出现的强大竞争活动。企业如果在这方面疏忽大意，就很有可能因为一场商战丧失原有的大好河山。

2. 进攻型战略

进攻型战略是市场上的其他企业向第一流企业发动进攻的战略。它主要是要求企业强化和利用自己的产品或服务和第一流企业的差异，在竞争对手没有达到或无法达到的方面捷足先登，从而超过竞争对手，建立自己的市场优势。

进攻型战略采用的主要方法是以建立非正面竞争优势为目的，避其锋芒，通过攻击对方虚弱处取胜；或者以"你无我有"为原则，把工作重点放在对手忽视或不屑努力的方面。企业在采用进攻型战略时，要注意寻找和分析差异，并分析增强差异的可能性，在尽可能小的范围内实施进攻。

3. 侧攻型战略

侧攻型战略是通过改变当前市场的竞争内容、方式，打破现状，以建立新的竞争规则的方式来赢得竞争优势的战略。目的在于通过利用外部变化，发现产业中改变了的新的经营关键因素和环节。这种战略成功的关键在于商业模式的创新。这种战略的实施，常用的方法有：从消费观念变化中寻找创新机会、从市场结构变化中寻找创新机会、从人口结构变化中寻找创新机会等。只要中小型企业能够抓住商机，其发展的空间就是巨大的。

4. 间隙型战略

市场实力较弱的企业常运用间隙型战略。它要求企业嗅觉灵敏，一切以机会为转移，只要有机可乘，立即在市场占领一块属于自己的阵地。

采用间隙型战略时，要求企业能够以寻找市场边缘地带为主。从现有产品、技术或服务体系的不协调中寻找机会，从意外的成功、失败和外部变化中寻找机会，以灵活性作为企业的根本行动准则，以占领一处小到足以能够守得住的细分市场为目标；并在细分市场上注意培养自己的特色形象。我国的儿童果奶饮料、苹果醋饮料等采用的就是这种发展战略。

二、企业在不同情况下的竞争战略

（一）成本领先战略

1. 成本领先战略的概念

成本领先战略是指企业通过在内部加强成本控制，在较长时间内保持企业产品成本处于同行业的领先水平，并以低成本作为竞争的主要手段，使自己在激烈的市场竞争中保持优势，获取高于平均水平的利润。

低成本战略的形式有：简化产品、改进设计、节约原材料、降低工资费用、实行生产革新和自动化、降低管理费用等。

2. 成本领先战略的作用

（1）形成进入障碍　由于产品的特色，顾客对产品或服务具有很高的忠实程度，从而使该产品和服务具有强有力的进入障碍。

（2）降低顾客敏感程度　由于差别化，顾客对该产品或服务具有某种程度的忠实性，当这种产品的价格发生变化时，顾客对价格的敏感程度不高。生产该产品的企业便可以运用产品差别化的战略，在行业的竞争中形成一个隔离带，避免竞争者的伤害。

（3）增强讨价还价的能力　产品差别化战略可以为企业带来较高的边际收益，降低企业的总成本，增强企业对供应者讨价还价的能力。

（4）防止替代品的威胁　企业的产品或服务具有特色，能够赢得顾客的信任，便可以在与替代品的较量中比同类企业处于更有利的地位。

3. 低成本战略的适用条件

① 市场需求具有价格弹性。

② 所处行业的企业都生产标准化产品，使价格竞争决定企业的市场地位。

③ 实现产品差异化的途径很少。

④ 多数客户以相同的方式使用产品。

⑤ 用户购物从一个销售商改变为另一个销售商时，不会发生转换成本，因而特别倾向于购买价格最优惠的产品。

4. 成本领先实现的途径

（1）实现规模经济　我国汽车行业在差异化（如产品差异、品牌差异、营销手段差异等）方面比不过欧美，在成本上则比不过日本、韩国。规模差距决定了成本的差距。随着规模的扩大，有形成本会降低，无形成本也会降低。

（2）做好供应商营销　供应商营销就是与上游供应商如原材料、能源、零配件、协作厂家建立起良好的关系，以便获得廉价、稳定的上游资源，并能影响和控制供应商，对竞争者建立起资源性壁垒。

（3）塑造企业文化　一般来说，追求成本领先的企业应着力塑造一种注重细节、精打细算、严格管理、以成本为中心的企业文化。不但要抓外部成本，也要抓内部成本；不但要把握好战略性成本，也要控制好作业成本；不但要注重短期成本，更要注重长期成本；不但要讲企业成本，更不能忽视顾客成本。从国际竞争的角度看，我国企业在相当长一段时间内相当多的企业还只能在成本领域寻求优势。因此，培植企业文化尤其重要。

（4）生产技术创新　降低成本最有效的办法是生产技术创新。一场技术革新和革命会大幅度降低成本，生产组织效率的提高也会带来成本的降低。

只有建立在规模经济、供应商营销、企业文化、生产技术创新基础上的成本领先才是企业可持久的竞争优势。要成功实施成本领先战略，企业必须持续关注降低成本，在规模经济上进行紧缩开支、加强控制，在服务、销售、研究与开发上使成本最小化以降低成本。

（二）差异化战略

1. 差异化战略的概念

差异化战略，是指为使企业产品、服务、企业形象等与竞争对手有明显的区别，以获得竞争优势而采取的战略。

差异化战略是企业通过树立品牌形象，提供特性服务以及优势技术等手段，来强化产品特点，让消费者感觉其支付的费用尽管高于同类产品，但仍然是"物有所值"，企业也就有合理的利润空间，进一步加强在产品质量、新技术开发和附加值服务方面的投入，从而实现企业成长的良性循环。

2. 差异化战略的形式与内容

差异化战略包括多种形式，其中最常用的产品差异化战略包括产品质量的差异化战略、产品可靠性的差异化战略、产品创新的差异化战略、产品特性的差异化战略、产品名称的差异化战略、服务的差异化战略和形象的差异化战略。

3. 差异化战略的适用条件

① 有多种使产品或服务差异化的途径，而且这些差异化是被某些用户视为有价值的。

② 用户对产品的使用和需求是不同的。

③ 奉行差异化战略的竞争对手不多。

4. 营造产品差异化的竞争优势的途径

（1）提升客户价值，构建产品差异化的竞争优势 产品是企业的生存基础，只有不断营造产品差异化的竞争优势，企业方能在激烈的市场竞争中发展壮大。

（2）产品和服务创新是营造产品差异化的重要途径 企业只有不断进行产品创新，才能适应市场、不断发展壮大。

（3）把握客户需求是实现产品差异化的关键 现在已进入客户导向的经济时代，客户需求是一切工作的出发点和归宿，提高把握客户市场需求的能力是推进产品差异化的关键。

（4）产品差异化竞争优势的根本是构建独特的商业模式 随着信息通信技术的飞速发展，企业品牌形象不断提高，产品同质化越来越强，市场竞争不仅是价格的竞争，而且是价格与非价格的全方位竞争。

案例 3-3 ▶▶ ....

宝洁公司洗衣粉产品的目标市场策略

宝洁公司设计了九种品牌的洗衣粉，有汰渍（Tide）、奇尔（Cheer）、奥克多（Oxydol）、格尼（Gain）、波德（Bold）、象牙雪（Iove Snow）、卓夫特（Dreft）、达诗（Dash）和时代（Era）。这九种品牌分别针对如下九个细分市场。

（1）汰渍 洗涤能力强，去污彻底。它能满足洗衣量大的工作要求，是一种用途齐全的家用洗衣粉。"汰渍一用，污垢全无"。

（2）奇尔 具有"杰出的洗涤能力和护色能力，能使家庭服装显得更干净、更明亮、更鲜艳"。

（3）奥克多 含有漂白剂。它"可使白色衣服更洁白，花色衣服更鲜艳。所以无须漂白剂，只需奥克多"。

（4）格尼 最初是宝洁公司的加酶洗衣粉，后重新定位为干净、清新，"如同太阳一样让人振奋的洗衣粉"。

（5）波德 其中加入了织物柔软剂，它能"清洁衣服，柔软织物，并能控制静电"。波德洗涤液还增加"织物柔软剂的新鲜香味"。

（6）象牙雪 这种产品碱性温和，适合洗涤婴儿尿布和衣服。

（7）卓夫特 含有"天然清洁剂"硼石，"令人相信它的清洁能力"。

（8）达诗 是宝洁公司的价值产品，能有效去除污垢，但价格相当低。

（9）时代 是天生的去污剂，可清除顽固污点。

（三）目标集中战略

1. 目标集中战略的概念

目标集中战略是指企业在详细分析外部环境和内部条件的基础上把经营战略的重点放在一个特定的目标市场上，为特定的地区或特定的购买者集团提供特殊的产品或服务，以建立企业的竞争优势及市场地位。集中战略最突出的特征是企业专门服务于总体市场的一部分。

2. 目标集中战略的形式与内容

① 企业在目标细分市场中寻求成本优势的成本集中战略；通过实施集中战略，企业能够划分并控制一定的产品势力范围，在此范围内其他竞争者不易与其竞争，所以市场占有率比较稳定。

② 企业在目标细分市场中寻求差异化的差异集中战略。目标细分市场必须有特定需求的消费群体或者服务于目标市场而与其他行业的细分市场相区别的产品。集中战略的经营者可赢得独有的竞争优势。

③ 目标集中战略可以分为产品线重点集中战略、用户重点集中战略和地区重点集中战略等。

3. 目标集中战略的适用条件

① 具有完全不同的用户群，这些用户或有不同的需求，或以不同的方式使用产品。

② 在相同的目标细分市场中，其他竞争对手不打算实行重点集中战略。

③ 企业的资源不允许其追求广泛的细分市场。

④ 行业中各细分部门在规模、成长率、获利能力等方面存在很大差异。

案例 3-4 ▶▶

联合利华公司的目标集中化战略

目标集中化战略在联合利华公司得到了充分体现。

（1）企业集中化 1999 年，把 14 个独立的合资企业合并为 4 个由联合利华控股的公司，使经营成本下降了 20%，外籍管理人员减少了 3/4。

（2）产品集中化 果断退出非主营业务，专攻家庭及个人护理用品、食品及饮料和冰淇淋等三大优势系列，取得了重大成功。

（3）品牌集中化 联合利华压缩品牌规模是从 2000 多个品牌中选出 400 个品牌，其根据是 80/20 规律。联合利华品牌选择的标准："是否有潜力成为有吸引力和有规模的品牌。"当然，没有被选择的品牌并非全部卖掉，有些会根据业务的调整重组到现有的 400 个品牌结构中。

（4）厂址集中化 2004 年 5~8 月，通过调整、合并，减少了 3 个生产基地，节约了 30% 的运行费用。联合利华日前决定将其在中国的食品零售营销网络转包给第三方公司……

在经济全球化和竞争激烈化的形势下，为了向客户提供优质的产品和服务，必须在各个方面善于集中、善于争取和发展相对优势，在任何时候都不要拉长战线、分散资源，不搞无原则的多元化，更不要盲目进入非擅长的领域。

本 章 小 结

1. 企业战略是指企业面对变化多端的环境和激烈的竞争，在分析企业自身优势和劣势以及外部环境带来的机会和威胁的基础上为实现企业未来总体目标而做出的总体性、长远性的方略。

2. 企业战略管理是指企业确定其使命，根据组织外部环境和内部条件设定企业的战略目标，为保证目标的正确落实和实现进行谋划，并依靠企业内部能力将这种谋划和决策付诸实施，以及在实施过程中进行控制的一个动态管理过程。

3. 战略管理过程包括：战略分析与制定、战略实施、战略评价与控制三个阶段。

4. 企业战略管理分析就是对企业内外部环境进行全面系统的分析。

5. SWOT分析法就是对企业内部的优势和劣势以及外部环境的机会和威胁的动态结合分析。

6. 投资组合分析通过衡量每个部门的情况，即它的销售量、市场的发展情况和这个部门在运作中是吸收现金还是产出现金。

7. 实施价值链战略，首先是进行价值链分析，找出企业活动中的战略环节。

8. 在对竞争对手充分了解的基础上，企业一般采用的竞争战略是防守性战略、进攻型战略、侧攻型战略、间隙型战略。

9. 企业在不同情况下的竞争战略主要包括成本领先战略、差异化战略和目标集聚战略。

 复习思考题

1. 什么是企业战略？什么是企业战略管理？
2. 企业战略管理过程主要有哪几个阶段？
3. 简述SWOT分析法。
4. 竞争战略的类型有哪些？
5. 怎样进行投资组合分析？

 案例分析

竞 争 战 略

可口可乐和百事可乐是享誉世界的著名品牌。在1995年，两个品牌的产品占据了美国市场75％的软饮料市场份额。它们的成功，可以归功于两家公司所采取的产品生产和产品促销整体战略。两家公司都决定通过生产能够赋予可乐特殊口味的软饮料浓缩液，然后将浓缩液以糖浆的形式销售给全世界的装瓶商。可口可乐和百事可乐对装瓶商收取一个较高的价格；同时，他们投资于广告，以建立、保持其良好的品牌意识。

装瓶商负责生产、分销实际的可乐。他们在浓缩糖浆的基础上加入了碳酸水，进行包装，最后把这些可乐分销到自动售货机、超市、饭店以及其他销售终端。装瓶商把所有的广告都交给可口可乐公司或百事可乐公司。并且，他们必须签署一份保证不经销其他品牌可乐的排他性协议。

可口可乐或百事可乐的装瓶商不得分销其他任何品牌的可乐。对于可口可乐和百事可乐而言，这种战略具有两个主要的优点：第一，它迫使装瓶商受排他性协议的制约，从而为本行业建立了一个较高的进入壁垒。任何一个希望生产销售一个新品牌可乐的潜在竞争者都必须重新建立自己的分销网站，而不能够利用已有的销售网络。第二，旨在建立全球品牌的大量广告投入（1990年可口可乐花了1.9亿美元；百事可乐花了1.7亿美元），已经实现了其产品的差异化。这样，消费者更希望购买可口可乐或百事可乐，而一般不会去选择一个不知名的新品牌。并且，品牌忠实使得两家公司能够凭借实际上是带颜色的水和调味剂，而收取一个较高的溢价或富有竞争力的价格。

这一差异化战略使得可口可乐和百事可乐成为世界上利润最为丰厚的两家公司。但是，在20世纪90年代，一位加拿大企业家杰拉尔德·班瑟（Gerald Pencer）却策划出了一套新的可乐市场发展计划，引发了一种新的吸引消费者的战略，从而使全球可乐市场环境正在经历一场变革。

班瑟的战略是生产一种低价位的可乐，生产和装瓶都由他自己的公司——柯特公司（Cott）完成，产品作为一种"家庭品牌"直接销售给大的分销机构（如连锁超市）。这样，就绕开了装瓶商。他最初在加拿大实施这一计划，接着迅速扩展到美国。

分销商之所以看中柯特可乐，重要原因之一就是它可以使他们获得比经销可口可乐或百事可乐高15％的利润。

为了实施他的战略，班瑟计划不做任何广告（这样他就能够降低产品的售价），并且利用像沃尔玛这样的零售商近几年建立起来的高效率的全国分销系统。这一低成本战略使柯特可乐突破了可口可乐、百事可乐与其装瓶商所签订的排他协议所形成的进入壁垒。柯特公司把其产品运送到沃尔玛的分销中心，由沃尔玛负责分销和广告工作。

班瑟并没有就此停步。他也向一个全球性的装瓶商网络供应可乐浓缩液，不过价格只有可口可乐和百事可乐所收取价格的六分之一。例如，1994年4月，柯特公司为英国最大的食品零售商森斯佰瑞（Sainsbury）公司发动了一次可乐营销活动。产品被冠名为"森斯佰瑞的经典可乐"，价格比可口可乐低30％。

在四周内，柯特公司可乐的销售量已经占到了森斯佰瑞公司可乐销售总量的60％，占全英国整个家用可乐销售量的四分之一。在其家乡加拿大的安大略省（Ontario），柯特可乐的销售量也是遥遥领先，占到了整个可乐市场份额的31％。在上述成功的基础上，截至1994年中期，柯特公司已经在全世界与英国、法国、西班牙、日本、美国等90家零售连锁公司签订了供货协议。

 问题讨论

1. 可口可乐和百事可乐公司的竞争战略是什么？
2. 杰拉尔德·班瑟采用什么样的战略从可口可乐和百事可乐手中夺取了市场份额？

 实践训练

给学生既定的企业战略管理案例，运用SWOT分析法说明企业的内外部条件。

◎ 第四章

企业经营决策与控制

导入案例 ▶▶

选址决策

某市为促进精神文明建设，发展社区文化，丰富居民的文化生活，准备新建一个市文化艺术活动中心。市政府召集有关部门工作人员就此召开第一次筹备会议开展讨论。当会议讨论到文化艺术活动中心选址问题时，市规划局的老王首先提出了自己的选址方案。他从该市城市建设总体规划出发，认为建址选在离闹市区有一段距离的 A 地比较理想。因为几个新型的住宅小区将在这里建设起来，几年后这里将成为新的闹市区，而且这里是该市基础建设的重点地区。与会者觉得老王的建议很好，表示赞同。但是，市文化局的老张则不以为然，他认为活动中心建址选在闹市区附近的 B 处更为合适。因为这一带人口密集，能够照顾到绝大多数居民来中心参加活动，从而真正有效地满足广大居民对文艺生活的需要。与会者认为老张的意见也言之有理，B 地也是一个好地方。老张与老王意见的分歧，使会议陷入了僵局。大约持续了两分钟之后，市政府办公厅的李明终于打破了这种僵局，他谈了自己的看法。大意包括两层意思：首先，他认为老王和老张对活动中心选址问题的意见都具有合理性，A、B 两地都是比较理想的可供选择的方案，但不主张在第一次筹建方案讨论会上就决定选址问题；其次，他建议市有关部门对 A、B 两地进行深入系统的实地勘察调查，同时在本市行政区域范围内选择可供选择的建设地点，在此基础上，再按文化艺术活动中心总的建设要求进一步分析比较，以选择最佳方案。李明的意见最终得到了与会人员的一致赞同。

第一节 经营决策

随着市场经济的成熟，我国的市场竞争日益激烈。对于一个要想在激烈的市场竞争中获胜的企业来说，管理是企业生存的基础，是企业长久发展的保证。而经营决策在企业管理中更处于中心地位，经营决策正确与否关系着企业的兴衰与存亡。所以决策理论学派的代表、美国人西蒙认为"管理就是决策"，决策贯穿于管理全过程。现代管理的重心在于经营，经营的中心在于决策。

一、经营决策的概念和特点

（一）决策及其特性

决策是指在明确问题的基础上，为未来的行动确定目标，并在多个可供选择的行动方案中，选择一个合理方案的分析判断过程。

科学的决策应有以下基本特性。

1. 决策要有明确的目标

明确为什么要进行决策，决策最终要达到的目标是什么。

2. 决策应有若干个可供选择的可行方案

可行方案是指能够解决决策问题、实现决策目标、具备实施条件的方案。只有一个方案而无从比较的决策不是科学的决策，只有多个方案的选择才能评价优劣，得到满意的结果。

3. 决策是一个分析判断的过程

必须通过技术、经济等方面的综合评价。

4. 决策的结果是选择一个满意的方案

人们要懂得，获得满足一切要求的最优方案是不现实的。

5. 决策应是一项有组织的集体活动

企业的决策问题具有信息量大、涉及面广、变化快的特点，这就增加了决策的复杂性和艰巨性，从而使个人决策成功的可能性大为降低。因此，科学决策不能是领导者的个人行为，决策的民主性是决策成功的重要条件。

（二）经营决策的概念

企业的经营决策就是在对企业的外部环境、内部条件分析的基础上，依据客观规律和实际情况，对企业总体发展和各种重要经营活动的经营目标、方针和策略，做出正确的抉择的工作。它是一个过程，是一种寻找问题、制定方案、选择评价方案的活动。

经营决策的目的是通过谋取企业外部环境、企业内部条件、企业经营目标三者的动态平衡，以求得企业的最佳经济效益。决策是企业管理的核心。可以说，整个企业管理过程都是围绕着决策的制定和实施而展开的。

（三）经营决策的特点

1. 目标性

任何企业的决策都是先确定企业活动的目标。目标是企业在将来一段时间内完成任务程度的标志。决策是为了实现目标的活动，没有目标就无从决策，目标得以实现，也就没有必要进行决策。

2. 可行性

决策是指导企业未来的活动。企业的任何活动都需要资源。即使制定的方案再完美，但是缺少必要的人力、物力和技术条件，这个方案也只能是空中楼阁。例如一家旅游公司经过市场调查发现月球旅游是一个潜在的目标市场，但旅游公司就其实力难以实现该项目，因而在现阶段，这样的决策就无任何意义。

3. 选择性

决策的基本含义是抉择。如果只有一种方案，没有选择的余地，也就无所谓决策。没有比较就没有鉴别，更谈不上"最佳"。所以，在制定可行方案时，应尽可能制定多种方案，以避免那些可能是最好的方案被漏掉；另外，各个方案之间不能相互包含，要相对独立。

4. 满意性

决策遵循的原则是满意原则，而不是最优原则。因为决策者收集到的信息是有限的，从而决策者制定的备选方案也是数量有限。另外，任何一种方案都要在未来实施，而未来是不确定的。人们对未来的预测状况可能与实际未来状况不一致。根据上述情况就决定了决策者不可能做出最优的决策，只能是做出相对满意的决策。

5. 过程性

决策是一个过程，而不是瞬间行动。一般来说，决策过程有识别问题、制定备选方案、评价方案、实施方案。因此，决策实际上是一个连续不断的循环过程。

6. 动态性

决策在实施过程中可能受到一些因素的影响，这就要求在一定程度上修订决策，甚至重新制定决策来适应环境的变化。另外，根据决策的相互关联性也要求决策者必须对其决策结果影响其他人的决策灵活调整自己的决策方案。

(四) 经营决策应遵循的原则

1. 信息准确原则

它是指为进行决策所收集的信息，必须全面准确地反映决策对象的内在规律与外部联系。信息的准确性是指信息要能真实地反映经济发展的客观规律；信息的全面性是指要从多渠道收集各种信息并对其进行必要的综合整理和筛选，以便能够全面地反映所要研究的问题。此外还须注意信息有效性与经济性的问题。

2. 可行性原则

它是指决策方案必须与企业现实的资源条件相适应。可行性程度的高低是衡量决策正确性的重要标志，决策方案决不能超越企业现有的主客观条件。

3. 优选原则

它是指要坚持对各种备选方案进行比较和筛选的工作方法，对各备选方案的优劣进行综合评价和分析论证。

4. 系统性原则

它是指决策过程中，要运用系统分析的理论和方法，对决策对象进行全面的分析和论证，在决策过程中兼顾各种利益关系，协调各种矛盾，以获得整体功能最优的效果。

5. 利用"外脑"原则

它是指在决策过程中，要充分发挥专家智慧，广泛利用"智囊团"的作用，实行民主化决策。

6. 追踪监控原则

它是指在决策方案付诸实施过程中，必须及时进行信息反馈，密切注视环境变化，采取措施及时有效地纠正发生的各种偏差。

二、经营决策的分类

因为决策所要解决的问题是多种多样的，不同的决策有着不同的性质和特点，因此决策可分为多种类别。

（一）按照决策所要解决的问题在企业经营中所处的重要程度分类（见表4-1）

表 4-1　战略决策、管理决策和业务决策的比较

决策种类	高层决策	中层决策	基层决策
性质差别	非定型化多,定型化少	定型化多,非定型化少	基本定型化
层次差别	战略性的多	业务性的多	执行性的多
决策的复杂程度	复杂	比较复杂	比较简单
决策的定量化程度	大部分无定量化,具有风险性	大部分定量化,小部分无定量化	全部定量化
肯定程度	不完全肯定	肯定	非常肯定

1. 战略决策

也称为高层决策。是指对直接关系企业生存发展的全局性、长远性问题的决策。如企业经营方针与经营目标的确定等。战略决策一般考虑的是企业如何与外部环境适应的问题，属于企业高层管理者的职责范围。

2. 管理决策

也称为中层决策。是指企业为实现战略决策对企业资源做出合理安排的策略性决策。如生产经营计划的确定、能源与原材料的合理使用、工作业绩的评价等。管理决策一般属于企业各职能管理部门的职责范围。

3. 业务决策

也称为基层决策。是指在管理决策的指导下，为了提高企业各种具体业务工作的质量或效率的决策。如工作任务的日常安排等。业务决策属于常规性、技术性的决策，一般属于基层管理人员的职责范围。

（二）按照决策问题出现的重复程度分类

1. 程序性决策

是指对经常出现的重复性问题，并已有处理经验、程序和方法问题的决策。程序性决策一般是企业中下级企业管理人员经常要解决的问题。程序性决策虽然在一定程度上限制了决策者的自由，但却可以为决策者节约时间和精力，使他们可以把更多的时间和精力投入到其他更重要的活动中去。

2. 非程序性决策

是指对不经常出现的偶然性问题，并没有处理经验，完全靠决策者个人的判断和信念来进行的决策。如经营方向的调整、新产品的开发、重大的投资项目等。非程序性决策虽然所占比重较小，但通常是关系到企业全局和长远发展的重要问题，因而一般属于企业高层管理者的决策范畴。

随着管理者地位的提高，所面临的非程序性决策的重要性也在提高，面临的不确定性增大，决策难度加大，进行非程序性决策的能力就显得越来越重要，进行决策所需的时间也相对延长。因此，许多企业都一方面设法提高决策者的非程序性决策能力，另一方面尽量使非程序性决策转向程序性决策。

（三）按照决策问题所处客观条件的不同分类

1. 确定型决策

该决策指决策系统的全部事实都能准确地列举出来，即每一种抉择在决策系统的约束条件下，只有一种可能结果时的决策。这种决策的决策过程只是简单地从全部可供选择的方案中挑选出惟一的一个方案。

2. 非确定型决策

该决策指由于决策系统的随机性，使得决策系统的全部状态不能准确地列举出来，即每一抉择有非单一可能的结果时的决策。这种非单一可能结果的发生又有两种可能的情况：风险型和竞争型。

（1）**风险型决策**　是指通过人们大量实践后发现，对可能发生的结果有统计规律可循的决策，根据统计规律能够获得事件出现的概率分布。决策者在一次抉择过程中，尽管掌握了这种统计规律，也不能避免一定的风险。

（2）**竞争型决策**　是指在决策系统存在竞争对手的情况下，决策系统可能出现的随机事件不再有统计规律可循，因为部分对手的行为既不符合统计规律，又不能处于决策者的控制之下，这种情况的决策一般称为竞争型决策。

此外，决策还可以根据决策目标的多少分为单目标决策和多目标决策；根据所涉及的时间长短分为中长期决策和短期决策；根据决策组织层次的划分分为高层决策、中层决策和基层决策等。

三、经营决策的基本程序

决策是一项复杂的活动，为了提高决策的有效性应遵循一定的程序。一般情况下，决策过程有以下五个步骤，如图 4-1 所示。

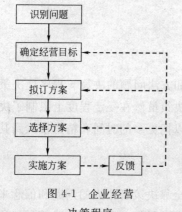

图 4-1　企业经营决策程序

（一）识别问题

问题，是指企业在经营活动中现实和标准的差距。标准可以是过去的成绩，也可以是事先制定的目标或者是其他企业的成绩。通过收集整理有关信息，发现差距，识别问题，明确目标，这是决策的起点。没有问题就不需要决策，决策的正确与否主要取决于对问题判断的正确程度。

（二）确定经营目标

问题找到以后，就要确定企业的经营目标。企业的经营目标要有可行性，尽量减少目标个数，放弃那些根本达不到的目标，可把相似的目标、次要的目标合并为一个目标。

（三）拟订方案

在收集了相关资料和确定决策目标后，就要拟定解决这些问题的方案。决策者应尽可能地拟定多种备选方案，因为备选方案越多，解决办法就越完善。

在企业实际运作中，由于决策条件的复杂性，要把所有的可行方案都设计出来是不可能的。因为不可能对决策时所需要的信息全部掌握，所以很难考虑到所有的可行方案。就现有的条件和能力，设计出来的备选方案越详尽，就越能保证备选方案的质量。每个方案的总体设计、主要措施应该是有区别的，所以必须坚持相互排斥性。只有这样，在选择时才便于从众多备选方案中选择一个。

（四）选择方案

1. 选择方案的标准

一般有"最优标准"和"满意标准"两种。由于人们的认识受到许多因素的限制，如主客观条件、科技水平、信息以及环境等，因此绝对的最优标准是不存在的，最优也是相对而言的。对企业来说，应该选择那些最能实现企业目标并且是比较经济的方案，即令企业满意的方案。

2. 选择方案的方法

归纳起来有经验判断、归纳法、数学法和试验法等。

（五）实施方案

企业评选出再好的方案，如果不把它放在实践中检验，那也是企业的一大损失。方案在实施之前，要保证实施的条件和资源。同时，决策方案的实施过程也是一个不断反馈的过程。在实施的过程中发现制定时所忽视的地方和方案本身的不足，这就需要边实施边检查边改进。如果是环境发生变化，那就需要重新制定新的决策，而这一步骤又成为下一轮决策的起点。

四、经营决策的方法

企业经营决策的方法有两类：定性决策法和定量决策法。定性决策法注重决策者本人的经验和思维能力；定量决策法注重决策问题各因素之间客观存在的数量关系。在具体事业中，两种方法不能截然分开，必须紧密结合，相辅相成。

（一）定性决策法

定性决策法是在决策者经验、能力的基础上，对决策方案进行分析、评价和判断的一种方法。这种方法并不是单依靠某一个人的经验，而是大家的经验、群体的智慧，所以定性决策法关键在于集思广益、发扬民主，进行科学地决策。常用的定性决策法有：

1. 头脑风暴法

这种方法鼓励参与者提出各种类型方案的设计想法，但严格禁止提出任何批评。这种方法把人们产生的思想和观点比喻成像狂风暴雨来得那么迅猛。

在头脑风暴法会议中，人们围桌而坐，主持人向参会者阐明问题，然后成员在一定的时间内可以自由地提出尽可能多的方案。这些方案在没有确定下来之前，不允许提出批评。

2. 专家意见法

专家意见法是由美国兰德公司提出来的，也称为德尔菲法。这种方法是采取参加决策的专家们之间互不见面，意见的交流采取书信方式进行。其步骤是：主持人先向有关专家提出问题，请专家分别写出书面意见；随后，主持人把各个专家的意见再相互交换一下，做出分析意见后再收集起来，进行综合、整理，再反馈给每个专家；每个专家在修改后再寄给主持人，如此反复进行多次，直到各个专家的意见大体趋于一致为止。

定性决策方法的优点是充分利用集体的经验和智慧，进行逻辑推理和创造性思维，灵活简便、省时省力。缺点是主观成分强，易受决策者个人对决策问题的感知方式、处理信息的能力和个人价值观的影响。

（二）定量决策法

定量决策法是建立在数学公式（模型）计算基础上的一种决策方法，它运用统计学、运筹学、计算机等科学技术，把决策的变量与目标，用数学关系表示出来，计算方案的损益值，选择出满意的方案。

1. 确定型决策方法

确定型决策是指决策条件非常明确，通过对各种备选方案的分析，就能知道其明确结果的决策。其主要任务是借助一定计算分析方法把每个可行方案的结果计算出来，然后通过比较，把结果最好的方案优选出来，作为决策的行动方案。

确定型决策的分析方法很多，最常见的是盈亏平衡分析法（量本利分析法）。

量本利分析的基本原理是边际分析理论。其具体方法是把企业的总成本分为固定成本和可变成本后，观察产品销售单价与单位可变成本的差额，若单价大于单位可变成本，便存在"边际贡献"。当总的边际贡献与固定成本相等时，恰好盈亏平衡。这时每增加一个单位产品，就会增加一个边际贡献的利润。进行量本利分析的关键是找出盈亏平衡点，如图 4-2 所示。

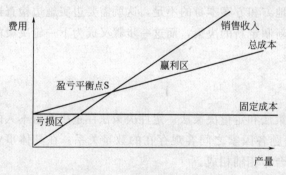

图 4-2　量本利分析图

从图中可知：当销售收入与总成本相等时，这一点对应的产量（销量）就称为盈亏平衡点。在盈亏平衡点上，企业既不赢利也不亏损，因此盈亏平衡点又称为保本点或盈亏临界点。

企业的产量若低于平衡点的产量，则会发生亏损；而高于平衡点的产量，则会获得赢利。这一基本原理在企业的经营决策活动中运用相当广泛。企业的经营决策，几乎都与产量、成本、利润有关。许多问题都可以通过量本利分析加以解决。例如，企业是否应购置新设备，是否应进行技术改造，某种产品生产多少才能赢利，企业产品的定价水平是否合适等。

2. 风险型决策方法

风险型决策是指决策问题的每个可行方案有两个以上的自然状态，哪种自然状态发生预先无法肯定。但每种自然状态的发生，都可以根据以往的统计资料得到一个客观概率，决策时应根据各种自然状态发生的概率进行。由于引入了概率的概念，任何方案的执行都要承受一定的风险。对风险型决策一般可采用决策树法。

决策树方法是在进行决策分析时将各备选方案和自然状态的情况绘制成图，然后通过数学计算比较出各方案的优劣。由于此图的形状像一棵树，因此称为决策树法。决策树由五个要素构成，即决策点、方案枝、自然状态结点、概率枝和结果点。如图 4-3 所示。

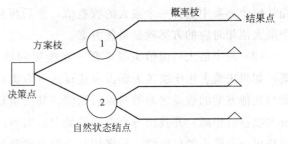

图 4-3 决策树结构图

图中　□——表示决策结点，从它引出的分枝叫方案分枝，是表明最后选择的最优方案，如果是单阶段决策树，则只有一个决策结点。而动态的多阶段决策树，则有多个决策结点。后面引出的连线称为方案枝，每条方案枝代表一个备选方案。

○——表示方案结点，是表明各备选方案的经济效果，通过对各方案结点的经济效果的比较，可以选出最优决策方案。方案结点后面引出的直线称为概率枝，每个概率枝代表一种自然状态。概率枝上的数据代表该自然状态出现的概率。

△——代表结果点，是表明各备选方案在各种自然状态条件下的损益值。

运用决策树法进行决策分析的具体步骤如下。

第一步是绘制决策树图形。

第二步是计算或估计概率值。即计算或估计各种自然状态可能出现的概率，并把它标在决策树图形的概率枝上。

第三步是计算期望值。期望值的计算要从右向左依次进行。将每种自然状态的收益值（或损失值）分别乘以各自概率枝上的概率后相加起来（如有决策年限还要乘上决策年限），并把得到的数据标在方案结点上。

第四步是选择最优方案。即通过对标在方案结点上的各方案期望值进行比较确定最优方案。如以最大收益为标准，应选具有最大期望收益值的方案作为最优方案；如以最小损失为标准，应选具有最小期望值的方案作为最优方案。在最优方案选定后，可在其他方案上打上标记，表示该方案舍弃，称为截枝。

3. 非确定型决策方法

非确定型决策方法是指由于存在不可控因素，一个方案可能出现几种不同的结果，而对各种可能的结果没有客观概率作为依据的决策。在这种情况下，方案的选择主要取决于企业的实力和目前的经营状态。经受风险能力较强的企业，选择方案可以大胆一些；经受风险能力较弱的企业，选择方案时应该相对保守一些。

按不同的决策标准，非确定型决策的分析方法主要有以下几种。

（1）小中取大（悲观）决策准则　当决策者对决策问题情况不明，唯恐由于决策失误而造成较大的经济损失，因此在进行决策分析时，小心谨慎，总是从最坏的结果着想，希望从最坏的结果中选择最好的结果。这种决策方法的主要特点是决策者对未来决策事件的发展估计比较悲观。其决策程序是：先从每个方案中选择一个最小的收益值，然后再对所有选出的最小收益值进行比较，选择出一个最大的收益值，与之相对应的备选方案就是最优方案。

（2）大中取大（乐观）决策准则　当决策者对未来事件的发展状况比较乐观，又要考虑到不利因素发生的影响时可采用该方法。它的特点是与小中取大的悲观标准相反。决策时，决策者不放弃任何一个获得最好结果的机会，争取好中之好。这种决策标准的决策程序是：

先从每个方案中选择一个最大的收益值，然后再从所有最大收益值中选择一个最大值，与这个最大值相对应的方案就是最优方案。

（3）最小最大后悔值决策准则　　在决策问题时，决策者总是希望能选择收益最大的方案，如果决策者由于决策失误没有选择这一方案，而选择了其他方案，因此把收益最大的方案与其他方案的收益之差数叫做后悔值。其决策程序是：先将每种自然状态的各种收益值与最大收益值相减，并找出每个方案的最大后悔值，然后将各方案的最大后悔值进行比较，从中找出一个最小的后悔值，与之相对应的方案就是最满意方案。

例：某企业准备生产一种新产品，有三种方案：新建、扩建、改建。这三种方案在不同的自然状态下的收益如表 4-2 所示。

表 4-2　三种方案在不同的自然状态下的收益表　　　　　　　　单位：万元

年收益／自然状态　方案	畅销	一般	滞销
新建	110	50	－5
扩建	60	35	10
改建	40	25	20

试用乐观准则法、悲观准则法和后悔值法进行决策。

解：（1）乐观准则法：三个方案在不同自然状态下最大收益分别为 110、60、40，其中新建的收益值最大，应选新建方案。

（2）悲观准则法：三个方案在不同自然状态下最小收益分别为－5、10，20，其中改建的收益值最大，应选改建方案。

（3）后悔值法：三种方案在不同自然状态下最大后悔值分别为 25、50、70，其中新建的后悔值最小，所以应选新建方案。其计算如表 4-3 所示。

表 4-3　后悔值计算表　　　　　　　　单位：万元

后悔值／自然状态　方案	畅销	一般	滞销	最大后悔值
新建	110－110＝0	50－50＝0	20－（－5）＝25	25
扩建	110－60＝50	50－35＝15	20－10＝10	50
改建	110－40＝70	50－25＝15	20－20＝0	70

第二节　计划工作

计划是管理的一个基本职能。当企业面临复杂多变的环境时，许多事情很难预料到，从而使企业的经营带有很大的风险性，而计划就是降低这种风险性的手段。当今社会竞争非常激烈，计划已成为企业生存和发展的必要条件。

一、计划概述

（一）计划的概念

计划是按照经营决策所确定的方案对企业生产经营活动及其所需各种资源从时间和空间上做出具体统筹安排的工作。这是企业经营思想、经营目标、经营决策、经营方针及策略的进一步具体化，是企业全体员工的行动纲领。

为了搞好计划工作，实现计划所制定的目标，计划工作要遵循一定的程序和方法，要认真了解计划的性质和任务。实践表明，很多企业在计划工作中的失误，就是由对这些基本的知识不了解所致。

（二）计划的特征

1. 先导性

计划在管理的职能中处于先导地位。管理者在确定了经营目标和拟定了经营计划之后，才能进行其他管理工作。

2. 前瞻性

经营计划不是过去的总结，也不是现状的描述，而是要面向未来、考虑未来的挑战和机遇，指导组织未来的活动，为实施未来的经营目标创造条件。

3. 全面性

计划涉及企业内部各个部门。组织内的任何管理活动都需要进行计划，组织内各层管理人员都会不同程度地参与计划的活动。

4. 效能性

计划就是要使整个企业组织的活动达到有序性、有效性；计划以提高企业经济效益和管理工作效率为中心；计划的制订和执行使企业能以最少的耗费实现预定的目标。

（三）计划的任务

计划的任务，概括地说，就是按照社会与市场的需要，通过编制计划，组织计划的实施以及对计划的控制，把企业内部各项经营要素和各项经营活动科学地组织起来，保证全面均衡地完成计划和满足市场需要，努力提高经济效益。具体来说，主要有以下几个方面。

1. 制定目标

在科学预测的基础上，将企业的经营思想、经营方针和策略，转化为经营目标，在此基础上制订企业的经营计划。用它来动员、组织和协调企业职工的行动。

2. 分配资源

要实现企业的目标，必须有资源作保证。由于资源是有限的，合理分配资源是企业计划管理的一项重要任务。工业企业所需的资源包括人力、物力、财力、信息、时间等。合理分配资源，就是按企业经营目标及目标的重要程度、目标的先后次序，采用科学的计划方法来合理安排资源，保证重点需要，使资源发挥出最大效益。

3. 协调生产经营活动

企业是一个开放式系统，为实现企业系统的目标及任务，必须搞好企业与外部环境的平衡和企业内部各环节的平衡。

4. 提高经济效益

企业一切活动的目的是在不断满足社会需要的前提下提高经济效益。计划管理的中心任务就是促使满足社会需要与经济效益有机结合起来。为此，经营计划工作要求在认真进行企业外部环境研究和内部条件分析的基础上，做好制定目标、分配资源、协调生产经营等项工作，使企业用一定的收入取得最大限度的产出。

二、计划的类型

（一）按计划的范围广度分类

1. 战略计划

是指应用于整个企业并为企业制定总体目标和寻找企业在环境中地位的计划。战略计划是对企业所有活动做出的战略安排，它具有长远性和很强的弹性，应谨慎制定指导企业全面活动的战略。

2. 战术计划

是一种局部性、阶段性的计划。它多用于指导企业内部某些部门的行动，以完成某些具体的任务，实现阶段性目标。

3. 作业计划

是为部门或个人制订的具体行动计划。作业计划通常具有个体性、可重复性和较大的刚性。

战略计划、战术计划和作业计划，强调的是企业各管理层次的指导和衔接。战略计划是由高层管理者负责，战术计划和作业计划由中、基层管理者负责。战略计划对战术计划和作业计划具有指导作用，而战术计划和作业计划的实施保证战略计划的实施。

（二）按照时间的长短分类

1. 长期计划

是指时间在5年以上的计划。主要是指企业的长远目标、发展方向以及大政方针问题。

2. 中期计划

是指时间在1年以上到5年以内的计划。中期计划是根据长远计划制定的，它比长期计划要详细具体。它主要考虑企业内部与外部的条件和环境变化情况后制订的可执行计划。

3. 短期计划

是指1年及1年以内的计划。它比中期计划更加详细具体，是指导企业具体活动的行动计划。

在企业管理中，长期、中期和短期计划必须有机地衔接起来，长期计划对中、短期计划起指导作用，而中、短期计划的实施有助于长期计划的实现。

（三）按计划的明确度分类

1. 具体性计划

是指有明确的目标，没有容易引起误解的问题。如果企业周围的环境发生变化，具体性计划所明确的指标不一定能满足，在这种情况下就不能再用具体性计划了，应改成指导性计划。

2. 指导性计划

就是只规定了一些一般的原则，并没有把管理者限制在具体的行动方案上。这样指导性计划就比较灵活，而具体性计划就失去了明确性。

（四）按计划的内容分类

1. 综合计划

是企业生产经营活动的综合性计划。它把各个单项计划联系在一起，构成一个有机整体，是各个单项计划的综合，是指导企业生产经营活动的纲领。

2. 专业计划

是指企业各个职能部门的计划。如销售计划、生产计划、质量计划、劳动工资计划、物资供应计划、成本计划等。

三、计划的程序

计划是一个连续工作的过程，它包括计划的制订、执行和控制的全过程。

（一）计划的编制

1. 编制要求

（1）明确企业目标和计划性质　如该计划是为促进销售和提高销售额，还是为营造企业文化氛围等。

（2）预测环境的变化　研究该项销售活动在这段时间内，环境对其有利和不利的影响，保持企业对环境的适应性。

（3）制定计划方案及协调企业活动　应拟定实现该目标的各种可行性方案，并对各方案进行论证和综合评价，选择合理方案进行实施。在方案实施过程中，协调各部门各环节的活动，做到协调和平衡。

（4）合理分配资源，保证计划落实　根据目标要求和资源约束，按目标的重要程度和先后次序，合理有效地分配资源和安排组织的现有资源，保证重点需要，发挥资源的最大效益，经济有效地实现组织的目标。

（5）强调制订计划的参与性　为了保证计划工作的科学性，需要集中广大员工的智慧。要动员和依靠组织内全体成员参与计划管理，保证计划的完成。

2. 编制步骤

（1）估量机会　对机会的估量，要在计划工作开始之前就着手进行。它虽然不是计划的一个组成部分，却是计划工作的真正起点。其内容包括：分析未来可能出现的变化及预示的机会和威胁；分析自身的优势和劣势。

（2）确定目标　在估量机会的基础上，确定企业战略目标并对目标进行分解。要说明企业达到的目标，指出企业工作的重点。

（3）确定前提条件　计划的前提条件就是计划实施时的预期环境。外部前提条件多为不可控和部分可控的，而内部前提条件一般是可控的。不可控的前提条件越多，就越需要通过预测工作确定其发生的概率和影响程度的大小。

（4）拟定可供选择的方案　明确计划的前提条件后，就开始制定多种备选方案。这一步需要制订计划参与者发挥创造性。制定尽可能多的备选方案，为选择方案打下基础。

（5）评价各种备选方案　确定备选方案后就应该按照目标比较各个方案的利弊，进行评价。评价结果取决于评价者采用的标准和对各个标准所赋予的权数。在评价时可以借助数学模型和计算机手段，再结合计划者的经验和判断能力对方案做出评价。

（6）选择方案　在选择方案时，应考虑其可行性、经济性等。有时在选择的过程中同时有两个可取方案。在这种情况下必须确定一个首选方案，其他方案可以作为备选方案，这样可以使企业更好地适应环境的变化。

（7）制订辅助计划。辅助计划是总计划的分计划。总计划的实施需要辅助计划来保证，它是总计划的基础。

（8）编制预算　计划的最后一个过程是编制预算，即选定的方案用数字具体地表示出来。同时，预算也是综合平衡各类计划的一种工具。

（二）经营计划的执行

1. 经营计划执行的基本要求

就是要保证全面地、均衡地完成计划。生产型管理条件下，企业生产技术、财务计划的贯彻执行主要通过短期的各种作业计划及企业内部核算制来实现。经营管理条件下，经营计划的贯彻执行除通过作业计划及经济核算制外，还有自己独特的方式。

2. 计划的执行实施

组织计划实施的主要工作是，各管理层将计划指标层层展开，层层落实；层层制定对策，作为实现上一层次目标的手段；通过目标这一手段链，建立计划的保证体系。计划保证体系中的对策计划，要相应地制定对策计划措施实施表，在表中把问题点、现状、目标、措施、责任者、进度、重要程度等都列出来，以加强自我控制工作进度，自我考核工作成果，提高各部门、员工的工作责任感，保证各项计划目标的实现。

3. 计划执行过程中的变化及调整

计划在执行过程中，由于情况发生变化，需要对计划进行新的平衡和调整，调整的内容可以从实现目标的保证手段直至原来的计划目标。

第三节　企业组织与控制

一、企业组织

（一）组织的概念

组织是为了达到某种特定的目标，由分工与合作及不同层次的权力和责任制度而构成的人的集合。具体理解如下。

① 组织必须有一定的目标。

② 组织必须有分工与合作。

③ 组织要有不同层次的权力与责任制度。

（二）组织的要素

1. 共同的目标

有了共同的目标，才能统一指挥、统一意志、统一行动。这种共同目标应该既为宏观所要求，又能被各个成员所接受。应尽量消除组织中成员的个人目标和组织目标之间的背离。

2. 人员与职责

为了实现共同目标，就必须建立组织机构，并对机构中全体人员指定职位，明确职责。

3. 协调关系

就是把组织成员中愿意合作、为共同目标做出贡献的意志进行统一。否则，共同目标再好也无法实现。

4. 交流信息

就是将组织的共同目标和各成员的协作意愿联系起来，它是进行协调关系的必要途径。

（三）组织的协调

1. 组织协调的概念

组织协调，是指解决组织的各种矛盾，使组织平衡、有效运行和稳定发展的工作过程。组织的不平衡现象及其矛盾的产生是必然的。而只有解决这些矛盾，实现平衡与协调，组织才能有效运行，才能实现组织的功能。所以，组织协调是保证组织运行、发挥组织功能的关键环节。

2. 组织协调的类型

（1）纵向协调　纵向协调是指对组织内不同管理层次之间的职权、职能所进行的协调。由于纵向协调是在上下级之间进行的，可以借助权威进行，协调较为容易。纵向协调的要领是：维护统一指挥、保证权责一致、保证职权的稳定性和确定性、保证参谋机构的参与性。

（2）横向协调　横向协调即是组织结构中相同管理层次、不同业务部门之间的职权、职能所进行的协调。

3. 影响组织横向协调的因素

（1）组织结构因素　即组织结构不完善，机构设置、职权关系等存在缺陷，妨碍了正常的横向关系。

（2）组织运行因素　即组织的动态工作过程有缺陷，如工作流程不科学、管理标准不合理等。

（3）人际关系不和谐　如互相存在成见和误解等。

4. 横向协调方式

（1）制度方式　即通过改变、完善组织运行的规则与形式，实现各种管理的科学化与合理化。主要有：管理工作标准化制度、例会制度、工序服从制度、跨部门直接沟通、联合办公和现场调度。

（2）结构性方式　即在组织结构的设置出现缺陷时而采取的协调方法。主要有：设置联络员、组织临时性的任务小组或委员会、建立永久性的任务小组或委员会、设立专职协调部门、建立职能部门。

（3）人际关系方式　即针对人际关系存在的问题和矛盾导致的协调问题而采取的办法。主要有：合署办公制、职工联谊组织、建立基层管理运营组织、建立走访制。

（四）组织结构的变化趋势

1. 团队结构组织

团队结构是指整个组织由执行各项任务的工作小组或团队组成，不存在从高层到基层的管理职权链，通过对员工进行充分授权，使员工团队可以自由地以其认为最好的方式安排工作，并对工作结果负责。同时，在一些大型组织中，为了既保持总体的稳定性，又获得一定的灵活性，还可以根据组织任务的需要，将团队结构与原有的职能制或事业部制组织结构相结合。

2. 无边界组织

无边界组织这一概念最早由通用电气公司的前总裁杰·克韦尔奇提出。其基本内涵是，在构建组织结构时，不是按照某种预先设定的结构来限定组织的横向、纵向和外部边界，而是力求打破和取消组织边界。以保持组织的灵活性和有效运营。其中，横向边界是由专业分工和部门划分形成的，纵向边界是将员工划归不同组织层次的结果，外部边界则是指将组织与顾客、供应商及其他利益相关者分离开来的隔墙。通过运用跨层级的团队和参与式决策等结构性手段，可以取消组织内部的纵向边界，使组织结构趋向扁平化；通过与供应商建立战略联盟以及体现价值链管理思想的顾客联系手段等方式，可以削弱或取消组织的外部边界。

3. 网络组织

以互联网为基础的电子商务正以深刻的方式改变企业管理组织各相关方面之间的关系，促进企业管理组织创新。其主要表现在两个方面。

① 与信息传递方式紧密相依的企业管理组织结构，由原来从上至下的垂直结构（金字塔型）向水平型的开放式结构（矩阵型）转变；高层决策者可以与基层执行者直接联系，基层执行者也可以根据实际情况及时进行决策，中层组织的上传下达作用的重要性逐渐消失。

② 在电子商务下，一种因信息技术的进步给全球经营活动带来迅速变化而形成的新型企业管理组织形式——电子商务公司应运而生。电子商务公司把互联网和企业经营有机地结合起来，利用互联网改变它进入市场和接触客户的方法，实现安全、准确、高效的企业管理。电子商务公司的产生和发展将对企业管理组织的改革产生深刻影响。它在业务经营管理中可以实时获取商情动态，与客户进行实时双向沟通，并据此形成新的企业管理形态，提高企业管理效率。

4. 学习型组织

学习型组织不仅仅涉及某种特定的结构设计，更重要的是提供了一种组织理念和组织哲学。学习型组织，是指由于所有组织成员都积极参与到与工作有关问题的识别与解决中，从而使组织形成了持续适应和变革能力的一种组织。其提出依据是，当前组织环境日益动荡，过去的许多管理原则和指南不再适用。因此，21世纪的组织要获得成功，必须具有快速学习和响应的能力。组织的学习对组织的发展至关重要，一些管理学家把组织的这种学习能力称为组织的"可持续竞争优势"。

二、企业控制

（一）控制的概念和特点

1. 控制的概念

控制是根据拟定的计划，对实现目标的进展情况进行确定或衡量的过程。简言之，控制就是用于确保结果和计划相一致的过程。

一个有效的控制系统可以保证各项行动完成的方向朝着达到组织目标方向进行。控制系统越完善，管理者实现组织的目标就越容易。

2. 管理控制的特点

（1）管理控制是对人的控制　管理控制是保证工作按计划进行并实现组织目标的管理活动，而组织中的各项工作要靠人来完成，各项控制活动也要由人去执行。

（2）管理控制具有整体性　管理控制是组织全体成员的职责，完成计划是组织全体成员的共同责任，参与控制是全体成员的共同任务；而控制的对象是组织的各个方面。

（3）管理控制具有动态性　管理工作中的控制要随着事件的发展而采取相应的对策。

（4）管理控制是提高员工工作能力的重要手段　控制不仅仅是监督，更体现为指导和帮助。管理者可以制订纠正偏差计划，但这种计划要靠员工去实施，只有当员工意识到纠正偏差的必要性并具备纠正能力时，偏差才会真正被纠正。

（二）控制的重要性

无论计划制订得如何周密，由于各种各样的原因，人们在执行计划的活动中总是会或多或少地出现与计划不一致的现象。

1. 环境的变化

如果企业面对的是一个完全静态的市场，每年都以同样的费用取得同样性质和数量的资源，同时又能以同样的价格向同样的客户销售同样的品种和数量的产品，那么不仅控制工作，甚至管理的计划职能都将成为完全多余的东西。事实上，外部的一切每时每刻都在发生着变化，这些变化必然要求企业对原先制订的计划，进而对企业经营的内容作相应的调整。

2. 管理权力的分散

只要企业经营达到一定规模，企业主管就不可能直接地、面对面地组织和指挥全体员工的劳动。时间与精力的限制要求他委托一些助手代理部分管理事务。由于同样的原因，这些助手也会再委托其他人帮助自己工作。为了使助手们有效地完成受托的部分管理事务，高一级的主管必然要授予他们相应的权限。企业分权程度高，控制就越有必要；每个层次的主管都必须定期或非定期地检查直接下属的工作，以保证授予他们的权力得到正确的利用，利用这些权力组织的业务活动符合计划与企业目的的要求。

3. 工作能力的差异

即使企业制订了全面的计划，经营环境在一定时期内也相对稳定，对经营活动的控制也仍然是必要的。这是由于不同组织成员的认识能力和工作能力的差异所造成的。完善计划的实现要求每个部门的工作严格按计划的要求来协调地进行。然而，由于组织成员是在不同的时空进行工作的，他们的认识能力不同，对计划要求的理解可能产生差异；即使每个员工都必须完全正确地理解计划的要求，但由于工作能力的差异，他们的实际工作结果也可能在质量上与计划要求不符。某个环节可能产生的这种偏差现象，会对整个企业活动的进行造成冲击。因此，加强对这些成员的工作控制是非常必要的。

（三）控制的类型

根据控制在管理过程的时间段不同，可以将控制分为事前控制、事中控制和事后控制。

1. 事前控制

事前控制也称为预先控制，是一种在工作开始之前进行的控制。它的特点是能在偏差发生之前就告知管理者，使他们一开始就采取各种预防措施，预防或尽可能地减少偏差的出现，从而把偏差带来的损失降到最低程度。事先控制的目的是在工作开始之前就将问题的隐患排除掉，做到"防患于未然"。

2. 事中控制

事中控制也称为即时控制、过程控制、现场控制、实时控制，是一种在工作进行之中同步进行的控制。其特点是在工作进行中，一旦发生偏差，马上就纠正。事中控制的目的是及时纠正工作中发生的偏差，并立即解决存在的问题确保产品或工作质量。

3. 事后控制

事后控制也可称为反馈控制，是一种在工作结束之后进行的控制，传统的控制方法几乎都属于事后控制。其特点是把注意力集中在工作的结果之上，通过对前一阶段工作的总结，对比标准进行测量、比较、分析和评价，发现存在的问题，并以此作为改进下一次工作的依据。

（四）控制的目标与基本原则

1. 管理控制的目标

（1）限制偏差累积　工作中出现偏差是不可完全避免的，关键是要及时获取偏差信息，采取有效的矫正措施。

（2）适应环境变化　需要构建有效的控制系统帮助管理者预测和确定变化以及对变化，带来的机会和威胁做出反应。

（3）降低成本　降低成本是企业获得竞争优势的主要来源之一，它要求积极建立有效规模生产设施，强化成本控制，减少浪费。

（4）应对组织内部的复杂局面　企业组织内部的复杂局面非常需要授权，因为控制作用的价值依赖于它与计划和授权的关系。

2. 控制的基本原则

（1）重点原则　我们不可能对工作中所有的项目进行控制，而只能针对关键的项目。当项目出现偏差进而影响目标的实现时，才予以控制、纠正，即对工作过程中的关键和重点进行局部和重点控制。

（2）及时性原则　高效率的控制系统，要求能迅速发现问题并及时采取纠偏措施。这就要求及时准确地提供控制所需的信息，避免事过境迁，使控制失去应有的效果。

（3）灵活性原则　我们要努力追求预测的准确性及对实际业绩评价和差异分析的准确性，由于未来的不可预测性，使得不准确性总是存在。为提高控制系统的准确性，就要使控制系统具有一定的灵活性。这种灵活性主要体现在事先应制定多种方案和留有一定的后备力量，并采用多种灵活的控制方式加以运用。

（4）经济性原则　控制是一项需要投入大量人力、财力、物力的活动，往往耗费很大。因此，是否进行控制，控制到什么程度，都涉及费用问题。因此必须考虑控制的经济性，要把控制所需的费用与控制所产生的效果进行经济上的比较，只有有利可图时才实施控制。

（五）控制的基本过程

1. 确定控制标准

（1）确立控制对象　控制的对象一般有组织人员、财务活动、生产作业、信息及组织绩效等。组织活动的成果应该成为控制的重点对象。

（2）选择控制重点　控制原理中一条最为重要的原理——关键点控制原理，强调有效控制要求关注那些关键因素，并以此对业绩进行控制。标准大致有：实物标准、成本标准、资本标准、收益标准、计划标准、无形标准、指标标准以及作为策略控制点的策略计划。

（3）制定标准的方法　常用的制定标准的方法有三种：利用统计方法来确定预期结果；根据经验和判断来估计预期结果；在客观的定量发现的基础上建立工程（工作）标准。

在工业企业中，最常用的定量控制标准有四种：时间标准（如工时、交货期等）、数量标准（如产品数量、废品数量）、质量标准（如产品等级、合格率）和成本标准（如单位产品成本）。组织中所有作业活动都可依据这四种标准进行控制。

2. 衡量实际业绩

控制活动应当跟踪工作进展，及时预示脱离正常或预期成果的信息，及时采取矫正措施。在衡量的过程中应注意以下问题。

（1）通过衡量成绩，检验标准的客观性和有效性　利用预先制定的标准去检查各部门、各阶段和每个人工作的过程，同时也是对标准的客观性和有效性进行检验的过程。

（2）确定适宜的衡量额度　有效的控制要求确定适宜的衡量额度，即衡量频度不仅要体现在控制对象的数量上，而且要体现在对同一标准的测量次数或频度上。适宜的衡量额度取决于被控制活动的性质、控制活动的要求。对那些长期的较高水平的标准，适用于年度控制。而对产量、出勤率等短期、基础性的标准，则需要比较频繁的控制。

（3）建立信息反馈系统　为纠正偏差应该建立有效的信息反馈网络，使反映实际工作情况的信息既能迅速收集上来，又能适时传递给管理人员，并能迅速将纠偏指令下达给相关人员，使之能与预定标准相比较，及时发现问题，并迅速地进行处置。

3. 进行差异分析

通过对实际业绩与控制标准的比较，可确定这两者之间有无差异。若无差异，工作按原计划继续进行。若有差异，首先要了解偏差是否在标准允许的范围之内，在分析偏差原因的基础上进行改进；若差异在允许范围之外，则应深入分析产生偏差的原因。

（1）找出偏差产生的主要原因　有些偏差可能是由于计划本身和执行过程中的问题造成的，而有些偏差则可能是由于偶然的暂时的局部性因素引起的，不一定会对组织活动的最终结果产生重要影响。在采取纠正措施以前，必须对反映偏差的信息进行评估和分析。

管理者必须把精力集中于查清问题的原因上，既要清查内部的因素，也要受外部环境的影响，寻找问题的本质。评估和分析偏差信息时，首先要判别偏差的严重程度，判断其是否会对组织活动的效率和效果产生影响；其次要探寻导致偏差产生的主要原因。

（2）确定纠偏措施的实施对象　在纠偏过程中，需要纠正的不仅可能是企业的实际活动，也可能是指导这些活动的计划或衡量活动的标准。因此，纠偏的对象可能是进行的活动，也可能是衡量的标准，甚至是指导活动的计划。

4. 采取纠偏措施

（1）纠偏工作中采取的主要方法　对于由工作失误而造成的问题，控制工作主要是加强管理、监督，确保工作与目标的接近或吻合；对计划或目标不切合实际，控制工作主要是按实际情况修改计划或目标；若组织的运行环境发生重大变化，使计划失去客观的依据，控制工作主要是重新制订新的计划。

（2）纠偏措施的类型　一种是立即执行的临时性应急措施；另一种是永久性的根治措施。对于那些迅速、直接地影响组织正常活动的急迫问题，多数应立即采取补救措施。危机缓解以后，则可转向永久性的根治措施，并采取根治措施消除偏差产生的根源和隐患。

本 章 小 结

1. 决策是指为实现企业目标，在收集整理大量信息的基础上制定多种备选方案并加以评估，最后选出满意方案的过程。

2. 经营决策的特点有目标性、可行性、选择性、满意性、过程性和动态性。

3. 依照决策的依据不同，决策可分为不同的类型。

4. 决策是一项复杂的活动，为了提高决策的有效性应遵循一定的程序。一般情况下，决策过程有以下四个步骤：识别问题、制定方案、评价方案和实施方案。

5. 企业经营决策的方法有两类：定量决策法和定性决策法。定性决策法是在决策者经验、能力的基础上，对决策方案进行分析、评价和判断的一种方法。定量决策法是根据企业已掌握的数据和变量之间的关系建立数学模型，然后通过计算取得结果并进行判断。

6. 计划就是指企业根据实际情况，通过科学的预测，提出企业在将来一段时间内的行动方案和实现方案的方法。

7. 计划工作的任务就是根据社会需要和企业本身情况，确定企业在一定时期内的目标；通过计划的制订、实施和检查，合理安排和利用企业中各种资源以取得社会效益和经济效益。

8. 计划的性质主要有四个方面，即目的性、首位性、普遍性、经济性。

9. 计划的种类有很多，按照不同的标准进行分类，常见的标准有：按计划时间长短、按计划明确程度、按计划的范围等进行分类。

10. 计划的程序主要有以下几个环节：估量机会；制定目标；确定前提条件；拟定可供选择的方案；评价各种备选方案；选择方案；制订辅助计划。

11. 管理的组织职能工作有设计组织、人员配备、组织变革等。控制工作包括三个步骤：衡量组织成员的工作绩效、发现偏差和采取纠正措施。

复习思考题

1. 什么是计划？计划的特点和任务有哪些？

2. 什么是程序性决策和非程序性决策？区别的标准是什么？

3. 决策的程序有哪些？

4. 计划工作的任务主要有哪些？

5. 计划的程序主要有哪几步？

6. 控制的职能主要有哪些？

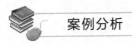 案例分析

耐克公司的决策

如果你是一名认真的长跑者，那么在 20 世纪 60 年代或 70 年代初，你只有一种合适的鞋可供选择：阿迪达斯（Adidas）。阿迪达斯是一家德国的公司，是为竞技运动员生产轻型跑鞋的先驱。在 1976 年的加拿大蒙特利尔奥运会上，田径比赛中有 82％的获奖者穿的是阿迪达斯牌运动鞋。

阿迪达斯的优势在于试验。它使用新的材料和技术来生产更结实和更轻便的鞋。它采用袋鼠皮绷紧鞋边。四钉跑鞋和径赛鞋采用的是尼龙鞋底和可更换鞋钉。高质量、创新性和产品多样化，使阿迪达斯在 20 世纪 70 年代中支配了这一领域的国际竞争。

20 世纪 70 年代，蓬勃兴起的健康运动使阿迪达斯公司感到吃惊。一时间成百万以前不喜欢运动的人们对体育锻炼产生了兴趣。细分市场中成长最快的健康运动是慢跑。据估计，到 1980 年有 2500 万～3000 万美国人加入了慢跑运动，还有 1000 万人是为了休闲而穿跑鞋。尽管如此，为了保护其在竞技市场中的统治地位，阿迪达斯并没有大规模地进入慢跑市场。

20 世纪 70 年代出现了一大批竞争者，如美洲狮（Puma）、布鲁克斯（Brakes）和虎牌（Tiger）。但有一家公司比这几家更富有进取性和创新性，那就是耐克（Nike）。由前俄勒冈大学的一位长跑运动员创办的耐克公司，在 1972 年俄勒冈的尤金举行的奥林匹克选拔赛中首次亮相。穿着新耐克鞋的马拉松运动员获得了第四至第七名，而穿阿迪达斯鞋的参赛者在那次比赛中占据了前三名。

耐克公司的大突破出自 1975 年的"夹心饼干鞋底"方案。耐克鞋底上的橡胶钉比市场上出售的其他鞋更富有弹性。夹心饼干鞋底的流行及旅游鞋市场的快速膨胀，使耐克公司 1976 年的销售额达到 1400 万美元。而在 1972 年仅为 200 万美元，自此耐克公司的销售额飞速上涨。今天，耐克公司的年销售额超过了 35 亿美元，并成为行业的领导者，占有运动鞋市场 26％的份额。

耐克公司的成功源于它强调的两点：①研究和技术改进；②风格式样的多样化。公司有将近 100 名雇员从事研究和开发工作。它的一些研究和开发活动包括人体运动高速摄影分析，对 300 个运动员进行的试穿测验，以及对新的和改进的鞋及材料的不断试验和研究。

在营销中，耐克公司为消费者提供了最大范围的选择。它吸引了各种各样的运动员，并向消费者传递出最完美的旅游鞋制造商形象。在与对手的竞争中，耐克公司推出了更多的创新产品、更多的品种，并且成功地扩展到了其他运动市场。例如，耐克公司的产品已经统治

了篮球和年轻人市场，运动鞋已进入了时装时代。

问题讨论

耐克公司的管理当局制订了什么决策使它最终成功？

实践训练

某厂为生产某种产品列出了两个方案。方案一是建大厂，需要投资300万元，建成后如果产品销路好，每年可获利100万元，如果销路差，每年亏损20万元；方案二是建小厂，需要投资180万元，小厂建成后，如果销路好，每年可获利40万元，如果销路差，每年亏损30万元，若产品销路好再扩建。扩建需要投资100万元，扩建后如果产品销路好则每年获利可增至95万元。方案的使用期为10年。根据市场预测，产品销路好的概率为0.7，销路差的概率为0.3。试用决策树进行决策。

◎ 第五章

企业生产管理

1. 掌握生产管理的任务、内容和目标。
2. 了解生产过程的构成和要求。
3. 掌握合理组织生产过程的内容。
4. 掌握生产计划与控制的有关内容，能够编写生产计划和作业计划。
5. 掌握生产技术管理的有关内容。

导入案例 ▶▶

中国第一汽车集团公司的精益生产

中国第一汽车集团公司（以下简称"一汽"）推行精益生产方式已有20多年的历史，经历了一个不断认识、逐步深化的过程。公司积极培养推行精益生产方式的典型，用典型引路，进一步提高认识、统一思想，使精益生产方式稳定发展。

1. 确定精益生产的目标，重在思想观念上的转变

精益生产方式是彻底消除无效劳动和浪费的思想和技术，是对尽善尽美无止境的追求。其基本内容是：生产管理追求无库存，质量管理追求无缺陷，成本管理追求无浪费；优化生产，优质服务；提高劳动生产率。

生产管理追求无库存，就是大幅度地压缩工序、在制品和成品库存，最大限度地降低资金占用。质量管理追求无缺陷，就是要不断提高质量管理水平。用精益思想研究和实施质量改进和攻关，提高产品的工艺水平。成本管理追求无浪费，就是要狠抓投入产出管理，做到少投入，多产出，优质低耗，降低成本。优化生产，就是全厂每个生产环节都要达到整体优化标准，建立起以车间主任为首，以生产工人为主体，以生产现场为中心的现场"三为"管理机制。实施生产要素一体化管理，强化现场"5S"管理和定置管理，使生产要素达到最佳状态。提高劳动生产率，就是通过采取一系列有效措施最大限度地为企业增加效益。除加强内部管理，提高产量，提高质量，抓好技术改造外、重点是坚持以人为中心，提高人员素质素养，充分发挥人的主观能动性。

2. 由生产管理入手，实现生产过程精益化

一汽推行精益生产方式，首先着重于生产制造过程，实现生产过程的精益化。

（1）努力实现均衡生产

（2）搞好生产作业现场的整体优化　包括调整设备平面布置，合理工艺流程，把一字型生产线改造成U形生产线，大批量轮番生产线改造成多批次、小批量生产线等。生产现场优化是实行看板生产的基础。

（3）组织看板生产　看板生产使在制品储备大量压缩，推行精益生产好的单位比推行精益生产前，在制品储备下降60%～80%。

（4）计算机辅助生产管理　一汽正在进行两项工作：一是在生产处应用计算机进行全部技术文件管理、整车计划管理、零部件计划管理和生产统计、分析管理。这项工作已基本完

成，并准备与销售、供应、协作、财务等部门联网，实现资源信息共享。二是试行计算机对生产过程的作业控制，逐步实现多品种标准化生产，真正提高现代化管理水平。

第一节 生 产 管 理

生产管理是企业管理的重要组成部分，也是企业经营的物质基础和前提。企业生产管理是以生产产品或提供服务的生产过程为对象的计划、组织、领导、控制活动。它通过合理组织生产过程，有效利用生产资源，以期实现企业的生产目标。它要根据企业经营决策确定一定时期内的经营意图，即经营方针、目标、战略、计划的要求以及下达的具体生产任务，组织生产活动，并保证实现企业的各项目标。

一、生产管理的任务

生产是企业最基本的业务活动，也是企业一切活动的基础。生产管理就是对企业中所拥有的各种资源进行有效的计划、组织、领导、控制等一系列活动，以达到企业目标的过程。产品在生产过程中的各个环节和工序要在时间和空间上相互衔接、紧密配合，以保证整个生产过程时间最短、耗费最少，并能按照规定的品种规格、数量、质量、合同履约时间等要求，生产出大量的优质产品，从而提高企业的经济效益。

生产管理的任务主要有以下几个方面。

1. 生产适销对路的产品或提供用户满意的服务

企业的生产必须按照市场需求开展，这是企业生产管理的首要任务。企业产品品种繁多、原料广泛、工艺多样。产品是指新制造的具有一定使用价值的成品或半成品。劳务是指来料加工以及对已有机器设备的修理，恢复它们的功能。产品是由一定的产品要素构成的。产品要素有品种、数量、质量、交货期、成本等。企业生产出什么样的产品或劳务，主要取决于用户和市场的需要。所以，生产满足社会需要的产品或劳务，就成为生产管理的目标。这个目标就是品种对路、质量优良、价格便宜（即成本低廉），数量满足需要，以及交货及时。如果产品不适销对路，必然对企业造成产品积压，资金周转不灵活，甚至导致企业破产。

2. 完成企业计划制定的指标

在企业的经营计划中制定了各项考核指标，如产量、质量、品种、款式、原材料使用率等，这些指标都是考核企业经营效益的标准。全面完成了这些指标，又实现了技术创新，开发出新产品，增强企业在同行业中的竞争力。

3. 综合利用各种资源，提高劳动生产率

在生产管理中，合理组织各项活动，对企业中的各项资源进行有效的配置和合理的利用，调动企业员工工作的积极性，从而提高企业的劳动生产率。

4. 降低生产成本

产品的成本是衡量一个企业生产经营管理水平高低的综合指标。产品数量的多少、质量的高低、原料的利用率等，这些在产品的成本上都能反映出来。

5. 促进企业技术进步

加强设备管理，提高设备的完好率和利用率。不断采用新技术，促进企业技术进步。

二、生产管理的目标

一般来说，企业生产管理的目标是通过在企业生产中的各个活动运用先进的科学技术和管理技术，来提高企业的生产效率，改进企业生产产品的质量，最大限度满足顾客的需求，使企业具有更高的竞争力。具体地说，生产管理的目标一般从两个方面来界定，一是提高顾客满意度，二是提高企业生产率。

（一）提高顾客满意度

企业生产的产品和顾客对企业产品的消费是企业供应链的重要组成部分，企业生产管理的首要目标就是千方百计地满足顾客的需求，通过顾客对企业产品的消费拉动企业的生产。

企业提高顾客的满意度主要从提高企业产品的性价比开始。也就是顾客最希望得到的是品质性能高、价格低的产品。产品的品质性能包括产品高的质量、良好的服务、完善的售后服务以及个性化、特殊化的要求等方面的综合性能。很明显，高性能的产品都需要产品的高成本支持，产品的高品质和低价格是一对矛盾。顾客在满足需求的前提下必须在价格和品质之间进行权衡和折中，而企业在顾及成本、保证赢利的前提下也需要在产品的品质和价格之间进行权衡，并通过科学的生产管理，努力降低产品的生产成本，从而提高产品的性价比。

（二）提高企业生产率

提高企业生产率是企业生产管理所追求的另一个目标。提高企业生产率不仅对企业的影响十分重大，而且对整个社会的发展和进步至关重要。

生产率是指企业投入与产出的比值。也就是说生产率的提高可以通过两种途径，即在相同投入的情况下，增加产出；或者在产出不变的情况下，减少投入。

生产率的提高可以降低生产成本，从而使企业能够通过低价格来吸引更多的顾客和获得更多的利润。企业可以通过以下三种途径来提高生产率。

1. 提高技术生产率

即通过使用高效、先进的机器设备、工艺路线及其他技术来增加产出或减少投入，达到提高生产率的目的。在某一时期，提高技术生产率，企业需要增加投资，这对于经济实力不强的企业很难做到。

2. 提高劳动者的生产率

即要求工人在相同的时间内生产更多的产品。这需要提高员工的操作技能，改善工作流程等活动来提高劳动者的生产率。在提高劳动者的生产率的同时要注意改善管理者和操作工人之间的关系，最大限度地通过激励和鼓舞工人，自觉地提高生产效率。

3. 提高管理生产率

即通过管理人员采用先进的管理技术和理念，比如合理的激励机制的建立来提高企业的管理水平，从而提高企业的生产率。目前我国有许多企业生产率低的真正原因在于管理水平差。对于大多数企业来说，提高生产率的重点应放在管理上，通过改善管理来提高生产率，这不仅不需要增加太多的投资，同时也能得到企业员工的支持。

（三）实现企业生产管理目标必须遵循的原则

1. 按需生产

根据社会的需求来制订生产计划和组织生产，企业要具有较强的应变能力。

2. 经济生产

就是在制订生产计划和组织生产时，要尽可能降低生产消耗，提高经济效益。要改变只追求产量不顾质量，只抓速度不计成本的错误倾向。在制定生产计划方案时，要运用科学方法，如线性规划，量本利分析法，进行多方案论证和比较，对计划指标进行优化。通过采取各种措施，切实地把完成任务同提高经济效益统一起来。

3. 均衡生产

组织均衡生产，是现代化大生产的客观要求。

4. 文明生产

企业应建立合理的生产管理制度和良好的生产秩序，使生产有条不紊地、协调地进行。同时还要注意美化环境，做好环境保护工作，以保障职工的身心健康。这对保证安全生产和产品质量，对企业的精神文明建设都有重要作用。

5. 安全生产

要牢固树立"安全第一"的观点，要加强劳动保护和安全技术措施，严格执行安全操作规程，消除不安全的因素，提高劳动效率和工作质量。

三、生产管理的内容

为实现企业目标任务，生产管理包括一系列工作，这些工作按管理的职能来划分，大体上可分为准备、组织、计划和控制四个方面的内容。

（一）生产准备

1. 工艺技术方面的准备

主要包括通过经济效益的分析，进行工艺方案的选优、编制和修改工艺文件，设计和补充制造工艺装备等。

2. 人力的准备

主要包括适应生产任务变化的需要，充分发挥人才优势，对工种和人员的选择、配备与调整等。

3. 物料、能源的准备

主要包括原材料、燃料、动力、外购件、外协件等，在保证完成生产任务的前提下，力求使总费用最省。

4. 设置完好运转方面的准备

主要包括设备选择的经济评价和计划检修类别的确定等。

企业在进行这些生产准备工作时，要十分重视对经济效益的定性分析和定量计算，力求在保证完成生产任务的前提下，取得最好的经济效益。

（二）生产组织

生产管理所讲的组织，是生产过程组织与劳动过程组织的统一。生产过程组织主要解决产品生产过程各阶段、各环节、各工序在时间上和空间上的协调衔接；劳动过程组织主要解决劳动者之间、劳动者与劳动工具、劳动对象之间的关系。生产过程组织与劳动过程组织是企业生产活动计划工作的基础和依据，两者必须实行动态平衡，既要保持相对的稳定性，又要随着企业经营方针、经营计划的变化而变化。提高生产组织形式和劳动组织形式的应变能力，其主要目的在于提高劳动生产率和经济效益。

（三）生产计划

主要包括产品生产计划和生产作业计划。生产计划主要规定产品品种、产量（产值）、质量等计划，以及保证实现生产计划的技术组织措施计划。生产作业计划是生产计划的具体执行计划，它保证产品生产过程各阶段、各环节、各工序之间在期量上的协调与衔接，使企业实现有节奏的均衡生产。生产计划与生产作业计划的编制与执行，决定着企业能否按质、按量、按品种、按期限地生产出市场需要和消费者满意的产品，影响到企业能否取得良好的经济效益。企业在制订计划时，既要考虑到市场需求和企业内外的生产条件，又要通过综合平衡，做到以最小消耗和成本实现最优的生产方案。

（四）生产控制

是指围绕着完成生产计划任务所进行的各种检查、监督、调整等工作。其作用在于完善生产组织，实现生产计划，提高产品质量，降低生产消耗和生产成本。广义的生产控制是对生产全过程实行全面的控制。从范围看，包括生产组织、生产准备和生产过程的各个方面；从内容看，主要有投产前控制、生产过程控制、产品质量控制、机物料消耗与生产费用等方面的控制、库存和资金占用的控制等。对于市场经济条件下的企业来说，重要的是实行事先控制。做好事先控制的前提是建立和健全各种控制标准，加强信息收集和反馈系统，并根据反馈信息及时采取对策措施。

为了经济有效地进行生产活动，必须明确生产计划和生产控制这两种职能的关系。生产计划是生产控制的依据，生产控制是实现生产计划的手段。如果生产计划不正确，生产控制就会变得复杂化，不仅工作量增加，而且会导致生产秩序混乱、失控等现象的发生，从而影响生产计划按期完成。

四、现代生产管理发展的新趋势

1. 生产管理研究的范围在不断扩大

传统生产管理的研究范围主要局限在制造业，而对服务业的运营管理研究得很不够。随着整个国民经济中第三产业所占的比重越来越大，客观上要求现代生产管理的研究范围在原有制造业的基础上进一步扩展到服务业。又由于制造业的生产管理与服务业的运营管理在管理目标、管理理念、管理思路等方面都有许多共同之处，因此国内、外学者近几年已把制造业的生产管理与服务业的运营管理放在一起研究，并称该学科为生产与运营管理，或者称运营管理。

2. 信息技术已成为生产运作系统控制和生产运作管理的重要手段

随之带来的一系列管理组织结构和管理方法上的变革已成为生产与运作管理学的重要研究内容。

3. 随着市场需求日益多样化、多变化，多品种小批量混合生产方式成为主流

生产方式的这种转变使得在大量生产系统的"硬件"（柔性生产设备）和"软件"（计划与控制系统、工作组织方式和人的技能多样化）两个方面去探讨新的方法。

4. 全球经济一体化趋势的加剧

"全球生产与运作"成为现代企业的一个重要课题，全球生产运作管理也越来越成为生产与运作管理学中的一个新热点。

5. 提高管理的集成度，实现生产经营一体化

随着各国、各个行业、各个企业之间的竞争愈演愈烈，提高管理的集成度，实现生产经营一体化已成为企业的迫切要求，也成为生产与运作管理学的重要研究课题。从 20 世纪 70 年代的 MRP 与 MRP II 系统，到 20 世纪 80 年代的 JIT 生产方式，直至 20 世纪 90 年代所出现的精益生产方式、敏捷制造、企业再造等，都是对新型生产经营模式的探讨。

第二节 生产过程管理

一、生产过程的构成

（一）生产过程的概念

生产过程是指从劳动对象进入生产领域到制成成品的全过程。包括所需原材料的储备阶段；劳动者将劳动资料作用于劳动对象，经过包括化学反应在内的加工工序，使其按规定要求变成产品的劳动过程。

企业的生产过程，一方面是原材料、燃料、动力、劳动力等生产要素的不断输入；另一方面是工业产品和工业性作业的不断输出。输出的产品，有些是能够立即消费的最终产品（如服装、电视机等）；有些是需要继续加工制造的中间产品（如钢材、棉纱等）；随着专业协作水平的提高，有些输出的产品则是组成别的产品的零件、部件或毛坯。后两种产品就一个企业来说，其生产过程只是社会产品总生产过程的一部分，整个产品的生产过程需要通过许多企业的生产过程才能实现。

生产过程基本上是劳动过程，即劳动者运用生产设备和其他劳动工具，对劳动对象进行加工，并按预定要求，改变其物理、化学特征，使之成为产品的过程。如化工生产过程中的投料、升温、搅拌等都属于劳动过程。同时，生产过程也包括不同程度的自然过程。自然过程是按预定的要求，不消耗劳动，借助自然力的作用，使劳动对象发生物理或化学变化的过程，如冷却、干燥、发酵等。因此生产过程是劳动过程和自然过程的结合。

由于产品生产的形式不同，生产过程一般可以分为两类：一类是流程式，即原料经过一定的加工步骤，最后形成产品的生产过程；另一类是装配式，即分别加工不同的原料成为零件、部件，最后组装成产成品的生产过程。

（二）生产过程的构成

一般大型企业的生产过程是由生产技术准备过程、基本生产过程、辅助生产过程、生产服务过程所组成。由于专业化协作水平和技术条件以及企业生产的性质和特点不同，生产过程的这些组成部分在不同企业中有着很大差别，而且随着生产的发展也会发生变化。

1. 生产技术准备过程

生产技术准备过程是指产品在投入生产以前，所进行的各种技术准备工作过程。具体内容包括产品设计、工艺设计、包装设计和制造，标准化工作，物资定额和工资定额的修订，设备的布置与调整，劳动组织的改善以及新产品的试制与鉴定等工作。

2. 基本生产过程

基本生产过程是指直接把劳动对象变为企业基本产品的过程，它是企业的主要生产活动。包括对原料进行加工的所有生产环节，是企业生产过程最主要的组成部分，也是人、财、物主要消耗的场所，它还直接影响产品产量、质量、品种、成本、交货期等。基本生产过程中的工艺过程可以划分为相互联系的生产阶段，每个生产阶段又按劳动分工和使用的设备，划分为不同的工种与工序。工序是指一个或一组工人在一个工作地对一个或几个劳动对象连续进行加工的过程，按作用可以分为工艺工序、检验工序、运输工序等。

3. 辅助生产过程

辅助生产过程是指为保证基本生产过程的实现，而从事的辅助产品的生产过程。辅助产品不以销售为目的，不构成基本产品实体，仅为实现基本产品的生产而必须制造的自用产品。包括为保证基本生产过程的正常运行所必需的各种生产辅助环节。如供水、供热、供电等过程，提供包装和设备维修等。

4. 生产服务过程

生产服务过程是指为基本生产过程和辅助生产过程所进行的各种生产服务活动。如搬运、存储、化验、防腐、保温等。

上述生产过程的四个方面都是不可缺少的，各有特殊功能和任务。企业的生产管理是否取得成效，很大程度上取决于生产过程的整体配套性和协调性。

二、合理组织生产过程的要求

合理组织生产过程的目的是要对生产过程的各工艺阶段进行合理安排，使产品的生产流程最短、时间最少、消耗最小、质量最好、效益最高，为此生产过程组织必须符合以下要求。

1. 生产过程的连续性

连续性是指产品在生产过程各阶段、各工序之间的流动，在时间上是紧密衔接的、连续不断的。也就是说，产品在生产过程中始终处于运动状态，不是在进行加工、装配、检验，就是处于运输或自然过程中，没有或很少有不必要的停顿和等待时间。保持和提高生产过程的连续性，可以缩短产品的生产周期，减少在制品的数量，加速流动资金的周转；可以更好地利用物资、设备和生产面积，减少产品在停放等待时可能发生的损失；有利于改善产品的质量，生产过程的连续性同工厂布置、生产技术水平有关。工厂布置合理，或采用先进的科学技术，提高机械化、自动化水平，就比较容易实现生产过程的连续性。在一定的生产技术水平条件下，生产过程的连续性还同生产管理工作的水平有关。生产管理好，如采用先进的生产组织形式，合理地安排工序，提前做好生产技术准备工作等，就能提高生产过程的连续性。

2. 生产过程的平行性

平行性是指生产过程的各项活动、各工序在时间上实行平行作业。平行性是生产过程连续性的必然要求，只有将可以平行进行的生产活动组织平行交错作业，才能真正达到连续性的要求。生产过程的平行性可以大大缩短产品的生产周期，在同一时间内提供更多的产品。

3. 生产过程的比例性

它是指生产过程的各阶段、各工序之间在生产能力上保持一定的比例关系，以保证生产能顺畅进行。生产过程的比例性还表现在各工序生产能力在时间、空间上的比例性，在组织生产过程中还有原材料搭配比例、设备能力比例、人员分工比例、供产销平衡比例等。这些比例在工序设计时都应经过严格核算，进行综合平衡，列入相应的技术文件，并要严格执行，才能达到优质、高产、低耗、安全的生产效果。当然这种比例性是相对的，随着科技进步，工艺改进、新产品开发和管理水平的提高，原有的比例关系会不断被新的比例关系所替代。

4. 生产过程的节奏性

它又称均衡性，是指产品在投入生产到最后完成，都能按计划要求在一定的时间内，完成相等的产品数量，使人员和设备保持均匀负荷，使生产能力得到充分的发挥。各生产环节没有忙闲不均或时紧时松现象，达到动态均衡。在动态前提下，有节奏地保持正常生产秩序，以最适宜的生产速度生产出最优产品，按最适宜的时间交货，取得最大经济效益。任何突击式的管理，拼设备、拼体力都是管理不科学的表现。

5. 生产过程的适应性

生产过程必须考虑使生产工艺、设备、产品有相对的稳定性，这在较短时间内来说是完全正确的。但从长远看，由于科技进步、社会经济发展、市场竞争加剧、消费水平和消费结构的变化加快，这就要求企业在生产过程中保持必要的适应性。适应性是指生产过程适应市场多变的特点，能灵活进行多品种、小批量生产，以不断满足市场需求的适应能力。为了提高企业的适应能力，企业必须树立市场观念和竞争观念，不断采用先进合理的生产组织方法，把生产与消费、企业与市场紧密联系起来，使企业具有持久强大的竞争力。

6. 生产过程的经济性

经济性是指在生产过程中，以最少的物化劳动和活劳动的消耗以及资金的占用，获得尽可能多的符合市场需要的生产成果。为了实现生产过程的经济性，必须保证实现上述科学组织生产过程的五项要求，必须全面加强管理。

以上这些要求是相互联系、相互制约的。为了保证生产过程的节奏性，要求生产过程达到连续性，而生产过程的连续性要求组织好生产过程的比例性，为了使企业产品在激烈的市场竞争中更有势力，必须提高企业生产过程的适应性。

三、生产过程的组织

产品的生产过程是在一定的空间和时间，按一定的组织形式进行的。

（一）生产过程的时间组织

生产过程的时间组织就是要求劳动对象在车间之间、工作地之间的移动，在时间上紧密衔接，以保证生产的连续性和节奏性，达到缩短生产周期、提高效率的目的。

生产过程时间组织的目标，就是要节约时间，尽量缩短产品的生产周期。缩短生产周期有利于减少在制品的数量，降低流动资金的占用，提高企业的生产能力，提前交货日期，增加企业竞争力。缩短生产周期应以提高经济效益为前提，以技术创新和科学管理为手段，使缩短生产周期不增加或少增加生产费用。

劳动对象在工序之间的移动方式，是指零件从一个工作地到下一个工作地之间的运送形式，劳动对象在工序之间的移动形式与制造产品的数量有关。如果某种产品只生产一件，那么就只能在上一道工序加工完成之后，再把产品送到下一个工作地去进行下一道工序加工。如果是加工一批相同的零件，那么就可以采用三种不同的移动方式。

1. 顺序移动方式

这是指一批零件或产品，在上一道工序全部加工完成之后，才整批地转移到下道工序继续进行加工的移动方式。零件在工序之间整批运输。采用顺序移动方式的优点是：组织与计划工作简单；零件集中加工、集中运输，减少了设备调整时间和运输工作量；设备连续加工不停顿，提高了工效。其缺点是：大多数产品有等待加工和等待运输的现象，生产周期长，资金周转慢，经济效益较差。这种方式适宜产品批量不大、工序单件作业时间较短的情况下采用。

2. 平行移动方式

这是指在一批工件中，每一个工件在上一道工序加工完毕后，立即转移到后道工序继续加工，工件在各道工序间逐个运送，停歇时间短，因而整批工件生产周期最短。但是，工件运输工作频繁，当前、后两道工序的单件加工时间不相等时，会出现等待加工或停歇现象，设备空闲时间多而零碎，不便于充分利用。

3. 平行顺序移动方式

这是将上述两种移动方式结合起来，综合两者优点的形式。这种方式的工件在工序间的移动分两种情况：一是当前道工序的单件作业时间大于后道工序的单件作业时间时，则前道工序完工的工件，并不立即转移到后道工序，而是积存到一定的数量，足以保证后道工序能连续加工，才将完工工件转换到后道工序去。这样可以避免后道工序出现间断性的设备停歇时间。二是当前道工序的单件作业时间比后道工序的单件作业时间短或相当时，则前道工序上完工的每一个工件应立即转移到后道工序去加工，即按平行移动方式转移。

上述三种移动方式，是工序衔接的基本形式。实际生产情况要复杂得多。从生产周期看，平行移动方式最短，平行顺序移动方式次之，顺序移动方式最长。但在选择移动方式时，不仅要考虑生产周期，还要结合生产特点，考虑生产类型、批量大小、生产任务缓急、生产单位专业化形式及零件尺寸、重量、设备调整难易等因素。

一般来说，为了缩短产品生产周期，提高效率，经常采取的措施主要如下。

① 进行技术革新，提高自动化控制水平，强化工艺条件，以缩短工艺时间，如将自然冷却过程改为强制冷却过程并实行自动控制。

② 改善工艺流程和设备布局，缩短非工艺时间。

③ 增加平行、交叉作业时间。

④ 改进检验、分析方法，做到自动检测和不停工检测。

（二）生产过程的空间组织

生产过程的空间组织，就是指研究企业内部各生产阶段和各生产单位的设置和运输路线的布局问题，即厂房、车间和设备的布局问题，包括工厂总平面布置和车间布置。

工业企业的生产过程是在一定的空间内，通过许多相互联系的生产单位来实现的。所以，必须进行总体规划和工厂设计，配置一定的空间场所，建立相应的生产单位（车间、工段、班组）和其他设施（仓库、运输路线、管道和办公室等），并在各个生产单位配备相应工种的工人和机器设备，采用一定的生产专业化形式。为了经济有效地完成企业的生产任务，各个生产单位和其他设施，应当在空间上形成一个有机的、既相互分工又相互联系的整体。而且，各个生产单位的内部设施、机器设备和运输装置具有合理的平面布置和立体布置，所有这些工作就是生产过程的空间组织。企业常用的生产过程空间组织有两种基本形式。

1. 工艺专业化

工艺专业化也叫工艺原则，就是按照生产工艺的特点来设置生产单位。

（1）工艺专业化的优点　产品的制造顺序有一定的弹性，比较灵活，能较好地适应产品品种变化的要求；有利于提高设备的利用率，个别设备一旦出现故障或进行维修，对整个生产进程的影响较小；工人固定操作某一种设备，有利于提高其专业技能。

（2）工艺专业化的缺点　产品在加工过程中的运输路线较长，运送原材料、半成品的工作量较大；产品在加工过程中停放、等待的时间增多，延长了生产周期，增加了在制品，占用了资金；各生产单位之间的协作、往来频繁，使生产作业计划管理、在制品管理以及产品的成套性工作比较复杂。

2. 对象专业化

对象专业化也叫对象原则，就是以产品（或零件、部件）为对象来设置生产单位。在对象专业化的生产单位内，集中为了制造某种产品所需的不同类型的生产设备和不同工种的工人，对其所负责的产品进行不同工艺方法的加工。每一个生产单位基本上能独立完成该种产品的全部或大部分工艺过程。由于工艺过程是封闭的，所以也叫封闭生产单位。

（1）对象专业化的优点　大大缩短产品在加工过程中的运输距离；缩短生产周期，减少加工过程中的在制品库存，节约资金占用；便于采用先进的生产组织形式；简化生产作业计划和生产控制工作；有利于强化质量责任和成本责任。

（2）采用对象专业化组织生产单位的缺点　由于同样的工艺、设备、技术、技术工人分散在不同的生产单位，所以不利于技术开发。对象专业化程度越高，产品的调整和转化就越困难，生产单位内部协调工作量大。

由于工艺专业化和对象专业化两种形式各有优缺点，因此企业可以结合本单位的具体情况，灵活地将两种形式混合运用。即在一个企业中有些车间、班组采用对象专业化形式，另一些车间、班组采用工艺专业化形式。

（三）生产过程的组织形式

在企业中，任何生产过程的组织形式都是生产过程的空间组织与时间组织的结合。企业必须根据其生产目的和条件，将生产过程空间组织与时间组织有机地结合，采用适合自己生产特点的生产组织形式。下面介绍几种效率较高的生产组织形式。

1. 流水线和自动化流水线

（1）流水线　流水线又称为流水作业。是指劳动对象按照一定的工艺过程，顺序地、一件接一件地通过各个工作地，并按照统一的生产速度和路线，完成工序作业的生产过程组织形式。它将对象专业化的空间组织方式和平行移动的时间组织方式有机结合，是一种先进的生产组织形式。

流水线具有专业性、连续性、节奏性、封闭性、比例性等特点。

（2）自动化流水线　自动化流水线是流水线的高级形式。它依靠自动化机械体系实现产品的加工过程，是一种高度连续的、完全自动化的生产组织。同一般流水线相比，自动流水线减少了工人需要量，消除了繁重的体力劳动，生产效率更高，产品质量更容易保证。但投资较大，维修和管理要求较高。

2．成组技术与成组加工单元

（1）成组技术　成组技术（Group Technology，简称GT），是组织多品种、中小批量生产的一种科学方法。成组技术应用范围已扩展到整个生产、技术系统，从零件分类编码开始，到成组零件设计、成组工艺设计、成组工装设计、成组单元设计和生产，以及成组作业计划等，而且这些环节形成一个相互联系、相互制约的有机整体，称做成组技术系统。

成组技术的基本思想是：用大批量的生产技术和专业化的方法组织多品种生产，提高多品种下批量的生产效率。成组技术以零部件的相似性（主要指零件的材质结构、工艺等方面）和零件类型分布的稳定性、规律性为基础，对其进行分类、归并成组并组织生产。

（2）成组加工单元　成组加工单元，就是使用成组技术，以"组"为对象，按照对象专业化布局方式，在一个生产单元内配备不同类型的加工设备，完成一组或几组零件的全部工艺的组织。采用成组加工单元，加工顺序可在组内灵活安排，多品种小批量生产可获得接近于大量流水生产的效率和效益。

3．柔性制造单元

柔性制造单元，即以数控机床或数控加工中心为主体，依靠有效的成组作业计划，利用机器人和自动运输小车实现工件和刀具的传递、装卸及加工过程的全部自动化和一体化的生产组织。它是成组加工系统实现加工合理化的高级形式。它具有机床利用率高、加工制造与研制周期缩短、在制品及零件库存量低的优点。柔性制造单元与自动化立体仓库、自动装卸站、自动牵引车等结合，由中央计算机控制进行自动加工，就形成柔性制造系统。柔性制造单元与计算机辅助设计等功能的结合，则成为计算机一体化制造系统。

4．并行工程

（1）概念　并行工程（Concurrent Engineering，简称CE）也称同步工程，是相对于传统的"串行工程"而言的。它是指产品的设计和制造及其相关过程的多项任务交叉进行，在设计阶段同步地实现设计与产品生产周期有关的过程，要求产品开发者在设计阶段就考虑到包括设计、工艺、制造、装配、检验、维护、可靠性、成本、质量等在内的产品生命周期的所有因素。

（2）并行工程的功能　缩短产品开发与投入市场的时间；提高产品质量；降低成本；确保用户满意。

（3）企业内实施并行工程的步骤　首先把工作过程分为不同的阶段；当多个阶段的工作所需的资源不可共享时，可采用并行工程方法；前后两阶段工作中插入中间协调，并用中间结果做出验证，验证结果与假定的背离情况是后阶段工作调整的依据。

5．敏捷制造

敏捷制造（Agile Manufacturing，简称 AM），其指导思想是"灵活性"。优势在于：通过提高灵活性，增强企业的应变能力和竞争力。敏捷制造的指导思想是"灵活性"，通过提高灵活性，增强企业的应变能力和竞争能力。

敏捷制造采用柔性化、模块化的产品设计方法和可以重视的工艺设备，使产品的功能和性能可根据用户的具体需要进行改变，并借助仿真技术让顾客很方便地参与设计，从而很快地生产出满足用户需要的产品。

敏捷制造的功能有：

① 借助信息技术，把企业内部与外部供应商、客户有机地联为整体，快速响应市场需求，迅速设计和制造全新的产品。

② 不断改进老产品，用以满足顾客不断提高的要求，延长产品寿命。

③ 采用先进制造技术和高度柔性化设备，做到完全按订单生产，着眼于获得长期经济效益。

④ 改变金字塔式的多级管理，采用多变的动态组织结构，组织虚拟公司。

⑤ 最大限度地调动和发挥人的主动性、创造性，把它作为强有力的竞争武器。

6. 精益生产

精益生产（Lean Production，简称 LP），是适用于现代制造企业的组织管理方法。精益生产方式追求的目标是彻底清除无效的劳动和浪费。为了消除这种无效的劳动和浪费，应毫不留情地去掉不直接为产品增值的环节和工作岗位。

精益生产方式并不追求制造设备的高度自动化和现代化，而强调对现有设备的发行和根据实际需要采用先进技术，按此原则来提高设备的效率和柔性。精益生产以"尽善尽美"作为努力追求的目标，即持续不断地降低库存、消除废品、降低成本和使产品品种多样化。上述以简化为手段、发挥人的作用等措施，都是达到尽善尽美理想状况的人员和组织管理的保证。尽善尽美是无止境的，它要求企业树立永不满足、持之以恒的观念。

精益生产的特征有：

① 以销售部门作为企业生产过程的起点。

② 产品开发采用并行工程的方法。

③ 按销售合同组织多品种小批量生产。

④ 生产过程变为上道工序推动下道工序和下道工序要求拉动上道工序。

⑤ 以人为中心的管理模式。

⑥ 追求无废品、零库存等。

⑦ 消除一切影响工作的"松弛点"，最佳的环境、条件和工作态度。

⑧ 适应市场多元化的要求。

案例 5-1 ▶▶ ··

精 益 生 产

精益生产是美国麻省理工学院于 1990 年提出的生产制造模式，而这种生产模式早在 20 世纪 50 年代就已应用于日本丰田汽车公司的制造车间，并成功地沿用至今。"精"即少而精，不投入多余的生产要素，只是在适当的时间生产必要数量的市场急需的产品（或下一道工序急需的产品）；"益"即所有经营活动都要有益有效，且有经济性。精益生产的基本目标是消除生产过程中的一切浪费，提高效率，降低成本。精益生产把只增加成本、不创造价值的一切要素和活动定义为浪费。精益生产采取有效的措施从消除超过最低需要量的人、设备和原材料库存开始，逐步消灭浪费。追求的目标是废品量最低（零废品）、库存量最低（零库存）、更换作业时间最短（时间为零）、搬运量最低、生产提前期最短和批量最小。精益生产的最终目标是增强企业的竞争力，提高赢利水平。这种生产模式的巨大潜力被丰田汽车公司不断取得的成功所证实。目前，在我国三资企业和跨国企业中得到广泛采用，最为典型的是上海通用汽车有限公司、上海大众汽车有限公司等。

启示：精益生产是日本丰田汽车公司在对美国福特汽车公司进行考察后结合本国的国情提出的一种新型生产方式。精益生产是针对传统的"大规模生产"而言的。它打破了传统的生产制造模式，大大地缩短了生产与市场的距离，降低了成本，提高了效益。它在世界范围内广泛采用优化世界企业生产。

7. JIT 生产现场控制技术——看板管理

看板管理是一种生产现场的管理方法，将传统的送料制改为取料制，以看板"作为取货指令"、运输指令、生产指令进行生产现场控制。从生产的最后一道工序（总装配）起，按相反的工艺顺序向前推进，直到原材料准备部门，都要按看板的要求取货、运送和生产。

传统的生产管理属于推动式生产管理方式。每道工序按计划组织生产，并将加工完的零部件送到后道工序，不管当时后续工序是否需要。

看板管理是拉动式的生产管理。拉动式生产管理方式是把生产计划下到最后一道工序，从总装配开始，每道工序只在它需要的情况，才通过看板向前道工序发出生产指令，生产现场的工人不见看板不搬运，不见看板不生产。

总之，上述技术的出现改变了单件小批生产的生产过程组织形式和物流方式，使之获得了接近于大量流水生产的技术经济效益，符合市场需求多样化、小批量和定制方向的趋势，代表了现代制造技术的发展方向。

第三节　生产计划与控制

生产计划与控制是生产系统运行的重要组成部分，其任务是把事先确定的生产目标和任务通过生产计划的方式进行全面安排，根据计划对生产过程进行动态控制，保证生产系统有效产出。

一、企业生产计划体系

（一）生产计划的要素结构体系

任何一项生产活动，都是生产单位花费时间作用于生产对象的活动过程，而生产计划则是对这个活动过程的事先安排。所以，生产单位、生产时间、生产对象三要素决定了生产计划是一个三维结构体系。通过生产计划全面安排生产活动就是把生产任务逐步分解细化，由产品到零部件再到具体工艺、操作；按生产单位逐步分解落实，由厂级到车间工段再分派到小组与工人；按时间进行分解落实，由年度到季、月、旬，到每天甚至每小时、每分钟的工作内容。其核心是生产任务的分解以及生产任务在生产能力和时间方面的平衡。

（二）生产计划的层次结构体系

实际工作中，一般按时间长短构建生产计划的层次结构体系。把生产计划分为长期生产计划、中期生产计划、短期生产作业计划。长期生产计划着眼于企业产品发展方向，扩大生产规模，提高技术水平，增强生产能力，确立竞争优势；中期生产计划是在正确预测市场需求的基础上，充分利用现有资源和生产能力，有效地安排并组织生产活动，在产品品种、产量、质量、产值诸方面达到生产目标，尽可能满足市场需求，最大限度地获取利润；短期生产作业计划安排日常生产活动的每一个细节，使之在时间上紧密衔接，在空间上密切配合，按交货期出产产品。

长期生产计划、中期生产计划、短期生产作业计划分别具有不同的特点（见表5-1）。

表5-1　三种生产计划的特点

计划名称标志	长期生产计划	中期生产计划	短期生产作业计划
计划期	长（5年以上）	中（一般为1年）	短（月、旬、周、日等）
计划的时间单位	粗（年）	中（季、月）	细（工作日、轮班、小时、分钟）
空间范围	企业	分厂、车间	车间、工段、小组工作地
计划单位	产品大类	具体品种	零部件、工序
详细程度	粗略、高度综合	一般、综合	详细、具体
确定性	不确定、动态易变	基本确定、变化不大	确定、不变
管理层次	企业高层领导	中层（部门）领导	基层（执行部门）领导
活动特点	获取新资源	合理利用资源	处理日常活动

企业生产计划体系中，中期生产计划居于核心地位，是开展生产活动的依据。中期生产计划一般称为年度生产计划或生产大纲，计划期通常为一年，它具体规定了企业计划期（年度）内应该生产的产品品种、质量、产量、产值和出产期限以及生产能力的利用程度等。

（三）生产计划内容结构体系

从生产计划的内容结构上看，计划的期限越短，内容越具体。

1. 总生产计划

总生产计划，是生产活动的前期工作，计划期一般为一年，内容包括对计划期的生产总目标、总产量和生产进度的决定。

2. 主生产计划

主生产计划，是以最终产品和项目为对象，规定生产的进度和完工时间，规定每个生产单位的任务和投入产出进度等。一般计划期为季度或月度。

3. 物料需求计划

物料需求计划是将主生产计划中的最终产品和项目进行分解，确定产品各级零部件的制造和采购数量、时间及完成时间。

4. 生产作业计划

对于制造企业，是具体规定每种零件的投入时间和完成时间，以及每台设备上零件的加工顺序。服务业则是确定每日的劳动服务安排。

二、生产计划与生产作业计划

（一）生产计划

1. 生产计划的概念

生产计划是企业在计划期内应完成的产品生产任务和进度的计划。它具体规定企业在计划期（年、季、月）内应当完成的产品品种、质量、产量、出产期限等一系列生产指标。它不仅规定了企业内部各车间的生产任务和生产进度，还规定了企业之间和生产协作任务。生产计划的主要任务是充分挖掘企业内部资源，合理利用企业资源，不断生产出国内外市场适销的商品，以提高企业经济效益。

2. 生产计划的指标

企业生产计划的中心内容是确定生产指标。生产计划的主要指标包括：产品品种、产品质量、产品产量等。这些指标的经济内容各不相同，从不同角度反映企业计划期内的生产成果、生产技术水平和经营管理水平。它们相互联系，形成体系，反映生产计划的内容。

（1）产品品种指标　产品品种指标包含两方面的内容：一是企业在计划期内生产的产品名称、规格等值的规定性；二是企业在计划期内生产的不同品种、规格产品的数量。品种指标能够在一定程度上反映企业适应市场的能力。一般来说，品种越多，越能满足不同的需求。但是，过多的品种会分散企业生产能力，难以形成规模优势。因此，企业应综合考虑，合理确定产品品种，加快产品的更新换代，努力开发新产品。品种的表现形式随企业产品而不同，如汽车制造厂有不同型号的汽车，钢铁厂有不同牌号的钢材，棉纺厂有不同支数的棉纱等。品种指标既反映着企业在品种方面满足市场需要的程度，又反映着企业技术水平和管理水平的高低。

（2）产品质量指标　是指企业在计划期内生产的产品应该达到的质量标准。这包括内在质量与外在质量两个方面。内在质量，是指产品的性能、使用寿命、工作精度、安全性、可靠性和可维修性等因素；外在质量，是指产品的颜色、式样、包装等因素。在我国，产品的质量标准分为国家标准、专业标准和企业标准三个层次。产品的质量标准是衡量一个企业的产品满足社会需要程度的重要标志，是企业赢得市场竞争的关键因素。

（3）产量指标　产量指标规定了企业在计划期内出产的合格产品的数量，以实物单位计量。产品产量既包括企业生产可供销售的成品、半成品以及工业性劳务数量，也包括供本企业基本建设、大修理和非生产部门的需要量。产量指标一方面反映企业在一定时期内向市场提供使用价值的实物数量和企业生产发展水平；另一方面又是企业进行产销平衡、物资平衡、计算和分析实物劳动生产率、原材料消耗、成本和利润的基础，也是安排生产作业计划、组织日常生产活动的依据。

3. 生产能力

工业企业的生产能力是指企业固定资产在一定时间内（通常为一年）和一定技术组织条件下，经过综合平衡以后，所能生产一定种类产品的最大数量。它是制订企业生产计划的一个重要依据。

企业的生产能力，在一定时期内是相对稳定的。但是，随着生产的发展和技术组织条件的变化，生产能力也会发生相应的变化。根据核定生产能力时所依据的条件不同，以及生产能力的用途不同，企业的生产能力可分为以下三种。

（1）设计能力　是指企业设计任务书和技术设计文件中所规定的生产能力，是生产性固定资产最充分利用工作时间和最完善的技术组织条件下应该达到的最高生产能力。企业建成后，投产初期可能达不到设计能力，经过一段时间熟悉和掌握生产技术后，才能达到或超过设计能力水平。

（2）查定能力　是指企业在没有设计能力的数据或原设计能力数据不能正确反映企业生产能力水平时，重新调查核定并经主管部门批准的生产能力。查定生产能力时，要以企业现有固定资产等条件作为依据，并要结合企业所采取的各种技术组织措施或进行技术改造后所取得的效果来确定。

（3）计划能力　又称现有能力。是指企业在计划年度内实际能够达到的生产能力。它是根据企业现有的生产条件，并考虑到计划年度内能够实现的各种技术组织措施效果来确定的。

设计或查定生产能力同计划生产能力，在水平上是存在差异的，它们各有不同的用途。设计生产能力和查定生产能力可以为确定企业生产规模、编制企业长远规划、安排企业基建和技术改造工作的依据；计划生产能力则是企业编制年度计划，确定生产计划指标的依据。

影响生产能力的因素包括：固定资产的数量、固定资产的工作时间、固定资产的生产效率。其中，固定资产的生产效率是确定生产能力的最重要因素。

生产能力的核定要自下而上进行，由基层中的主要关键设备开始，围绕着关键设备、设备能力的配套性逐级进行。经过的程序是：设备→工作地→班组→工段→车间→企业。在平衡过程中，一般是分工种以"设备组"为单位进行，先确定设备组的能力，然后在设备组之间进行搭配，从而得到工段、车间的综合生产能力，进而再进行全厂能力平衡。平衡时掌握的原则是：以主导车间制约各基本车间，以基本车间制约各辅助车间。

4. 生产计划的编制

编制生产计划就是在市场调查、预测和决策的基础上，在充分利用企业各方面资源的前提下，经过反复测算和综合平衡后，确定生产计划指标和生产计划大纲。编制生产计划要根据企业的生产能力，合理安排企业年度生产品种、质量、产量、产值和生产进度等指标。编制的生产计划要与企业经营计划的其他各项专业计划协调平衡，即与销售计划、财务计划、物资供应计划、成本计划、辅助生产计划等计划协调平衡，同时生产计划的实施要有企业技术改造计划、技术组织措施计划的支持和保证。

生产计划的编制程序如下。

（1）调查研究，收集信息　通过企业内外的调查研究，了解市场对产品的需求情况，市场的竞争状况，企业的中长期发展计划，劳动力现状，设备运转情况，生产能力，生产所需资源的供应情况等。

（2）拟定生产计划指标方案，进行方案优化　经过调查研究，掌握了制订计划的必要资料后，就可以初步拟定生产指标方案。在拟定生产指标的过程中，要综合考虑各种因素，既要着眼于市场需求，又要有生产能力作保证。同时，还要运用现代的管理方法和运算工具，对各方案进行优化。

（3）综合平衡　确定生产计划指标把初步提出的生产计划指标同各方面的条件相平衡，使生产任务得以落实。综合平衡工作包括：生产任务同生产能力的平衡、各项计划指标之间的平衡、生产任务同物资供应之间的平衡等。通过测算，能实现上述平衡，生产计划指标就可以确定下来。

（二）生产作业计划

生产作业计划是生产计划的具体执行计划，是企业组织日常生产活动的依据，是年度生产计划的延续和具体化，是为实施生产计划、组织企业日常生产活动而编制的执行性计划。

1. 生产作业计划的内容和作用

生产作业计划工作包括制定期量标准、生产作业准备的督促与检查、生产调度、在制品管理、生产作业统计与分析、生产作业计划执行情况的考核等。

生产作业计划从空间、时间、劳动对象三个角度把生产计划细分化、具体化落实到科室、车间、工段、班组及机台，从时间上把全年的任务细分到每月、每周直到每天、每班，把劳动对象细分后落实到部件、零件、工序，从而明确在具体的机台、具体的时间完成具体的任务，通过生产作业计划使企业各部门、各环节之间达到互相配合，紧密衔接。

生产作业计划有以下几个方面的作用：它是组织均衡生产，全面完成生产计划及订立合同规定的生产任务的主要手段；它是提高企业经济效益的重要手段；它是保证产销结合，使产品适销对路的重要手段。

2. 生产作业计划的期量标准

期量标准又称作业计划标准，是指对加工对象在生产过程中的移动所规定的时间和数量标准。期量标准是生产作业计划的基础，是组织均衡生产的有效工具，正确制定期量标准，对于编制好作业计划，提高生产管理水平有着极其重要的作用。不同类型的企业，不同的生产过程组织形式，所采用的期量标准不同，现介绍几种主要的期量标准。

（1）批量和生产间隔期　批量是指一次投入（或产出）的同种产品（或零件）的数量，即花费一次准备和结束时间生产相同制品的数量。生产间隔期是指相邻两批同种产品（或零件）投入（或产出）的时间间隔，通常采用日、周、旬、月、季等。二者关系为

$$批量＝生产间隔期×平均日产量$$

式中，平均日产量＝计划期产量/计划期工作日数

（2）生产周期　产品的生产周期，是指产品从原材料投入生产开始一直到成品出产为止的全部日历时间（或工作日数）。产品的生产周期由各个零部件的生产周期组成，一般先根据生产流程确定零部件在各工艺阶段上的生产周期，然后汇总确定产品的生产周期。

（3）生产提前期　生产提前期是指制品在各工艺阶段投入或出产的日期比成品出产日期提前的时间。它是以成品出产日期为起点，按反工艺顺序计算出各工艺阶段的出产提前期和投入提前期。在前后车间生产批量相等的情况下，提前期的计算公式为

$$某车间投入提前期＝该车间出产提前期＋该车间生产周期$$

$$某车间出产提前期＝后车间投入提前期＋保险期$$

（4）在制品定额　在制品是指从原料投入到成品入库为止，处于生产过程中所有尚未完工的毛坯、零件、部件和产品的总称。一定数量的在制品是保证生产连续不断进行的必要条

件。但在制品过多，又会使工作场所拥挤，流动资金占用过多，保管费用增加，因此必须确保生产衔接所必需的最低限度的在制品储备。这个储备量标准就叫做在制品定额。

3. 生产作业计划的编制

生产作业计划的编制，就是将企业年、季度生产计划即订货合同所规定的生产任务，按一定的时间阶段，逐级分配到车间、工段、班组和工作地。生产作业计划的编制，按其范围可分为车间之间作业计划的编制和车间内部作业计划的编制，车间之间作业计划的编制，要解决各车间之间的生产在制品的数量和时间上的衔接问题，一般由厂部生产管理部门负责；车间内部作业计划的编制，主要解决工段或工作地之间的生产衔接问题，主要由车间计划调度员负责。

生产车间的生产作业计划的编制，常用的方法主要有以下几种。

(1) 在制品定额法　在制品定额法是大量大批生产企业常用的一种方法。由于这一类型的企业按流水线组织生产，品种少而稳定，产量较大，各车间之间的分工和协作关系也很正常。只要前车间的出产量能够保证后车间投入量的需要，并保持相邻车间有一定的库存量，就能使生产协调和均衡地进行。大批大量生产企业，就是利用在制品占用量来控制和调节各车间在制品占用量及库存制品占用量，并以此为基础确定各车间的投入、产出任务，保证车间之间的协调配合。这种编制生产作业计划的方法，叫在制品定额法。在制品定额的计算是按产品的反工艺顺序，从成品出产的最后一个车间开始逐步向前推算。其计算公式为

某车间出产量＝后车间投入量＋该车间外销量＋（库存半成品定额－期初库存半成品预计结存量）

某车间投入量＝该车间出产量＋该车间计划废品量＋（车间在制品定额－期初车间在制品预计结存量）

(2) 累计编号法（提前期法）　这种方法适用于成批生产，特别是成批轮番生产的企业。在这些企业中，由于各个时期生产的品种和数量都不稳定，在制品数量也不一样，但它们的批量、生产间隔期、生产周期都是比较稳定的。所以，可用提前期来确定各车间的生产任务，保证各车间在数量上和时间上的衔接。

采用提前期法，必须对产品实行累计编号。所谓累计编号，是指从年初或开始生产这种产品起，按照成品出产的先后顺序为每件产品编上一个累计编号。这个累计编号既能反映出产品投入或出产的数量，也能反映出产品投入或出产的时间。由于产品是从原材料投入时就开始编号，因此，在同一时间处在前工序的产品号数就大，反之就小。计算出各车间投入、出产累计号数，也就确定了各车间的投入、出产累计数，然后据此再确定计划期的任务量。各工艺阶段应达到的累计号数，计算公式如下。

某车间出产（投入）累计号数＝产品出产累计号数＋该车间出产（投入）提前期×成品的平均日产量

计划期某车间出产（投入）量＝本车间计划期末出产（投入）累计号数－本车间计划期初出产（投入）累计号数

(3) 生产周期法　生产周期是指从原材料投入生产开始，到成品出产为止所经历的时间。生产周期法适用于单件小批生产企业。它是根据订货合同规定的交货日期，编制各种订货在加工阶段的生产周期图表以及产品投入出产综合进度，确定车间生产任务的一种方法。

(4) 订货点法　又称存量管制法。它是根据仓库中在产品储备量下降到订货点的时间，

来确定产品投入生产的时间的一种规定车间生产任务的方法。它是在 20 世纪初期产生，在 20 世纪 40~50 年代得到广泛应用的一种库存计划和控制方法。订货点法适用于各种生产类型中的标准件、通用件的生产。这些零件的特点是：品种多、体积小、价值低，一般都安排在专门的车间进行生产。这里的订货点是指当某种零件的仓库储备量下降到一定水平需要进行补充时的量。当储备量下降至订货点时，就由供货部门提出订货，报厂长批准，然后安排车间生产。

三、生产作业控制

生产作业控制，是指在生产作业计划执行过程中，对有关产品的数量和生产进度进行控制。即通过监督检查，及时发现差异，采取措施予以调节，减少或消除这些差异，保证生产活动有序进行。生产作业控制是生产控制的组成部分，是实现生产计划和生产作业计划的重要手段。生产作业控制的主要内容包括生产进度控制、在制品控制、生产调度等。

（一）生产进度控制

1. 投产前控制

投产前控制是生产过程控制的开始，主要指投产前的各项准备工作控制，包括技术、物资、设备、动力、劳动力等的准备，以保证投产后整个生产过程能均衡、协调、连续进行。

2. 产中控制

产中控制即投入产出控制，是在投料运行后对生产过程的控制。它具体分为投入控制和产出控制两个方面。投入控制（又称为投入进度控制）是指按计划要求对产品开始投入的日期、数量、品种的控制，是预先性控制。产出控制（又称为出产进度控制）是指对产品（包括零件、部件）出产日期、生产提前期、出产数量、出产均衡性和成套性的控制。

（二）在制品控制

在制品控制即在制品占用量的控制，它是对生产过程中各个环节的在制品实物和账目进行控制。搞好这一控制工作，不仅对实现生产作业计划有重要作用，而且有利于减少在制品积压、节约流动资金、提高经济效益。在制品控制主要包括车间内流转的在制品控制和跨车间协作工序的在制品流转的控制。进行在制品控制要求建立并严格执行在制品出、入库制度和手续，定期清点，发现问题及时调整。

（三）生产调度

生产调度是以生产作业计划为依据，及时了解和把握生产活动进展情况，组织和动员各方面的力量，灵活、迅速地处理生产中出现的矛盾和问题，协调各环节的工作，使生产得以顺利进行。生产调度的内容主要包括以下几个方面。

1. 依照生产作业计划下达指令去检查生产各个环节的执行情况

特别要控制车间之间，车间内部有交接的生产任务的衔接配合问题，及时解决问题。

2. 检查、督促生产之前的作业准备工作

协助有关部门按时将各种技术文件、物资材料、人员等准备好，使生产能够按预定时间开始。

3. 根据生产的实际需要，做好劳动力的调配工作，及时调整好劳动组织

要督促有关方面做好设备维修、保养工作，保证设备的正常运转。

4. 做好运输的日常调度工作

同承担运输任务的部门保持经常的联系和配合，做好运输的日常调度工作，使企业内外部的物流顺畅，及时处理解决物资供应出现的问题。

5. 及时掌握动力的供应和保证情况

出现问题，及时处理，使事故、故障给生产带来的损失最小。

6. 组织好本企业一级和车间级的生产调度会

协调车间之间、工段之间、班组之间生产问题，克服困难，解决矛盾。

四、生产现场管理

生产现场是从事产品生产和提供劳务服务的场所。对于制造企业来讲，生产现场是进行物质转换的场所，是企业经营的基础。对服务企业来讲，生产现场是直接面对顾客进行经营的"窗口"。生产现场管理的内容包括两方面：一是对生产力要素进行合理配置；二是现场生产全过程进行有效的组织、计划与控制，包括对人的思想行为、产品质量和工作质量、设备和物料、生产中的信息、工艺流程等方面的管理。因此，生产现场管理是以生产系统的作业场所为管理范围的所有管理工作的总称。它是一项经常性、基础性的综合管理，对于充分利用企业各种资源，建立文明的生产经营秩序，树立良好的企业形象，有着十分重要的意义。

现场管理与生产控制有着密切的联系。现场管理也是一种控制行为，是生产控制的一个组成部分，是生产管理的日常工作之一。下面简要介绍几种现场管理的方式。

1. 目视管理

目视管理是以生产现场的劳动者为直接对象，利用视觉信息，调节人们的行为，控制生产物流的管理方式。具体来说，就是运用图案、文字、电视信号等传递可视信息，并应以此来规范、指导、警示生产现场的员工，以求达到生产作业有序和有效进行的目的。因此，目视管理可使各种管理状态、管理方法"一目了然"，从而容易明白，易于遵守，让员工自主地理解、接受、执行各项工作。

目视管理中运用的可视信息内容一般包括作业标准、安全信息等。目视管理的具体形式多种多样，如仪表、电视、信号灯、标示牌、图表、标志线、色彩标志等。

2. 定置管理

定置管理是以生产现场的物为主要对象，研究人、物、现场三者之间的结合关系，并对三者进行组织、设计、实施和完善的一种管理方式。

定置，是将生产、工作需要的物品按照一定的要求，科学合理地固定位置。定置管理是围绕定置工作所进行的一系列管理活动。

随着生产和科学技术的高速发展，设备的数量和种类不断增加，从而要求人和机器之间有一种最佳关系，使生产和工作现场的各种物品处于最佳的使用位置，才能大大地提高生产和工作效率。定置管理正是针对这一需要，实现生产现场有关的人和物的最佳结合，从而使生产现场处于有效的控制状态，创造文明的生产和工作环境，建立良好的生产和工作秩序。

在生产现场，物可分为三类：A 类，即物的放置可使人和物处于即时结合的状态，在需要时伸手可得。这是一种理想的状态。B 类，即物的放置需要经过寻找和处理才能使人和物结合。这种状态需要改善。C 类，即生产现场的无用之物或与现场生产的无关之物。多属不良状态，应予以消除。

定置管理就是通过对上述三种状态的分析、调整，将物按科学合理的要求固定并保持，使操作者用物时好用、方便、顺手，减少无效劳动，实现安全、文明生产，从而不断提高生产效率和效益。

3.5S 管理

5S 是整理、整顿、清扫、清洁和素质五项管理活动的缩写。5S 管理活动是目视管理与定置管理的有效结合。它通过整理现场、实现良好的目视管理，最终解决生产系统难以避免的各种矛盾与问题，从而使生产系统不断改善、主动适应外部环境化，不断得到优化。5S 活动是一个按照整理、整顿、清扫、清洁和素质依次顺序并不断循环进行的过程，活动的核心是素质，经过一轮轮的循环，素质便可一次次提高。5S 的定义与目的见表 5-2。

表 5-2　5S 的定义与目的

5S		效果举例	目的
名称	定义		
整理	区分要与不要的东西，坚决扔掉不要的东西	(1)减少库存量，现场无杂物 (2)场地变大，行动方便 (3)清除混乱安放，避免差错 (4)无徒劳的寻找时间 (5)现场整齐，一目了然 (6)无不安全状态 (7)无跑、冒、滴、漏	减少成本 ＝(1)＋(3)＋(4)＋(7) 提高效率 ＝(2)＋(3)＋(4)＋(5)＋(8)＋(9) 提高质量 ＝(1)＋(3)＋(8)＋(11)＋(13)＋(14) 减少故障 ＝(7)＋(8)＋(9)＋(11)＋(13)＋(14) 安全保证 ＝(2)＋(5)＋(6)＋(10)＋(11)＋(12)＋(13)＋(14) 提高工作热情 ＝(5)＋(10)＋(11)＋(13)＋(14)＋(15)
整顿	必要的东西定位放置，使用时随时能拿到手		
清扫	将灰尘、油污、垃圾清除干净	(8)提高设备清洁度，良好润滑 (9)在清扫设备时进行检查 (10)切屑不落地，地面清洁 (11)车间环境为愉快的工作环境 (12)消除发生灾害的根源	
清洁	前三项的坚持与深入，保持清洁		
素质	遵守规章制度、道德、品质、修养	(13)执行标准，减少疏忽 (14)自觉遵守规章制度 (15)改善人际关系，增强集体意识	

第四节　生产技术管理

一、生产技术管理概述

科学技术是第一生产力，它对企业中其他生产要素起着组合、调度和控制的作用。只有不断地推进技术进步，企业才能在激烈的市场竞争中取得主动。企业要想实现既定目标，就必须按照技术的特性，科学地组织和管理企业的各种技术活动，重视技术管理工作。因此，只有高水平的技术管理，才可能有企业的技术进步。

（一）生产技术管理的概念

生产技术管理就是依据科学技术工作规律，对现代企业的科学研究和全部技术活动进行的计划、协调、控制和激励等方面管理工作。其宗旨在于有计划地、合理地利用企业内外部的科技力量与资源，组织科学研究和技术开发活动，建立科学而合理的生产技术秩序，尽快地把最新的科学技术成果转化为实际生产力，从而提高企业的技术素质和经济效益，实现企业的科学技术现代化。

（二）生产技术管理的内容

进行科学技术预测，制定技术革新和科研项目的规划并组织实施，推动企业的科技进步；改进产品设计，试制新产品；制定和执行技术标准，进行产品质量的监督检验；组织科技信息交流，推广新工艺、新技术和技术档案管理；建立健全技术操作规程；进行技术改造、技术引进和设备更新；做好生产技术准备和日常生产技术的管理；做好技术经济的论证工作。

（三）生产技术管理的任务

现代企业技术管理的任务主要是推动科学技术进步，不断提高企业的劳动生产率和经济效益。

1. 正确贯彻执行国家的技术政策

技术政策是国家根据现代企业生产的发展和客观需要，根据科学技术原理制定的，是指导企业各种技术工作的方针政策。企业许多技术问题和经济问题的解决都离不开国家的有关技术政策。我国现代企业的技术政策很多，主要包括产品质量标准、工艺规程、技术操作规程、检验制度等，其中，产品的质量标准是最重要的。

2. 建立良好的生产技术秩序，保证企业生产的顺利进行

良好的生产技术秩序，是保证企业生产顺利进行的必要前提。企业要通过技术管理，使各种机器设备和工具经常保持良好的技术状况，为生产提供先进合理的工艺规程，并要严格执行生产技术责任制和质量检验制度，及时解决生产中的技术问题，从而保证企业的生产顺利进行。

3. 提高企业的技术水平

现代企业要通过各种方式和手段，提高工人和技术人员的技术素质，对生产设备、工艺流程、操作方法等不断进行挖掘、革新和改造，推广行之有效的生产技术经验；努力学习和采用新工艺、新技术，充分发挥技术人员和工人的作用，全面提高所有生产人员的科学文化水平和技术水平，以加速企业的现代化进程。

4. 保证安全生产

操作工人和机器设备的安全是现代企业生产顺利进行的基本保证，也是国家制度的一个基本要求。如果企业不能确保生产的安全，工人的人身安全和健康就不能得到保证，国家的财产就会遭受损失，企业的生产经营活动也会受到极大影响。所以说，安全就是效益。企业生产的安全应靠企业上下各方面的共同努力，从技术上采取有力措施，制定和贯彻安全技术操作规程，从而保证生产安全。

5. 广泛开展科研活动

努力开发新产品。在市场经济中，现代企业必须及时生产出符合社会需求的产品，才能

取得相应的经济效益。这就要求企业必须发动广大技术人员和工人，广泛开展科学研究活动，努力钻研技术，积极开发新产品，不断满足需求，开拓新市场。

二、技术改造

设备改造是工业技术改造的主要内容之一，它是运用最新科技成果和先进经验，改变原有设备的结构，改装或更换新部件、新装置、新附件，以改善和提高设备性能、精度、效率和可靠性，减少消耗和污染。主要目的是补偿设备的无形磨损。在修理与改造相结合时，也补偿设备的有形磨损。

（一）设备改造的意义

由于我国资金很缺乏，企业不可能投入大量资金满足大量更新的要求，为加速企业的技术进步，较适宜的措施是走技术改造道路，加强设备的改造实际上是实现设备局部更新，而所需的投资一般比更新少。而且有很大的针对性和适应性，并紧密与工艺改造相结合，大大提高生产效率和产品质量，降低消耗，节约成本和改善环境。另外由于设备改造周期较短，有利于企业产品更新换代，可以利用设备大修时进行，能节约时间。

（二）设备改造的原则

1. 针对性
即从生产实际出发，针对生产中的薄弱环节确定设备改造项目。
2. 先进性
通过设备改造，尽量达到国内外先进技术水平。
3. 可能性
设备改造一定要有充分把握，采用新技术要经过实践证明切实可行。
4. 经济性
通过设备改造能提高企业的经济效益，力求以较少的投入获得较大的产出。

（三）设备改造的内容

设备改造的内容包括：编制设备改造规划、选定改造项目、对项目进行技术经济分析、进行技术物资准备、筹集资金等。由于企业的技术改造涉及范围广，所以企业各部门要协力合作，完成改造任务。

三、技术引进

技术引进又称技术输入，是指在国际间的技术转移活动中，买进技术的一方，通过各种途径从国外获得先进设备和制造技术，其中也包括先进的管理方法和手段。其内容包括：先进技术引进、先进设备、先进管理知识和经验。

（一）先进技术引进的原则

① 求实原则。
② 平等互利原则。

③ 系统配套原则。

④ 创新原则。

（二）先进技术引进的作用

1. 能够节省技术开发时间，加快掌握新技术的进程，缩短与先进国家的差距

通常情况下，一项较大的科研成果从酝酿、研究、试验到投产所需的时间，一般要10～15 年，而引进技术 2～3 年即可见效。

2. 能够有力地促进产品出口能力的增长，提高出口商品在国际市场上的竞争能力

引进先进技术和关键设备，通过提高产品质量，减少消耗，降低成本，增加积累，可以全面提高企业经济效果。它不仅可以使产品很快地接近国际水平，而且在此基础上经过消化吸收，创新改造，很快赶上甚至超过国外的先进水平。

3. 能够促进技术管理人员较快地提高业务水平

引进国外先进技术的企业，不仅提高了产品质量和经济效益，而且技术人员和管理人员掌握了更多的信息情报，对国外的先进技术和管理经验有了更多的了解，使技术水平和管理水平有明显的提高。

（三）技术引进的方式

目前国际上通行的技术引进方式主要有以下几种。

1. 产品贸易

产品贸易即通过购买先进机器设备而引进技术。这种方式可以在短时间内形成生产力。对于迅速克服生产技术中的薄弱环节和填补空白，效果特别显著。但要花费大量外汇，易造成重复引进，往往学不到关键技术，而且在制造（配套）能力上跟不上时代，对输出方的零配件供应、技术依赖性较强。

2. 项目包建

项目包建即按照合同规定，技术输出方全面负责工程设计、施工、土建及供应全部设备，并负责安装、试验、承担保证开动、效率和消耗指标的义务。并往往附带技术援助合同、经营管理合同或推销产品合同。

3. 许可证贸易

许可证贸易是将制造技术和产品制造权作为商品，实行作价交易的技术转让，是国际上最常用的技术引进方法。许可证贸易包括：购买专利、购买技术诀窍和购买商标使用权三种。它转让的一般不是技术输出方拥有的"工业产权"和技术知识的所有权，而是一定条件下的使用权。在许可证协议书上记载输出方和引进方的转让范围、价格、索赔等方面的义务和权利事项。

（四）技术引进的渠道

从组织管理角度看，大致可划分为以下三大类，每一类又有许多具体形式和做法。

1. 引进先进技术

也称引进"软件"。"软件"是指生产工艺技术、设备制造技术和经营管理技术等系统知

识。引进软件的最大优点是有利于引进方技术力量的提高。由于技术引进的目的是推进自己的技术进步，因此把技术引进的重点放在引进软件上是必要的。当然，要把引进的软件技术转化为现实的生产能力需要有一个消化、吸收和掌握利用的过程，它相对于引进设备来说要求更高些。

2. 引进先进的设备

也称引进"硬件"。这类引进方式包括：进口成套设备，以及进口关键设备等形式。这种引进方式的优点是时间短，形成生产能力快，但花费的外汇较多，而且只限于买到一套具有先进水平的生产装备，自己仍然不能掌握制造技术。在维修、配件提供方面还将长期受制于人，也不利于提高自己的科研、设计和制造水平，不能有效地带动国内技术力量的发展。

3. 引进技术与利用外资相结合的方式

这种方式既包括引进"软件"，又包括引进"硬件"。它既不同于一般的购买设备，也不同于一般的技术贸易。这一类引进方式能节约外汇，能较好地利用外资，而且还可以引进在其他情况下不易引进到的新技术。

四、技术创新

企业在生产过程中运用科学技术的水平直接反映了企业的经营实力，企业要想在激烈的市场中处于主动地位，就必须不断地进行技术创新。由于一定的技术都是通过一定的生产要素和这些要素的组合方法体现出来的，因此企业的技术创新主要表现在要素创新、要素组合方法的创新和产品创新三个方面。

（一）要素创新

企业在生产过程中是由劳动者利用一定的手段使劳动对象改变的过程。这个过程的要素有设备和材料。

1. 设备创新

企业在生产过程中广泛利用机器设备对劳动对象进行加工，设备是企业进行生产的技术基础。设备技术状况标志着企业生产力的水平。因此，不断进行设备的创新，对于改善企业产品质量，减少原料消耗，对于节省劳动的使用有很大的作用。设备创新的内容有以下几个方面：首先，通过利用新的设备，减少手工劳动的比重，以提高企业生产过程的机械化和自动化程度；其次，通过将先进的科学技术成果用于改造和革新原有设备，延长其技术寿命，提高其效能；最后，有计划地进行设备更新，以更先进的设备代替陈旧的老设备，使企业建立在先进的物质技术基础上。

2. 材料创新

材料是产品的基础，材料费用在产品成本中比重很大，材料的性能直接影响产品的质量。材料创新的内容有开辟材料来源新渠道，以保证企业扩大生产时需要；开发和利用大量低价的普通材料替代量少价高的稀少材料，以降低产品的生产成本；改造材料的质量和性能，以保证和促进产品质量的提高。

微软公司加快实施企业技术创新

微软公司创立虽迟，但现已成为举世瞩目的超大型企业。进入新世纪，微软公司加快实施企业"核心技术"战略创新，不懈追求技术领先市场一步的策略。比尔·盖茨认为，企业能否不断创造出未来技术优势，将决定企业竞争与发展的命运。新的核心技术竞争力是企业特有的技术创新能力，是向顾客提供比竞争对手更大的利益，拉开竞争差距的经营新方式。这种核心能力集中在企业的市场快速应变、信息处理、科技创新速度以及领导决策等综合能力方面。微软公司针对 IT 产业 18 个月为一产品服务周期的特点，曾以"18 个月后微软将倒闭"来增强企业危机感，加速创新产品进程，着力不断创出微软高技术平台产品，创造了科技经营的微软神话。

（二）要素组合方法的创新

通过一定的方式把各种要素组合起来，这是形成产品的先决条件。要素组合包括生产工艺和生产过程的组织两个方面。

1. 生产工艺

生产工艺是劳动者通过劳动手段加工劳动对象的方法，包括工艺过程、工艺配方等内容。工艺创新要根据新设备和原有设备的要求，改变原料的加工方法和不断研究和改进生产方法，以使现有材料得到合理加工。工艺创新和设备创新是相互促进的。设备的更新要求工艺方法做出相应调整，而工艺方法的不断完善又促进了设备的改造和更新。

2. 生产过程的组织

生产过程的组织包括设备、工艺装备、在制品以及劳动者在空间上的布置和时间上的组合。企业的各种生产要素在空间和时间上的组合，不仅影响在制品、设备的占用数量影响生产成本，而且影响产品的生产周期。因此，企业应不断采用合理的时空组合方式，提高劳动生产率。

（三）产品创新

企业是通过提供产品证明其存在的价值，也通过销售产品来补偿生产消耗，取得赢利。产品是企业的生命，企业只有不断地创新产品，才能更好地生存和发展。产品创新内容有很多，主要分析品种和结构的创新。

1. 产品品种的创新

它要求企业根据市场需要的变化和消费者的要求及时地调整企业的生产方向和生产结构，不断地开发出适销对路的产品。

2. 产品结构的创新

它不改变原有品种的基本性能，对现在生产的各种产品进行改进和改造，找出更加合理的产品结构，使其生产成本更低、性能更好，使用更安全，从而更具市场竞争力。

产品创新是企业技术创新的核心内容，它和技术创新的其他方面相互联系、相互制约。如新产品、产品新结构要求企业利用新的机器设备和新的生产方法；而新设备、新工艺的运用又为产品的创新提供了物质条件。

本 章 小 结

1. 生产管理的任务主要是生产适销对路的产品、完成企业计划制定的指标、综合利用各种资源，提高劳动生产率、降低生产成本。

2. 生产管理的目标一般从两个方面来界定，一是提高顾客满意度，二是提高企业生产率。

3. 生产管理的内容主要有生产准备、生产组织和生产控制。

4. 生产过程是指从劳动对象进入生产领域到制成成品的全过程。按其对成品形成的作用可分为以下四类：一是生产准备过程；二是基本生产过程；三是辅助生产过程；四是生产服务过程。

5. 合理组织生产过程的要求有生产过程的连续性；生产过程的比例性；生产过程的节奏性和生产过程的适应性。

6. 产品的生产过程是在一定的空间和时间，按一定的组织形式进行的。生产过程的组织形式包括时间组织形式和空间组织形式。

7. 生产计划与控制是生产系统运行的重要组成部分，其任务是把事先确定的生产目标和任务通过生产计划的方式进行全面安排，根据计划对生产过程进行动态控制，保证生产系统有效产出。

8. 企业的技术管理一般包括制定技术发展规划、生产技术准备管理、技术开发管理、质量管理、设备管理等内容，以适应基层技术人员参与各项专业管理的需要。

复习思考题

1. 什么是生产过程？一般由哪些部分组成？
2. 合理组织生产过程的基本要求是什么？
3. 生产过程的空间组织有哪几种形式？其优缺点是什么？
4. 生产管理的主要任务包括哪几个方面？
5. 生产管理的内容主要有哪些？
6. 技术管理包括哪些内容？
7. 技术创新主要包括哪几个方面？

案例分析

好口福快餐店与麦当劳店的比较分析

好口福快餐店是一个典型的中国式快餐店，其经营的品种很多，包括中国人习惯食用的如包子、水饺等不下二三十种款式，却无甚特色，任何一个馆子都可供应。但该店却得天独厚，位于繁华地段中心，人流量大，加上该店有适当的设施和装饰，环境较为适宜。因此每到就餐时段，就门庭若市、应接不暇，就餐座次周转率也很高，从而为该店带来较丰厚的利润，使该店的投资者兼总经理张先生每日笑逐颜开。

但是，上个月末，全球闻名的麦当劳在离它不太远的地方开了一间快餐店。虽然对店里营业额无太大影响，但麦当劳的名气、人来人往、座无虚席、熙熙攘攘的新景象却令人叹为观止。

张先生怀着一种难以表白的心情来到麦当劳店。他发觉，麦当劳主要是制作几种款式的汉堡包和若干种饮料、冰淇淋，品种比较单一，价格也贵一些，但食品的制作质量与服务确实别具特色。设施完备（如有自动记录和收款机），而且制作食物和服务标准化，服务迅速，态度良好，加上灵活的促销手段，如赠送小玩具、开业时广为宣传等，给人留下深刻印象。

张先生回来后，参看了国外书籍上介绍的麦当劳服务流程图，想起自己快餐店的服务流程与其不同。好口福快餐店是顾客先到柜台上订购食品和付款，而且只有一个柜台，两个服务员，手工操作，人多了就得排队。然后，顾客自己拿着订单到各个食物制作点等候加工和取得食品，再到座位上就餐。各个制作点对食物加工的数量与质量虽有规定，但未标准化，制作人员有一定的随意性。各个制作点有时非常繁忙，有时又没有事情干。顾客一般是吃完就走，除特殊情况外很少留下意见，服务质量很难衡量。顾客因排队定购付款和等候取食物要花费一定时间，有时会等 10 分钟以上，顾客排队较长。

近来，张先生参加了工商管理学习班，学到了一些有关竞争优势、生产系统管理等知识，觉得好口福快餐店要快速发展，就得保持和发展自己的竞争优势。虚心学习他人的优势，如生产系统在定位、能力以及设施、服务方式方法、服务流程、人员培训等方面要有改进，加强管理，不断提高企业的效益。

 问题讨论

1. 麦当劳的竞争优势在哪里？与好口福快餐店比较有何特色？
2. 好口福快餐店的竞争优势在哪里？它的生产系统有何问题？
3. 请提出好口福快餐店生产系统的建议。

 实践训练

组织学生深入某家企业进行参观与调研，了解企业生产过程及其组织，判断其生产类型，交流讨论这家企业的生产特点。

◎ 第六章

商品经营管理

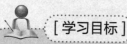

1. 了解商品采购的概念和作用。
2. 熟悉商品采购制度和采购计划的内容。
3. 掌握商品采购和销售策略，商品储存管理的方法。
4. 熟悉各种运输方式的特点，能科学合理地组织商品的运输。

导入案例 ▶▶

提高市场占有率

美国菲力普·莫里斯烟草公司，以生产"万宝路"、"摩尔"等名牌香烟而享誉全球。1970 年，该公司买下了处于困境中的以啤酒为主要产品的米勒酿酒公司，并对其销售组织结构进行了全面的调整。首先，他们对消费者的需求情况进行调查，发现啤酒市场中有80％的啤酒是由市场中的 30％的消费者来消费的。其次，根据不同消费者的需求，生产不同的产品。公司对每天平均消费 6 瓶啤酒的消费者的各种特性，包括人数构成、心理特征、乐于接受的广告形式和包装等进行了深入细致的分析，终于设计开发出了一种大众化的啤酒。再次，紧紧抓住消费者的心理。他们发现，现在人们越来越重视身材苗条，普遍存在着喝高热量啤酒会长啤酒肚的心理。为此，他们推出一种名为"模特"的低热量啤酒。最后，利用各种广告媒介大规模宣传产品。他们根据各分割市场消费者的不同爱好，设计了不同风格的广告形式。通过一系列生动活泼的广告，紧紧抓住了消费者的心理，起到了很好的促销作用。

通过实施新的营销策略，米勒酿酒公司的销售状况终于在 5 年时间里，创造了市场占有率由原来的 4％提高到 21％的奇迹，令同行刮目相看。

第一节　商品采购管理

一、商品采购概述

（一）商品采购的含义

商品采购就是单位或个人为了满足某种特定的需要，以购买、租赁、借贷、交换等各种途径，取得商品或劳务的使用权或所有权的活动过程。

商品采购是企业经营活动的起点，也是商品销售的制约点。商品采购是为企业经营活动提供物质基础的前提条件，也是企业经营成败、效益高低的关键环节。

商品采购管理的目标就是以正确的价格、在正确的时间、从正确的供应商处购买到正确数量和质量的商品或服务。传统上，采购管理理论注重采购行为本身，考虑如何选择供应商、决定采购的数量、确定合适的价格、签订采购合同，以及如何谈判，使企业在采购行为中获利。而现代商品经营管理理论则更加强调企业与供应商之间的关系管理，如果制造企业与供应商之间建立起一种"互利双赢"的合作关系，则更有利于双方的长远发展。

（二）商品采购的任务

商品采购的任务包括以下几方面。

① 保证产品的质量。

② 降低商品采购的成本。

③ 建立供应配套体系。

④ 与供应商建立良好的合作关系。

⑤ 加强信息管理。

⑥ 树立企业形象。

（三）采购管理的作用

1. 采购管理可提高企业资源的利用率，增加企业利润

随着社会经济的发展水平和市场化程度的提高，市场竞争日益激烈，传统的生产方式已经走到了尽头，大而全、小而全的企业结构已经越来越无法适应外部经营环境的变化。企业普遍意识到内部的获利空间已经很小，要进一步提高资源的利用率，只能把赢利视角扩大到整个供应渠道上。人们发现在企业同上下游企业组成的系统中，存在着巨大的改进空间，可以更好地利用整个供应渠道的资源，争取更多的获利条件。

2. 采购管理是组织商品生产和流通的重要保证

采购管理就是为了满足企业生产和销售部门的需求，保证各类货物或商品的供应。企业生产经营部门对采购管理的要求不仅仅局限于商品数量方面，还有质量、性能、时间、规格等方面的要求。原材料和零部件的性能和质量直接关系到产品的性能和质量。时间要求是指当生产需要某些物资时能够及时得到供应，既要防止采购不及时造成停工待料，又要避免进货过早而增加不必要的库存，占压资金。现代企业为了提高自身竞争力，采用了许多先进的生产制造技术和管理方法，对采购管理也提出了新的要求，要求做到准时化采购。

3. 采购管理能及时反馈市场信息，促进生产和销售管理

在采购工作过程中，市场供应和销售信息经常处于不断变化的动态之中，企业必须敏感地加以重视和掌握。如果生产的产品不适应市场需要，那么采购工作就处于被动状况，同样，销售企业所采购的商品在市场上卖不出去，那么采购工作也同样处于窘迫之地，因此采购工作不仅仅是纯粹的货物或商品采购，更重要的是伴随着信息处理，只有及时接受市场信息，反馈市场信息，才能有助于生产和销售系统。

二、商品采购制度

企业在组织货源时，要根据企业的类型、各类商品的进货渠道以及商品的特点，选择合理的采购制度。从管理方式上来看，商品采购制度大体上分为三类：

（一）集中采购

集中采购是指企业采购部门先将企业各部门的采购计划进行集中，整合形成一个统一的采购计划。由总公司采购部门与供应商进行洽谈，统一完成企业的采购计划。

1. 集中采购的优点

① 集中采购可以通过采购数量上的增加，形成规模采购，从而提高与供应商洽谈的筹码，获得较优的价格；大批量集中进货，可大幅度降低采购成本，提高采购效率，保证所采购物资的质量和数量。

② 集中采购可精简人力，提高工作的专业化程度；可综合利用各种信息，形成信息优势；可充分利用与供货商的良好关系，在商品紧俏时，降低由于买不到货而影响生产的风险。

③ 集中采购有助于保持企业统一形象，使企业整体采购活动易于策划和控制；同时也可以统一管理，规范采购行为。

2. 集中采购的缺点

① 集中采购由于采购和生产、销售脱节，采购流程过长，时效性差。

② 难以适应零星采购、地域采购、紧急情况采购。

③ 采购与需求分开，有时难以准确了解内部需求，降低采购绩效。

④ 责任容易模糊，不利于考核。

3. 集中采购的适用条件

① 企业产销规模不大，采购量比较小，全企业只要一个采购单位来办理，即可充分满足各部门对物品或劳务的需求。

② 企业虽然有多个生产机构，但是产品种类大同小异，集中采购可以达到"以量限价"的效果。

③ 企业各部门及工厂集中一个地方，采购工作并无因地制宜的必要。或采购部门与需求单位虽然不在同一个地方，但是因为距离并不遥远，通信工具相当便捷，采购工作集中由一单位办理，尚不至于影响需求实效。

（二）分散采购

分散采购是指以企业内部各个部门、组为单位，自设专兼职采购人员，在资金定额范围内独自直接进货。

1. 分散采购的优点

① 分散采购由于采购流程不长，采购和生产、销售紧密结合，各部门可根据生产或销售的特点进行适量采购，物资采购具有相当的弹性，在一定程度上避免了物资的积压。

② 分散采购有其便利性和及时性的优点，能适应不同地区市场环境的变化，对市场反应灵敏。

③ 适应零星采购、地域采购、紧急情况采购。

2. 分散采购的缺点

① 分散采购容易出现部门各自为政，交叉采购，采购过程的控制和库存的控制较差。

② 人员费用较大，特殊要求会因采购人员无相应专长而有所偏差。

③ 每次进货量较小，难以获得大量采购的价格优惠，不利于降低成本和提高企业的竞争能力。

④ 采购控制较难，采购过程中容易出现舞弊现象。

3. 分散采购的适用条件

这种采购制度适合于大型生产企业或大型流通企业，如实行事业部制的企业，每一事业部设有独立的采购供应部门。

（三）集中采购和分散采购相结合

集中采购和分散采购相结合指企业依据采购物资的数量、品质要求、供货时间、价值大小等因素，对需求量大且价值高或进口的货物可由各部门、组提出采购计划，由企业职能业务机构汇总审核后集中采购；对需求量小、价值低的货物，以及临时性需要采购的物资，由分厂和分部门分散采购，但在采购中应向总公司反馈相关信息。其优点是灵活性较强，企业既可以集中统一使用采购力量和资金，又可以调动各个部门扩大货源的积极性，有针对性地采购部分物资。缺点是如果管理不当，也容易形成各自为政。

（四）商品采购的注意事项

企业不论采取哪种采购制度，加强对购进工作的管理是保证物资进货质量的重要环节。
① 建立采购责任制度，做到责任到人，资金定额，物资定类。
② 建立物资采购的配套管理制度。包括质量管理制度、客户档案管理制度等。
③ 建立物资购进监督制度。包括两个方面的监督：一是企业内、外部人员对采购人员进货活动的监督；二是购进人员及企业其他经营人员对购进物资的质量监督。
④ 建立入库验收管理制度。入库验收应坚持物资数量准确、质量完好、规格等级与进货相符、进货凭证齐全、数字无误的原则。

三、商品采购计划管理

（一）商品采购计划

采购计划是企业采购的基本依据，是控制盲目采购的重要措施，也是控制好现金流量的有力手段。所以，要根据生产计划、物料需求计划、筹资和资金使用计划、采购方式等信息编制并且严格执行计划，做到无采购计划不采购。

（二）制订商品购进计划的依据

企业不论采取哪种进货管理模式，商品购进计划都是必不可少的。一个合理的商品购进计划在制订时必须考虑到以下因素。
① 国家有关部门经济政策、方针、法规。
② 市场供求状况。
③ 竞争对手经营情况。特别是企业商圈内的同类型同档次的竞争对手，更应引起企业的密切关注。
④ 前期计划执行情况。

（三）商品购进计划的制订

1. 确定需要购进的商品
根据企业经营的需要，可以把商品分为必备商品、主力商品、热销商品和一般商品四大类，不同商品购进计划应有所侧重。

2. 筹划资金运作

将有限的商品资金在需要购进的商品上进行合理、有效的分配，以提高资金的使用效率和回避资金风险。

3. 预算进货费用

进货费用的预算，主要包括采购人员的差旅费、商品运输费、装卸费等，同时还要测算出存储费和资金占用利息支出等，以便合理安排购进次数和进货批量。还应充分考虑到购进商品的价格，进价的高低是影响进货效益的重要因素。

（四）商品采购计划管理

1. 对用料部门请购单进行核对、分析汇总

用料部门请购单是采购业务的凭据，没有统一的格式，由各企业自行制定。物资控制部门根据物资分析表计算出物资需求量，填到请购单，依照签核流程，送至不同审核主管批准。在填制请购单的时候，应至少包括以下内容：请购编号、请购单位、申请日期、请购数量、功能要求、需要日期、采购单号、供货日期等。这样既可以有效防止采购的随意性和盲目性，还便于将来查询和确认。

2. 收集与采购相关的信息

（1）外部信息　主要包括市场供求状况及预期，价格波动及趋势，其产品的质量、价格、运距与运费、供应可靠性，市场上替代品的供应状况，以及政府对物品使用的政策和法规等。

（2）内部信息　主要包括生产计划任务，物资消耗定额、消耗统计资料、设备能力，所需物品的性能、用途进货和供应能力，采购组织状况和资金条件。

（3）产品信息　主要是指产品说明书，包括产品标准、产品等级、设计标准极值、材料说明、功能说明、使用说明等。

3. 采购决策

采购决策的内容包括：

① 品种决策；

② 采购量决策；

③ 供应商决策；

④ 采购方式决策；

⑤ 订购批量决策；

⑥ 采购时间决策；

⑦ 采购价格决策；

⑧ 交货方式决策；

⑨ 确定参与采购的人员。参与采购的人员一般由采购部门的工作人员承担，但涉及技术问题或融资问题时，还需要工程技术人员、财务人员、使用人员乃至最高主管的参与。

4. 编制采购计划

采购计划包括年度采购计划、季度采购计划和月度采购计划。年度采购计划的目的在于平衡市场供应，平衡企业内物资的进、存、用，平衡企业的资金、成本、费用等指标。季度

和月度采购计划是在年度计划的指导下，按具体品种规格编制的，是具体落实年度采购计划，组织日常采购的任务书。

四、商品采购策略

（一）选择供应商策略

一个好的供应商除了拥有足够的生产能力外，还必须对采购企业做好全面优质的供货工作，达到满足采购企业的要求，这样供应商在市场竞争中就具有较强的竞争力。

1. 选择供应商要素

（1）货物质量和技术水平　供应商提供的货物质量及其相应的技术水平是采购方选择的重要因素。作为供应商，必须具有良好和稳定的货物生产过程和标准，并配置质量控制体系保证其连续性。供应商是否具有一定技术队伍对货物的生产和研制发展有相当重要的制约因素，如果具备优质货物和相当技术水平，那么对采购企业仅仅是最基本的选择因素。

（2）货物的供应能力、提前期和价格　连续性提供货物，并且随时可以作出提前交货的决策是供应商必须具有相当的生产规模与发展前景或潜力做可靠保证，否则无论在数量和质量上还是在交货期限等方面均丧失竞争力。价格是货物价值的最佳表现，货物实现其价值需要诸多因素的综合表现，如数量、质量、售后服务、供货时间、技术指标等，因此价格是否恰当是采购过程中至关重要的因素。

（3）供应商的信誉表现　信誉是供应商在执行业务时所表现的形象，包括货物本身、经营作风、管理水平、口碑等，因此选择一家满意的供应商，为保证完成采购任务打下扎实的基础。

（4）供应商地理位置　供应商地理位置非常重要，因为其构成采购成本的直接因素。运输成本和库存费用均由此造成，在同等条件下，应尽力选择距离较近的供应商。

（5）售后服务　售后服务是采购工作的延续环节，是保证采购连续性的重要方面。一般认为，售后服务包括提供零部件、技术咨询、保养修理、技术讲座、培训等内容，如果售后服务只流于形式，那么，被选择的供应商只能是短时间配合与协作，不能成为战略伙伴关系。

2. 选择供应商步骤

选择供应商的步骤包括：

① 建立专家评估组；

② 明确供应商选择范围；

③ 建立指标体系；

④ 逐项评估；

⑤ 综合评分且确定供应商。

（二）货物品质策略

货物品质，一般是指货物本质性的质量和外观形态。货物本质性的质量表现为货物的化学成分的构成、物理和机械性能、生物特征等；货物的外观形态则表现为货物的形状、结构、色泽、味觉等。

1. 货物品质构成要素

（1）材料　材料是制作货物的原料，是货物品质优劣的最直接因素，生产制造商在生产货物前就根据采购企业要求选用相应材料，避免因材料差异造成品质高低，导致不必要的供应与采购的矛盾。

（2）功能　功能是货物的最基本要素。它是使用者最初的构想。一般情况下，采购企业在采购前，必须认真描述货物功能的表现形式，然后选择其相应制造商或供应商。

（3）寿命　货物品质高低与其使用寿命有一定联系或影响。一般而言，寿命长短与货物使用频率成反比。寿命时期的确定应考虑技术创新、品质材料、生产水平、市场消费需求等因素。

（4）稳定性　货物品质的稳定性包括内在稳定性和外观稳定性。内在稳定性包括货物所有功能表现情况；外观稳定性包括货物的形状结构、颜色搭配等，采购方往往根据各自要求向供应商提出。

（5）安全性　安全性是反映采购方在集体使用时，保证采购方使用安全，毫无危险之兆，同时在使用过程中，也不存在对环境造成污染。

（6）流行性　货物的流行程度对市场推进有相当影响，由于市场发展速度相当快，再加上科学技术日新月异，因此，采购企业往往选择新材料、新技术、新工艺、新款式作为采购对象，从而满足流行要求。

2. 约定货物品质的过程

包括设计过程、制造过程和使用过程中的货物品质约定。

（三）采购价格策略

采购价格通常是指货物的成本和采购过程中所耗用的各种费用总和。采购价格直接影响采购企业的经营利润与资金利润。

1. 采购价格的组成内容

采购价格的组成内容如下。

① 请购成本。申请采购花费的人工费用、事务用品费用、审查费用。

② 采购过程成本。询价、估价、比价、议价、通信、事务用品等费用。

③ 验收成本。验收人工费用、仪器折旧费用。

④ 运输及搬运成本。运输费用、入库搬运费用、搬运设备折旧费用。

⑤ 货物成本。供应商提供货物的销售价格。

2. 降低采购价格的基本途径

降低采购价格的基本途径有：

① 积极寻找多家货物供应商；

② 合理使用采购方式及方法；

③ 对原有货物设计作重新修正或改进；

④ 寻找替代原有货物的货物；

⑤ 选择合理运输方式；

⑥ 加强采购过程标准化管理；

⑦ 运用现代化计算机网络技术。

（四）采购时间策略

采购时间是指从请购货物至货物检验入库完毕所花费的时间。一般包括：处理订购单时间、供应商制造货物时间或提供货物时间、运输交货时间、检验入库时间等。

计算合理的采购时间往往根据以下两者不同制度而决定。

1. 现用现购制度

① 需用货物日期倒算采购时间，决定采购货物的日期。

② 以成本为原则，计算采购时间。

2. 存货控制制度

① 在定量订货制下，当某一存货达到订购点时，即为采购日期。

② 在定期订货制下，每隔一定时期，即为采购日期。

（五）采购数量策略

采购数量的多少直接决定了生产和销售情况，采购数量过多和过少都会造成过高的储存成本、资金占用和采购成本，因此适当的采购数量是非常必要的。

（六）基于供应链管理模式的采购策略

1. 为订单而采购

传统的采购模式中，采购的目的就是补充库存，即为库存而采购。在供应链管理模式下，采购活动是以订单驱动方式进行的。订单驱动的准时化采购，使物流系统得以准时满足客户的需求，从而降低了库存水平，提高了库存周转率。

2. 从一般买卖关系转向战略合作伙伴关系

在传统的采购模式中，供应商与需求企业之间是一般的买卖关系，无法解决一些涉及长期的、战略性的供应管理问题。基于战略伙伴关系的采购战略，着眼于长期利益和全局利益，从而使双方的交易成本和风险降低，达到双赢的效果。

3. 变多货源供应为少货源供应

传统的采购模式依靠众多的供应商相互之间的竞争达到降低进价的目的。供应链管理模式下的采购策略采用少货源供应，甚至单源供应，目的是与供应商建立战略合作伙伴关系，降低交易成本。

4. 变大批量少批次采购为小批量多批次采购

传统的采购模式依靠大批量获取价格折扣，却使库存成本上升。供应链管理模式下的采购管理，为了降低库存，适应市场对产品多品种、小批量的需求模式，实行小批量、多批次采购。当然，小批量、多批次采购自然增加运输次数和成本，可以通过混合运输、代理运输等方式解决。

第二节　商品运输管理

一、商品运输的原则

企业要合理地组织商品运输，必须遵循"及时、准确、安全、经济"的原则，力求以最快的速度，经最少的环节，走最短的路程，支付最省的费用，把商品运往购货单位，经济合理地完成运输任务。

1. 及时

及时指按照商品产、供、运、销的流通规律，根据市场需要，及时发运商品，做好车、船、货的衔接，尽量缩短商品待运和在途时间，加速商品和资金的周转。

2. 准确

准确指商品在整个运输过程中切实防止各种运输事故的发生，做到不错、不乱、不差、交接手续清楚、责任明确、准确无误地完成商品运输任务。

3. 安全

安全是指商品在整个运输过程中，不发生霉烂、残损、丢失、污染、渗漏、爆炸和燃烧等事故，保证人身、商品、设备的安全。

4. 经济

经济是指在商品的运输过程中，要采取经济合理的运输方案，合理选择运输路线和运输工具，合理利用一切运输设备，节约人力、物力、财力，减少运输费用开支，提高运输效益。

二、商品运输的方式

不同运输方式适合于不同的运输情况，合理地选择运输方式不仅能提高运输效率，降低运输成本，而且还会对整个物流系统的合理化产生有效的影响。因此，了解各种运输方式及其特点，掌握运输方式选择的原则，对优化物流系统的合理组织活动是十分重要的。在商品运输过程中，可供企业选择的运输方式主要有：铁路运输、公路运输、水路运输、航空运输、管道运输等。

1. 铁路运输

铁路运输是运输量大、速度快、运距长、连续性强、受自然条件影响较小、公害小、成本比较低、可重载高速运行的现代化运输方式。但小批量商品需要拼装整车，整车需要按线路、到站编配，在途时间较长，有些地方不能直达，需要中转分运。所以，大宗货物的长途运输主要依靠铁路。铁路运输一直是我国运输事业的主要运输方式。

2. 公路运输

公路运输是我国最重要和普遍的中短途运输方式。公路运输对不同的自然条件适应性强，不受线路停车站约束，空间、时间自由；货物送达速度快，包装可以简化，货物损伤、丢失的可能性很小；机动灵活，货物无须更换包装就可直达指定地点，便于开展"门到门"运输，可广泛服务于地方与城乡的商品交流，并为干线交通集散货物。

3. 水路运输

水路运输是使用船舶及其他水上工具通过河道、海上航道运送货物的一种运输方式。水路运输又可分海运和内河运输，海运又有沿海和远洋运输两种。水路运输上有运载量大、运费低、耗能少、投资省，可不占或少占农田等优越性，但受自然条件限制，水路运输又有连续性差、速度慢，联运货物要中转换装等不利因素，延缓了货物的送达速度，也增加了货损、货差。水路运输适用于承担运量大、运距长的大宗货物。

4. 航空运输

航空运输有运行时间短，速度快，货物损失少，运输费用高，运量小、耗能大等特点。我国目前的航空运输线只能负担各大城市和国际交流，旅客运输、报刊邮件和急迫、鲜活贵重物资的运输。

5. 管道运输

管道运输是一种新型运输方式，一般受自然条件影响小。具有运输能力大、安全可靠、自动化水平高、维修费便宜、安全事故少、占地少、公害少、经济合理等技术经济特点。在液体、气体运输中占有很大的优势，但是运输地点与输送对象有局限性。目前，我国的管道运输主要用于输送石油、天然气、煤气等。

6. 集装箱运输

集装箱运输指以集装箱这种大型容器为载体，将货物集合组装成集装单元，以便在现代流通领域内运用大型装卸机械和大型载运车辆进行装卸、搬运作业和完成运输任务，从而更好地实现货物"门到门"运输的一种新型、高效率和高效益的运输方式。它既适用于各种运输方式的单独运输，也适用于不同运输方式的联合运输。

由于传统的散件杂货运输长期以来存在着装卸及运输效率低、时间长，货损、货差严重，影响货运质量，货运手续繁杂，影响工作效率等缺点，严重影响了货主、船公司及港口的经济效益。而适用于多式联运的集装箱运输方式则很好地弥补了传统运输方式的不足，但集装箱运输对运输系统各环节的协作要求非常高，如果某一部门或环节失误，必将影响全局，甚至导致运输生产停顿和中断。

根据集装箱货物装箱数量和方式将集装箱运输方式分为整箱和拼箱两种。

（1）整箱　货主向承运人或租赁公司租用一定的集装箱。空箱运到工厂仓库后在海关人员监管下，货主把货装入箱内，加锁铅封后，交承运人并取得站场收据，最后凭收据换取提单或运单。

（2）拼箱　承运人接受货主托运的数量不足整箱的小票货运后根据货类性质和目的地进行分类整理，把去同一目的地的货，集中到一定数量，拼装入箱。

三、商品运输管理

（一）运输程序

1. 编制商品运输计划

运输计划的内容有：发站、到站、品类、吨数、收发货单位。报给铁路部门的运输计划还要有车皮数。

2. 商品发运

商品发运指商品发货单位按照运输部门的规定，办理运输手续，通过运输工具把商品发给接收单位。商品发运后，要立即向收货单位或中转单位发出发货预报，以便对方接货。

3. 商品中转

商品中转指商品在运输途中变更运输方式，需要组织换装转运，它是运输过程的中间环节。中转单位要与收货单位密切联系，按时填报中转计划，填制中转通知单，反映商品中转中出现的问题，以利于商品中转。

4. 商品接收

商品接收是商品运输过程的最后环节。收货单位在接到发货单位的预报或交通运输部门的到货通知后，应迅速做好接货卸车的准备工作（包括物资准备、人力准备、业务准备）。

商品到达时，收货单位要会同交通运输部门，根据商品运单（或发货明细表）清点商品，如发现商品残损、短缺等问题，属于交通运输部门责任的，应填制货运记录，据此向到站的交通运输部门索赔；属于发货单位的差错事故，向填制普通记录提出查询，即时处理。商品核收后，收货单位要将接收情况回报发货单位。

（二）商品运输费用的计算

商品运输费用是指在商品运输过程中发生的运费、装卸费、包装费、货位占用费、手续费等项支出。

1. 运费

除特殊的运输工具外，目前，我国主要的运输部门（如铁路、公路、水路、航空）的运费，都是按吨公里计算运费的。运费的计算公式为

$$运费 = 货物重量 \times 运输里程 \times 运费单价$$

不同的运输部门的运费单价是不同的。即使相同的运输部门，在不同的地区和不同的条件下，运费单价也有区别。

2. 装卸费

装卸费指运输部门装卸货物所发生的费用。根据运输工具和货物的形态不同，装卸费可以按货物的重量计算，也可以按货物的件数或装卸的车（船）数计算。

3. 包装费

包装费指在商品运输过程中使用运输部门的包装物（如集装箱、麻袋等）所支付的费用。运输部门的包装物有的可以租用，支付租金，用后退还；有的是一次性耗费，需要购买。

4. 货位占用费

货位占用费指超过规定时间占用运输部门的车站、码头而支付的费用。一般按超过的天数计算。

5. 手续费

手续费指在办理货物运输和装卸手续时发生的费用，如购买货运单据和货签的费用、货物过磅费等。

（三）商品运输合同的签订与执行

在商品发运单位按规定填制好货运单据交承运单位受理后，发运单位与承运单位之间的运输合同关系就已经确立。合同双方应按照国家的有关规定和合同的内容履行各自的责任与义务。

（四）商品运输事故的处理与索赔

1. 索赔程序

① 与运输单位或部门核对票据。

② 根据提货单核对商品的数量和包装，检查有无损坏商品，并详细登记。

③ 发现短货或损坏商品，及时通过铁路、公路部门、保险公司、供货方按协议及时处理。

2. 索赔标准

① 主动及时索赔，不让企业蒙受损失。

② 符合国家索赔政策规定，坚持实事求是。

（五）运输合理化

组织商品合理运输，必须从实际出发，根据当前的交通运输条件，合理选择运输线路和运输工具，保证运输任务的完成。因此，必须加强运输环节的联系，做到环环紧扣，密切协作，使商品合理运输的工作得以顺利进行。

1. 影响运输合理化的因素

运输合理化，是由各种经济的、技术的和社会的因素相互作用的结果。影响运输合理化的因素主要如下。

（1）运输距离　在运输过程中，运输时间、货损、运费、车辆或船舶周转等运输的若干技术经济指标，都与运输距离有一定的比例关系。因此，运距长短是运输是否合理的一个基本因素，缩短运距既具有宏观的社会效益，也具有微观的企业效益。

（2）运输费用　运费高低在很大程度上决定了企业竞争能力。实际上，运输费用的降低，无论对货主企业来讲还是对物流经营企业来讲，都是运输合理化的一个重要指标。

（3）运输工具　各种运输工具都有其使用的优势领域，对运输工具进行优化选择，要根据不同商品特点，分别利用公路、铁路、水运、空运或汽车运输的不同方式，选择最佳的运输线路并合理使用运力，以最大限度地发挥所用运输工具的作用。

（4）运输时间　运输是物流过程中需要花费较多时间的环节，尤其是远程运输，在全部物流时间中，运输时间占绝大部分，因而运输时间的缩短对整个流通时间的缩短有决定性的作用。此外，运输时间短，有利于运输工具的加速周转，充分发挥运力的作用；有利于货主资金的周转；有利于运输线路通过能力的提高，对运输合理化有很大贡献。

（5）运输环节　因为运输业务活动，需要进行装卸搬运包装等工作，多一道环节，就会增加起运的运费和总运费，因此，减少运输环节，尤其是同类运输工具的运输环节，对合理运输有促进作用。

2. 运输合理化的有效措施

（1）提高运输工具实载率　实载率的有两个含义：一是单车实际载重与运距之乘积和标定载重与行驶里程之乘积的比率，这在安排单车、单船运输时，是作为判断装载合理与否的重要指标；二是车船的统计指标，即一定时期内车船实际完成的物品周转量（以吨公里计）占车船载重吨位与行驶公里乘积的百分比。

（2）发展社会化运输体系　运输社会化的含义是发展运输的大生产优势，实行专业分工，打破"一家一户"自成运输体系状况。实行运输社会化，可以统一安排运输工具，避免对流、倒流、空驶、运力不当等多种不合理形式，不但可以追求组织效益，而且可以追求规模效益，所以发展社会化的运输体系是运输合理化的非常重要措施。

（3）减少动力投入，增加运输能力　运输的投入主要是能耗和基础设施的建设，在运输设施固定的情况下，尽量减少能源动力投入。从而大大节约运费，降低单位货物的运输成本，达到合理化的目的。如在铁路运输中，在机车能力允许的情况下，多加挂车皮；在内河运输中，将驳船编成队，由机动船顶推前进；在公路运输，实行汽车挂车运输，以增加运输能力等。

(4) 尽量发展直达运输 直达运输，就是在组织货物运输过程中，越过商业、物资仓库环节或铁路，交通中转环节，把货物从产地或起运地直接运到销地或用户，以减少中间环节。直达的优势，尤其是在一次运输批量和用户一次需求量达到了一整车时表现最为突出。此外，在生产资料、生活资料运输中，通过直达，建立稳定的产销关系和运输系统，有利于提高运输的计划水平。

(5) 配载运输 是充分利用运输工具载重量和容积，合理安排装载的货物及载运方法以求合理化的一种运输方式。在基本不增加运力投入、也不减少重质物品运量的情况下，解决了轻泡物品的搭运，因而效果显著。

(6) 开展中短距离铁路公路分流，"以公代铁"的运输 这种运输合理化的表现主要有两点：一是对于比较紧张的铁路运输，在公路分流后，可以得到一定程度的缓解，从而加大这一区段的运输通过能力；二是充分利用公路从门到门和中途运输中速度快且灵活机动的优势，实现铁路运输服务难以达到的水平。

第三节 商品储存管理

一、商品储存概述

商品储存是企业生产经营的重要环节之一，它是指通过仓库对物资进行储存和保管。储存是指保护、管理、贮藏物品；保管是指对物品进行保存和数量、质量管理控制的活动，即保护物品的价值和使用价值不致受到损害的过程，其主要任务是防止外部环境对储存物品的侵害，保持物品性能完整无损。

商品储存活动是由商品生产和消费之间的客观矛盾决定的。在社会化大生产条件下，专业化程度不断提高，各部门、各生产经营单位之间相互交换产品更加频繁，联系更加紧密。只有对产品、物资在时间和空间上进行合理安排，在商品数量上不断加以集散，发挥储存活动的纽带和桥梁作用，才能有效克服商品生产和消费在空间上的分离，才能衔接商品生产和消费在时间上的不一致，保证社会再生产的顺利进行。

(一) 商品储存产生的原因

1. 一定水平的商品储备

商品储备对进行高效的营销活动是十分必要的。这些储备物资可以时刻保持营销渠道的产品充裕，同时有助于市场营销渠道的满负荷动作，避免供给环节的中断。企业为了方便和高效必须保持一定的商品储备。

2. 衔接流通过程

产品从生产到消费，不断经过分散、集中、分散的过程，还可能需要经过不同运输工具的转换运输，为了有效地利用各种运输工具，降低运输过程中的作业难度，实现经济运输，物品需要在仓库进行分类、包装、配货等处理作业。

3. 稳定市场需求波动

生产和消费都具有持续性和波动性的特点，企业可以通过储存将集中生产的商品持续稳定地推向市场销售，对商品的价格起到一定稳定作用，企业也不会因为商品供过于求或缺货而造成损失。稳定市场，有利于企业生产的持续进行。

4. 季节性的商品储存

在一个销售年度中，存货被用于保持供给与需求的平衡。季节性的储存对于那些收获期十分短暂，但消费却贯穿全年的产品而言十分必要。

5. 留存商品储存

留存商品储存是指跨越一个营销年度时留存商品的数量。

6. 投机性储存

企业在预期价格上涨时，有时会储存比正常水平更多的存货。这些投机性的储存可能会升值并使投机商获利。

（二）商品储存的成本费用

储存成本费用是随储存量变动而变动的费用，包括仓储费、占用资金利息费用、商品损耗费用等。该费用与采购批量成正比关系，因为采购批量越大，平均储存量越大，储存费用越高。

二、商品出入库管理

商品储存管理是以保管活动为中心，从仓库接收商品开始，到按需要把商品全部完好地发送出去的全过程管理。储存管理业务流程主要由入库、保管保养、出库三个阶段所组成。

（一）商品入库管理

商品的入库，是商品储存业务活动的起点。它包括商品入库的准备、入库商品接运、内部交接、验收、入库等过程。

1. 入库商品接运

接运是商品入库管理的第一道作业环节，保证商品仓库直接与外部发生经济联系。它的主要任务是及时而准确地从供应商或承运人处提取入库商品，作业过程中要求认真检查，手续清楚，责任分明，避免将一些在运输过程中或在运输前就已经损坏的商品和各种差错带入仓库，减少或避免经济损失，为仓库验收和保管工作创造有利条件。

入库商品的接运主要有四种方式：车站码头接货；专用铁路线或码头接货；到供货方仓库提货；本单位仓库接货。

2. 入库商品的验收

入库商品的验收工作，主要包括商品规格验收、数量验收、质量验收和包装验收四个方面。应分别按商品的性质、到货情况来确定验收的标准和方法。对商品规格的验收主要是对商品品名、代号、花色等方面的验收；对商品数量的验收主要是对散装物品进行称量，对整件物品进行数目清点，对贵重物品进行仔细的查收等；对商品质量的验收主要有商品是否符合仓库质量管理的要求，产品的质量是否达到规定的标准等；对商品包装方面的验收主要有核对物品的包装是否完好无损，包装标志是否达到规定的要求等。

3. 发现问题及时处理

验收中出现的问题，大体有如下几种情况：数量不符；质量问题；包装问题；单货不符或单证不全等。在验收时如发现此类问题要及时处理或报告有关人员。

4. 办理商品入库手续

商品经过质量和数量验收后，由商品检查人员或保管员在商品入库凭证上盖章签收。仓库留存商品入库保管联，并注明商品存放的库房、货位，以便统计、记账。同时，将商品入库凭证的有关联迅速送回存货单位，作为正式收货的凭证。

（二）商品在库管理

商品进入仓库进行保管，需要安全地、经济地保持好物品原有的质量水平和使用价值，防止由于不合理的保管措施所引起的物品磨损和变质或者流失等现象。具体步骤如下。

1. 堆码

由于仓库一般实行按区分类的库位管理制度，因而仓库管理员应当按照物品的存贮特性和入库单上指定的货区和库位进行综合的考虑和堆码，做到既能够充分利用仓库的库位空间，又能够满足物品保管的要求。

物品堆码的原则主要如下。

① 尽量利用库位空间，较多采取立体储存的方式。

② 仓库通道与堆垛之间保持适当的宽度和距离，提高物品装卸的效率。

③ 根据物品的不同收发批量、包装外形、性质和盘点方法的要求，利用不同的堆码工具，采取不同的堆码形式，其中，危险品和非危险品的堆码，性质相互抵触的物品应该区分开来，不得混淆。

④ 不要轻易地改变物品存贮的位置，大多应按照先进先出的原则.

⑤ 在库位不紧张的情况下，尽量避免物品堆码的覆盖和拥挤。

2. 养护

仓库管理员应当经常或定期对仓储物品进行检查和养护，对于易变质或存储环境比较特殊的物品，应当经常进行检查和养护。检查工作的主要目的是尽早发现潜在的问题，养护工作主要是以预防为主。在仓库管理过程中，应采取适当的温度、湿度和防护措施，预防破损、腐烂或失窃等，达到存储物品的安全。

3. 盘点

对仓库中贵重的和易变质的物品，盘点的次数越多越好；其余的物品应当定期进行盘点（如每年盘点一次或两次）。盘点时应当做好记录，与仓库账目核对，如果出现问题，应当尽快查出原因，及时处理。

（三）商品出库管理

商品的出库是仓库根据销货单将商品交付给收货人的作业过程，标志着商品储存阶段的结束。商品出库的程序主要包括：核对出库凭证、配货、复核、点交、清理、办理出库手续和发货。

1. 出库准备

要摸清商品存放的货位，检查商品完好情况，安排出库商品堆放的场所，准备有关器具，安排好劳动力，以便能准确、及时、安全地做好出库工作。

2. 核对出库凭证

审核出库凭证的合法性和真实性；核对商品的品名、型号、单价、数量和提货日期等有无错误。审核无误后，方可组织商品出库，否则仓库应拒绝发货。

3. 备货

按提货单所列各项内容的要求进行备货。注意提货人员不得进入库房。

4. 复核

为了保证出库商品不出差错，备货后应立即进行复核。复核单货是否相符，主要包括品名、型号、规格、数量、单价等是否与提货单一致；外观质量和包装是否完好等。商品经过复核后，保管员和复核人员应在提货单上签字。

5. 编配包装，理货待运

出库商品属于自提自运的，可以与提货人当面点交，直接装运出库。属于发往外地的商品，需配合运输人员贴好标志，集中到理货组配场所待运。无论是分装、改装或拼装的商品，装箱人都要按规定填制装箱单放于箱内，以便收贷方验收。装箱单上要填明所装商品品名、规格、数量和装箱日期，并由装箱人签字或盖章，以明确责任。商品包装妥善后，即将商品移入指定地点，由理货员按商品运输方式和收货点，分单集中，填制商品启运单，并通知运输部门提货交运。

6. 交接清楚，放行出库

出库商品无论是要货单位自提，还是由运输部门发运，仓库发货人必须向提货人或运输人员按出库凭证所列逐件点交清楚，划清责任。得到提货人员认可后，仓库交货人随即在出库凭证上加盖"商品付讫"章戳，表示已办理出库手续。

7. 记账

保管员应认真审核进出库凭证，根据收、发货单记实物明细账卡。

三、商品库存管理

（一）商品储存管理的内容

商品库存管理的目的是在满足需求的前提下，通过对经营过程中的库存数量进行控制，力求降低库存数量，提高物流系统的效率，以强化企业经营的竞争力。

1. 商品储存量

商品储存量是指企业为满足市场需求或者本企业生产经营消耗的需要在预定时间内的商品库存量。

2. 商品储存结构

商品储存结构是指不同品种、规格和花色商品的构成比例。

3. 商品储存时间

商品储存不得超出一定的时间界限，否则，将会出现变质或者亏损。在保质和保本期内的储存为合理的储存。

4. 商品储存空间

它是指商品在生产进行过程中，结合市场需要，商品储存在各个环节、各个空间位置上的合理摆布。

（二）储存合理化

储存合理化的含义是用经济的办法实现储存的功能。其实质是，在保证储存功能实现前提下尽量少的投入，也是一个投入产出的关系问题。储存合理化的主要标志如下。

1. 质量标志

保证被储存物的质量，是完成储存功能的根本要求，只有这样，商品的使用价值才能通过物流之后得以最终实现。在储存中增加了多少时间价值或是得到了多少利润，都是以保证质量为前提的。所以，储存合理化的主要标志中，为首的应当是反映使用价值的质量。

2. 数量标志

在保证功能实现前提下有一个合理的数量范围。目前管理科学的方法已能在各种约束条件的情况下，对合理数量范围作出决策，但是较为实用的还是在消耗稳定、资源及运输可控的约束条件下，所形成的储存数量控制方法，此点将在后面叙述。

3. 时间标志

在保证功能实现前提下，寻求一个合理的储存时间，这是和数量有关的问题，储存量越大而消耗速率越慢，则储存的时间必然长，相反则必然短。在具体衡量时往往用周转速度指标来反映时间标志，如周转天数、周转次数等。

4. 结构标志

可从储存物的不同品种、不同规格、不同花色的储存数量的比例关系对储存合理性的判断。尤其是相关性很强的各种物资之间的比例关系更能反映储存合理与否。由于这些物资之间相关性很强，只要有一种物资出现耗尽，即使其他种物资仍有一定数量，也会无法投入使用。所以，不合理的结构影响面并不仅局限在某一种物资身上，而是有扩展性。结构标志重要性也可由此确定。

5. 分布标志

分布标志指不同地区储存的数量比例关系，以此判断和当地需求比，对需求的保障程度，也可以此判断对整个物流的影响。

6. 费用标志

仓租费、维护费、保管费、损失费、资金占用利息支出等，都能从实际费用上判断储存的合理与否。

（三）储存的 ABC 分类管理

1. ABC 分类管理的定义

ABC 分类管理是通过对储存进行统计、综合、排列、分类，找出主要矛盾、抓住重点进行管理的一种科学有效的管理方法。

将储存物品按品种和占用资金的多少分为特别重要的储存（A 类）、一般重要的储存（B 类）和不重要的储存（C 类）三个等级，然后针对不同等级分别进行管理与控制。把品种少、占用资金多、采购较难的重要物品归为 A 类；把品种多、占用资金少、采购较易的次要物品归为 C 类；把处于中间状态的归为 B 类；A 类物品在订货批量、进货时间和储存储备方面采用最经济方法，实行重点管理、定时定量供应，严格控制储存；C 类物品可采用简便方法管理，如固定订货量；B 类物品实行一般控制，如采取定期订货、批量供应。

2. ABC 分类管理的作用

ABC 分类管理是储存管理中常用的分析方法，也是经济工作中常用的一种基本工作和认识方法。ABC 分类管理的应用，在储存管理中比较容易地取得以下成效：第一，压缩了总库存量；第二，解放了被占压的资金；第三，使库存结构合理化；第四，节约了管理力量。

运用 ABC 分类法可以在保证企业生产、经营需求的前提下，使库存量保持在合理的水平上；有利于掌握库存量动态，适时、适量提出订货，避免超储或缺货；可以减少库存空间占用，降低库存的总费用，控制库存资金占用，加速资金周转。

3. ABC 分类管理的理论基础

社会上任何复杂事物，都存在着"关键的少数和一般的多数"这样一种规律。事物越是复杂，这一规律就越是显著。例如，在社会结构上，少数人领导多数人；在一个集体中，少数人起着左右局势的作用；在市场上，少数人进行大量购买，几百种商品中，少数商品是大量生产的；在销售活动中，少数销售人员的销售量占绝大部分，成千上万种商品中少数几种获得大部分利润；在工厂方面，少数品种占生产量的大部分；在成千上万种储存物品中，少数几种储存量占大部分，少数几种占用了大部分资金；在影响质量的许多原因中，少数几个原因带来大的损失；在成本方面，少数原件占成本的大部分。

可以作出这样归纳，一个系统中，少数事物具有决定性的影响。相反，其余的绝大部分事物却不太有影响。很明显，如果将有限的力量主要（重点）用于解决这具有决定性影响的少数事物上，和将有限力量平均分摊在全部事物上，两者比较，当然是前者可以取得较好的成效，而后者成效较差。ABC 分类管理即是在这一思想的指导下，通过分析，将"关键的少数"找出来，并确定与之适应的管理方法，这就形成了要进行重点管理的 A 类、一般管理的 B 类和简单管理的 C 类，且能够取得事半功倍的效果。

4. ABC 分类管理的一般步骤

一般说来，企业的储存水平反映着企业的经营管理水平，调查企业的储存，可以大体搞清该企业的经营状况。虽然 ABC 分类管理法已经成为企业中的基础管理方法，有广泛的适用性，但目前应用较广的，还是在储存分析中。

（1）收集数据　按分析对象和分析内容，收集有关数据。

（2）处理数据　对收集来的数据资料进行整理，按要求计算和汇总。一般以平均储存乘以单价，求算各种物品的平均资金占用额。

（3）绘制 ABC 分类管理表。

（4）分类。

（5）绘制 ABC 分类管理图。

以累计品目百分数为横坐标，以累计资金占用额百分数为纵坐标，按 ABC 分类管理表提供的数据，在坐标图上取点，并联结各点曲线，则绘成 ABC 分类曲线。按 ABC 分类管理曲线对应的数据，按 ABC 分类管理表确定 A、B、C 三个类别的方法，在图上标明 A、B、C 三类，则制成 ABC 分类管理图（见图 6-1）。在管理时，如果认为 ABC 分类管理图直观性仍不强，也可绘成直方图。

（6）确定重点管理要求　ABC 分类管理的主要目的在于解决困难，它是一种解决困难的技巧。在分析的基础上必须提出解决的办法，才真正达到 ABC 分类管理的目的。

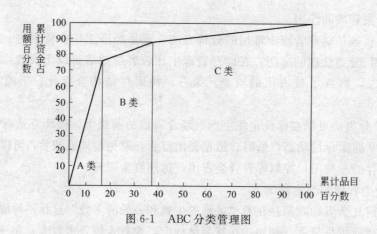

图 6-1　ABC 分类管理图

5. 按 ABC 分类管理

（1）对 A 类商品的储存，实行重点管理　这类储存物资数量虽少，但对企业却最为重要，是最需要严格管理和控制的储存。企业必须对这类储存定时进行盘点，详细记录并经常检查分析物资使用、存量增减、品质维持等信息，加强进货、发货、运送管理，在满足企业内部需要和客户需要的前提下维持尽可能低的经常储存量和安全储存量，加快储存周转率。

（2）对 B 类商品的储存，实行一般控制　这类储存属于一般重要的储存，一般进行正常的例行管理和控制。

（3）对 C 类商品的储存，采用简便方法管理　这类储存物资数量最大，但对企业的重要性最低，因而被视为不重要的储存。对这类储存，一般进行简单的管理和控制。比如，大量采购大量储存、减少这类库存的管理人员和设施、储存检查时间间隔长等。

6. 多重与多标准 ABC 分类管理

目前，我国对 ABC 分类管理的原理、方法研究尚不够透彻，在应用上也不甚灵活，有些人甚至产生一些误解，认为 ABC 分类管理只能分成三类，只能按固定模式进行。其实，ABC 分类管理还有许多灵活、深入的方法。

（1）分层的 ABC 分类管理　在物品种类较多，无法全部排列于表中，或即使可以排成大表，但必要性不大的情况下，也可以先进行品目的分层，以减少项数，再根据分层结果将 A 类品目逐一列出，进行个别的、重点管理。

（2）多种分类方法　除了按计算结果分成 ABC 三类外，在实际运用中也常根据对象事物的特点，采取分成三类或六类以上的方法等。

第四节　商品销售管理

一、商品销售概述

（一）商品销售的概念

所谓商品销售，就是商品所有者通过商品货币关系向货币所有者让渡商品的经济活动。从整个社会流通过程来看，商品销售包括两大类：

1. 商业销售

它包括两种，一种是批发销售，即将商品批量转售给批发商或零售商，供作转售，或者批量供应给生产者做生产消费；另一种是商品零售。即将商品直接销售给消费者或社会集团。

2. 生产销售

具体有两种，一是生产者将商品直接出售给消费者，包括生产消费者与生活消费者；二是生产者将商品出售给商业企业，供作转售。

（二）商品销售原则

1. 社会性原则

企业在组织商品销售活动时，不仅要关心自身的经营成果，还应积极地履行社会责任，使企业效益与社会效益相协调。商业企业的社会主义性质，决定它必须以社会性原则作为衡量自己销售行为的准绳。

2. 效益性原则

效益性原则是指企业的销售活动必须讲究赢利，以较少的费用争取最好的经济效益。

3. 安全性原则

安全性原则指在激烈的市场竞争中，企业要能为自己创造一个稳定的销售局面，从而保证企业经营的安全。在激烈的市场竞争中，企业要为自己创造一种稳定的销售局面。只有具备安定的经营环境，企业才能顺利实现自己的经营目的。

4. 市场适应性原则

市场适应性原则指企业的销售活动必须认真研究市场的需求变化，以适应消费者的各种需求为目标。

（三）销售业务流程

1. 批发企业商品销售过程

（1）拟定销售计划　商品销售计划是根据商品流通企业商品流转计划的主要组成部分，是编制其他专业计划的依据，它是根据企业经营思想和销售原则，在市场调查和预测的基础上制订的，是经营决策的具体化和数量化。

（2）签订合同　批发企业的商品销售，尤其对外地商品的销售，大多是期货交易，一般要经过签订合同这一过程。合同应在对各款交易条件进行充分协商，平等互利的基础上签订。

（3）开销货款　销货单是供需双方办理商品购销业务的依据和凭证。因此，批发开单必须按照客户的要货单或合同规定的要货时间、要货品种、规格数量及时开单，全面、及时地履行合同所规定企业应承担的义务。

（4）结算货款　结算货款是实现商品价值转移的全过程，经过货款结算，商品已全面售出。具体地说，企业财务部门按开单员送来的调拨供应单、销售发票，进行数量、单价、金额的复核。同时，按不同的结算方式办妥结算手续。

（5）交货发运　交货发运是商品实体从销方流向购方的空间转移过程。仓储部门接到有关销售单据后，应按照不同发货仓库进行分单，保管员按规定的品名、规格、等级、数量进行配货。储运部门在接到仓库报过通知后，应及时填制托运单，向运输部门落实整车或零担运输工作。

2. 零售业商品销售过程

（1）接待顾客　首先，要有正确的等待顾客的姿态。售货员应穿着商店规定的服装，精神饱满，仪容仪表大方；其次，售货员要站在规定的位置，以正确的姿态站立，不允许闲扯聊天，背对顾客，背靠货架等。其实，顾客进店后，要善于观察顾客的来意，用不同的方式接待。最后，售货员要正确掌握与顾客打招呼的时机，过早或过迟都会影响顾客的购买行为。

（2）展示商品　展示是一种形象化的介绍商品的形式，它由售货员施展特定的手法技巧，让商品自身说话。在展示商品时，要体现商品的特点，让顾客进行充分的比较和选择，同时，展示商品要轻拿轻放，动作平稳。

（3）介绍商品　售货员在掌握了有关商品知识和观察了解了顾客心理的前提下，向顾客推荐商品。推荐并介绍的作用在于使顾客了解商品，便于选择。因此在介绍商品时，应做到实事求是、态度诚恳、讲究方式、有问必答。

（4）包扎商品　达成交易后，有的商品要包扎。包扎要结实、美观、大方、零售企业应尽量用印有店名、店址和经营范围的包装纸和包装袋包装商品，以此起到广告宣传的作用。

（5）收款付货　包扎好商品之后，要开票收款，不论是售货员经手或是收款员经手收款，都要贯彻"货出去，钱进来"的原则，遵守唱收唱付的操作规程，然后将包扎好的商品与发票，双手递交给顾客，以示礼貌。

（6）送别顾客　顾客离开时，应向顾客道别致意，使顾客高兴而来，满意而归。即使没有达成交易，也应以诚相待，表示对顾客的重视和关心，维护企业的良好形象。

二、商品销售方式

企业的商品销售是通过一定的方式来进行的。不同类型的企业，不同的商品，不同的销售对象，需要采取不同的销售方式。采取灵活多样的销售方式，可以增强企业在市场竞争中的应变能力和竞争能力，不断扩大销售。目前，市场上所采用的销售方式有很多，企业应根据具体情况，合理选择销售方式。

（一）按商品所有权的转移来划分

1. 经销

经销是指生产厂家将产品成批量地销售给商业流通企业，流通企业取得商品的所有权后，再将商品进行转卖的商品销售形式。生产企业选择经销的销售方式一般基于以下考虑：能加速企业资金周转，使企业能集中精力进行新产品的开发；利用经销商在销售方面的优势，增加产品的销售量，提高市场占有率；避免产品滞销给企业带来的风险。选择一个合适的经销商是该种销售方式的关键。一般来说，企业往往从经销商的从业年限、经验和专长、管理水平、偿付能力、协作性和声誉等方面进行评价。经销的形式有总经销和一般经销。

2. 自销

自销是生产厂家自己组建销售队伍，自己构建销售网络体系，直接销售本企业产品的销售方式。例如，有的企业在全国各地设立销售分公司或开设专卖店等。

3. 代销

代销是指中间商接收厂商的委托，以中间商的名义销售产品，盈亏由厂商自行负责，中间商只根据售出产品的数量获取佣金。在代销活动中，代理商与委托人只是委托代理关系，没有发生商品所有权的转移。代理商只有在代理期间有商品的处理权，并且要以委托方的名义进行。代销双方通常要签订协议。代销方不承担交易风险，其主要职责是促成交易。

4. 代理制

代理制是指厂商委托授予独立的代理商以代理销售权。代理商在销售代理权限内代理委托人搜集订单、销售商品及办理其他与销售有关的事务，如广告、售后服务、仓储等，代理商在销售完成后领取一定的佣金。销售代理按不同的标准划分，按代理商是否拥有独家代理，分为独家销售代理和多家销售代理；按代理商的层次可分为总代理和分代理。

5. 租赁销售

所谓租赁，是指出租人依照租赁契约的规定，在一定时间内把租赁物租给承租人使用，承租人分期付给一定租赁费的融资和融物相结合的经济行为。现代租赁主要有融资性租赁和经营性租赁。融资性租赁是指承租人选定机器设备后，由出租人购置后再出租给承租人使用，承租人按期交付租金的一种融物与融资的经济活动。它是现代租赁中影响最大、应用最广、成交额最多的一种形式。经营性租赁是指出租方既为承租方提供融资便利又提供设备维修、保养等服务，同时还承担设备过时风险的中短期融物与融资相结合的经济行为。

（二）按商品销售方法的不同来划分

1. 门市销售

门市销售是商品流通企业通过固定的营业场所销售商品的方式。这种方式易于组织和管理，顾客集中，便于挑选商品，销售效率较高。大多数的商品均可采用，是一种最基本的销售方式。

2. 会议销售

会议销售是工商企业销售商品的一种主要形式，它由一家或几家公司主办，一般是在商品销售旺季之前召开。具体可采用供货会、订货会、洽谈会等形式。

3. 展览销售

展览销售是通过举办展览会，将商品实物或图片、资料进行陈列展出，或将某类或某种商品的花色、规格、型号集中起来，在一定期限内展览销售的形式。

（三）其他销售方式

1. 商品目录直销

向消费者派送或邮寄商品目录手册传递产品和服务信息，实现产品销售的活动。商品目录手册，含有大量图文并茂的产品和服务信息。每一条信息后附有直销商联系电话或经销商集中付费电话号码，以便消费者作出购买、询问等直接反应。

2. 直邮营销

直邮营销是借助邮件直接向目标市场传递产品和服务信息，并实现销售目的的营销活动。直邮邮件主要有产品信件、小册子、传单、磁带、录像带、计算机磁盘等。

3. 电话营销

这是通过电话销售产品或服务的直销形式，电话营销的发展与成功，得益于"集中付费电话"（800 免费电话）这一电信业务的产生与推广。

4. 电视直销

电视直销产生于 20 世纪 60 年代的美国，顾客用电话订购，商家送货上门。随着电视的普及，这一新的营销方式开始传入我国并迅速发展。企业可根据自身经营状况、产品特点、市场状况和经营管理体制以及政策规定，选择有利于企业发展的销售方式。可以以一种方式为主、多种方式并用的办法，以扩大企业商品销售，提高企业经济效益。

5. 网络营销

网络营销是指通过有效利用计算机网络这一现代技术，最大限度地满足顾客需求，以达到开拓市场，增加赢利能力，实现营销目标的过程。作为适应网络经济时代的新营销理论，网络营销是传统营销理论在信息时代的发展和延伸。网络营销也是一门实践性很强的新兴理论，正在被越来越多的企业营销人员理解、接受并付诸实践。

网络营销不同于网上销售，二者的区别类似于营销和销售；网络营销也不同于网络广告，网络广告只是网络营销促销活动的一种重要的手段；网络营销当然也和电子商务不同，网络营销是电子商务的一个重要组成部分，是电子商务中发展较快，应用也比较广泛的一个部分，它大大推动了电子商务的发展。

三、商品销售管理

（一）商品销售管理的含义

商品销售是一门综合性、专业性、技巧性很强的业务工作。商品销售管理就是以市场为目标，以用户为对象，通过商品的交换和销售服务，为用户提供满意的产品，为实现企业的经营目标所进行的一系列有组织的活动。

（二）商品销售管理的主要内容

1. 掌握市场动态，进行市场调查和预测

市场调查就是对市场情况进行调查，了解用户对产品的当前需要和潜在需要。主要内容有：调查社会对产品的需求情况；调查社会商品的购买能力与产品销售动态；消费者购买心理的调查；科学技术与新产品发展动向的调查。

2. 制订市场开拓的销售方针

3. 签订并管理销售合同、编制销售计划

销售合同，是指企业与购货单位双方签订的以销售商品为内容的具有法律效应的经济协议。合同一经签订，双方必须严格遵守，不得擅自变更和解除合同。

销售计划是企业编制生产计划和财务计划的重要依据，编制产品销售计划，必须遵循"以销定产"的原则。

4. 组织产品销售和做好销售服务和销售业务管理

产品销售业务的管理包括销售合同管理、商标管理、广告管理、包装和装潢管理、销售服务管理以及销售人员的管理等。

（三）销售人员的管理

在市场经济条件下，销售人员的素质高低，直接决定着企业产品的销售状况，并对企业的整个经营状况产生重要的影响。

1. 销售人员应具备的精神素质

（1）效忠精神　要求销售人员对自己所在的企业，必须尽忠效力，热爱自己的企业，忠诚自己的企业，对自己的企业有强烈的归属感和向心力。

（2）敬业精神　要求销售人员对所从事的产品销售业务具有强烈的事业心和责任感，自觉自愿地献身于本企业的产品销售事业，兢兢业业，任劳任怨。

（3）开拓精神　要求销售人员必须具有顽强的进取意识和创新意识。在任何困难和挑战面前都应该无所畏惧，不断打开新局面，开辟新市场。

（4）服务精神　要求销售人员必须乐于全心全意为顾客服务。销售人员的一言一行都代表着企业的形象，关系到企业的信誉。

（5）自律精神　要求销售人员能够自我约束，廉洁奉公，遵守职业道德。

2. 销售人员应具备的知识素质

（1）产品知识　销售人员对本企业生产各类产品的用途、价格、质量、操作使用、维持保养等，应有全面深入的了解。销售人员只有掌握和具备产品方面的各种知识，才能有效地向顾客宣传、介绍和推广销售产品。

（2）企业知识　销售人员应熟悉企业的发展历史、现实状况及其生产规模、经营方针、销售策略、发展战略和规章制度等。

（3）市场知识　销售人员应具备较全面的市场知识，懂得市场学的基本原理，掌握市场调查和预测的基本理论及方法，善于分析市场、研究市场，及时了解本企业产品的市场销售趋向和市场行情的动向。

（4）顾客知识　销售人员要善于了解、分析顾客的各种特点，懂得社会学、心理学、消费学、行为科学等方面的一些基本知识；善于分析现实顾客和潜在顾客的各种需求情况，根据不同的顾客，采取不同的推销策略。

（5）法规知识　销售人员要学法、知法、懂法、守法。

3. 销售人员应具备能力素质

（1）推销能力　就是指把产品推广和销售给顾客的能力。

（2）创造能力　是指销售人员面对复杂的市场环境和多变的竞争态势，善于用心去思考，积极探索产品销售的新思路、新途径和新方法，创造性地运用各种促销方式，去发展新顾客，开拓新市场。

（3）市场分析能力　就是要求销售人员要有敏锐的市场观察能力和预测能力。

（4）随机应变能力　这是要求销售人员应思维敏捷、反应迅速、分析和综合事物能力很强，判断和推理及时准确、想象力丰富、能够触类旁通。

（5）社会交往能力　主要包括：与顾客建立密切联系，取得信任和谅解，以及处理相互之间存在的各类矛盾等方面的能力。

（6）语言表达能力　语言表达能力包括：在向顾客推销产品时，能够简明扼要、明确地把产品信息传递给顾客，引起顾客的兴趣；并且善于运用巧妙的语言诱导顾客产生购买动机。

（7）观察记忆能力　销售人员对顾客要善于察言观色，能够从顾客中分辨出哪些是现实的购买者，哪些是潜在的购买者，他们各有什么愿望和需求。同时，销售人员还应有很强的记忆能力，能够记住与自己打过交道的顾客姓名、面孔和销售活动当中发生的各种事情，这些对今后的销售活动有着一定的益处。

本 章 小 结

1. 商品采购是指单位或个人基于生产、销售或消费商品的目的，购买商品或劳务的交易行为。企业要达到理想的采购效果，应该根据所购商品的特性等因素，选择合理的采购制度；制订科学的采购计划和采购策略；选择信誉好的供应商，进行业务洽谈并签订合同。

2. 商品运输方式有铁路运输、公路运输、水路运输、航空运输、管道运输等多种方式。企业应该结合商品自身特点、企业经营状况以及运输部门的情况，综合加以考虑，组织商品合理运输。

3. 商品储存是保证企业正常经营，实现企业经济效益必不可少的一个环节。商品储存的内容主要是指商品验收入库、商品保管、商品发放、商品盘点等内容。商品库存控制和管理的方法主要有 ABC 库存控制法和库存最优控制模式。科学合理地组织商品配送，提高企业的经济效益。

4. 商品销售是企业经营的中心环节。在商品销售过程中，应遵循商品销售原则；采用适当的销售方式；制订科学合理的销售渠道，利用各种有效的服务形式，满足用户的需要，提高企业经济效益，实现社会效益。

 复习思考题

1. 什么是商品采购？
2. 商品运输有哪几种方式？它们各有什么特点？
3. 商品储存主要包括哪些内容？
4. 商品销售应遵循什么原则？
5. 销售人员应具备哪些能力、素质？

 案例分析

格兰仕光波炉：营销"非典"时刻

格兰仕光波炉在 2001 年 7 月问世的时候，这个产品的使命非常清晰。在经过近十年激烈的市场拼杀之后，格兰仕已经占领了中国微波炉市场的 70％，世界微波炉市场的 40％，然而，格兰仕在中国消费者的心目中，定位于低价格、低技术的品牌。

在完成对中国市场的垄断之后，格兰仕的营销战略需要调整——从追求市场占有率的低价格扫荡，回归到追求高利润上来。光波炉承担着扭转格兰仕"价格屠夫"的形象，树立高端品牌的重任。2002年，格兰仕以"杀菌更彻底，营养更美味"为诉求的光波炉闪亮登场，只用了短短一年，光波炉就取得了良好的业绩。

2003年3月，一场突如其来的瘟疫给格兰仕提供了提升光波炉的良机。"非典"刚露出端倪，格兰仕就开始在全国范围内投放宣传光波炉杀菌功能的广告。与此同时，格兰仕迅速取得了检测机构关于对产品"杀菌"功能的检测证书，并联合媒体召开杀菌家电研讨会。

此后，格兰仕开始向当时媒体关注的中心——医院，大规模赠送能够杀菌的"光波炉"，赠送活动在向北京小汤山医院捐赠时达到了高潮。

格兰仕在推广光波炉"消毒杀菌"功能的过程中，时刻让自己处于媒体关注的中心，并且高明地将舆论引导到有利于自己的方向。在"非典"肆虐的几个月里，格兰仕是最受公众关注的家电企业。巧妙借势，在"非典"期间，在家电企业一片悲叹之中，格兰仕却赢了满堂彩，不少地方出现断货现象。

 问题讨论

1. 格兰仕"光波炉"对格兰仕集团的发展有什么重要意义？
2. 格兰仕"光波炉"的营销方案有什么特色？

 实践训练

通过对某一品牌手机顾客满意度的实地调查，要特别观察营销人员采用的推销技巧，调查并收集顾客满意度、顾客满意的企业与相关资料，锻炼与提高学生进行顾客满意度以及顾客满意服务满意策划的能力。

要求每个学生完成一份顾客满意度或顾客满意的调查报告或策划方案。

◎ 第七章

企业质量管理

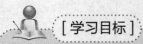

1. 掌握质量及质量管理的概念，了解质量管理的发展历史。
2. 掌握全面质量管理的概念与基本思想、质量管理的 PDCA 循环在全面质量管理中的应用。
3. 掌握质量管理的统计方法及其在质量管理中的运用。
4. 掌握质量管理体系与质量体系认证。
5. 了解 ISO 9000 族标准在质量管理中的作用，熟悉 ISO 9000 族标准的基本内容；
6. 能运用所学知识对某一企业或组织的质量管理体系及一般质量问题进行初步分析，并提出解决问题的基本思路。

导入案例 ▶▶

三角集团的质量意识

三角集团，以轮胎生产经营为主导，兼营精细化工、机电维修、三产服务的大型企业集团。仅仅在 13 年的时间里，三角集团固定资产、净资产分别增长了 25 倍、15 倍，三角集团成为国内轮胎企业供给内需和外贸出口的主力军，销售额领先国内同行。产品在国内外市场上树立起过硬的品牌形象，成为同行业第一个"中国驰名商标"。

三角集团振兴的法则：管理，将严格的、细微科学的管理渗透到企业流程的每一个神经末梢。

抓住了根本质量是赢得消费者的关键之所在，质量创新是企业创品牌的主战场。这一看似简单的企业运行法则，却是决定企业成败的根本。三角集团始终坚信，"缺乏可靠的质量保证，在市场上只能糊弄一时。"

三角集团对自身产品质量的定义，不仅仅限于内在质量特性和外在质量特性，不仅仅在产品的性能、外观、形状、款式等方面对质量进行控制，集团认识到产品的工序质量与工作质量决定产品的品质质量，因此集团把质量概念延伸到生产工序的每个环节和员工工作的每一步骤，从而产生了企业高标准的质量概念。工序质量，是指轮胎每一生产工序能够稳定地生产合格产品的能力；工作质量是指企业的管理工作、技术工作和组织工作对达到质量标准和提高产品质量的保证程度。三角集团的质量管理理念认为，产品质量只是工序质量和工作质量的综合反映。因此，三角集团将质量管理延伸到企业生产经营活动的全过程，强调的是质量形成的各部分的有机联系和相互制约的关系。

正是基于对产品质量管理的认识突破，三角集团的质量管理才能科学有序地推进。

首先，质量必须有一个好的产品作为载体。三角集团率先瞄准新兴市场，把大力发展子午轮胎确立为公司立足市场创品牌的产品战略。集团通过认真分析市场，找准了推进子午轮胎战略的切入点，将发展重心转向全钢子午胎；同时优化原有斜交胎的产品结构，减少与竞争对手的差异化。

其次，围绕一个好的产品确立科学规范的质量管理体系。根据企业自身的发展特点，确立了全套质量管理体系，分别是目标管理体系、质量追溯体系、标准化管理体系、质量保证体系。公司每年都要针对市场情况和内部质量问题，制订有针对性和突破性的质量目标，并进行层层分解落实，对各生产车间实行关键质量指标领导集体承包，对质量管理和技术部门实行全公司综合质量指标承包，对涉及多方面的质量问题实行多部门联合承包，形成责任共同体。通过完善相应的激励约束机制，实行质量否决权制度，确保质量管理方针、目标的顺利实现。

三角集团的质量追溯体系是从供应商到各工序再到外部客户，从原材料、零部件到半成品再到成品的一整套体系。生产过程中出现的质量问题，可以通过信息系统检索追查到原材料采购到各个工序的每一个操作工，从而形成了全员对轮胎生产的全过程负责的机制。集团多年始终重视质量管理的标准化工作，不断追求企业内部建立一个只有本企业特点的、能有效运行的质量体系，保证了产品质量的稳定性和持续提高。

质量保证体系是三角集团质量管理的最后保障。三角集团的质量管理从生产领域又延伸到流通领域，使之无处不在。集团生产领域之外的协作单位与内部各环节技术、管理、经营活动的职责、任务、权限细化，建立统一这些活动的组织机构和质量信息反馈系统，形成了一个完整的质量管理体系有机体。

三角集团认为，没有质量的保证体系，质量管理就是有缺陷的。而集团着重要建立的保证体系，关键环节是高效灵敏的质量管理信息反馈系统。集团对相关信息流进行周密的收集与组织，包括市场需求动向、用户意见、工序质量表、不合格率、工艺规程等。这些质量信息最终成为集团进行质量决策、制订质量计划、组织质量改进、监督和控制生产过程、协调各方面质量活动的依据。

第一节　质量管理概述

一、质量管理的概念

（一）质量的概念

质量的概念是随着科学技术的进步和生产管理的发展不断演进变化的。有广义和狭义之分。人们通常所说的质量往往是指物品的好坏，即产品质量，这是狭义的质量。当前质量管理范畴中的质量是指广义上的质量概念，是指产品质量、工序质量和工作质量的总和，亦称全面质量。它比产品质量具有更深刻、更全面的含义。我们主要从广义的质量定义上对质量管理进行探讨。

1. 产品质量

产品质量是指产品本身的使用价值，即产品适合一定用途，满足人们的一定需要所具备的自然属性或特性。这些特征表现为产品的外观、手感、声音、色彩等外部特征，也包括结构、材质、物理、化学性能等内在特征；同时还包括经济特性，如成本、价格、使用费用、维修是否方便等；商业特性，如交货方式、交货时间、保修期等；以及其他方面的特性，如安全、环境、美观等。

在现实中，不同的产品，由于适用性的要求不同，因而其质量特性也不尽相同。一般来说，产品质量的特性可以概括为以下5个方面。

（1）性能　产品满足某种具体使用目的所具有的技术特性。如电视机在一定的工作环境中能用来接收电视信号。

（2）产品寿命　产品在适用范围和正常的使用条件下的期限。如日光灯可使用的小时数，电视机可正常使用的年限等。

（3）可靠性　产品在规定工作条件下和规定时间内，完成特定工作任务的能力。它是产品投入使用后表现出来的能满足人们需要的一种质量特性，如微型计算机、数控车床平均无故障运行的时间等。

（4）安全性　产品在流通和使用过程中保证安全的程度。如一些食品在生产过程中可能会使用各种添加剂、色素、抗生素等物质，如果处理不当，这些物质可能会对人们的身体健康造成一定程度的危害。

（5）经济性　产品在寿命周期内所发生的总费用的合理性，即不仅注重制造成本，而且注意产品的使用成本。如电冰箱的日耗电水平，汽车在使用过程中的燃油费和修理费用是否合理等。

产品质量特征反映产品质量状况，它是以质量标准作为衡量尺度的。产品质量标准是指对产品的功用、规格、包装及检验规则、检验方法等所作的技术规定。它一般包括：产品名称、用途和适用范围；产品的品种、类型、规格、结构；产品检验方法和工具；产品的包装、储运和保管准则；产品的操作说明等。符合质量标准的产品就是合格品，不符合质量标准的产品就是不合格品。我国现行的产品质量标准按其颁发单位和适用范围不同，可以分为国际标准、国家标准、部门标准和企业标准等。

2．工作质量

工作质量是指企业为保证和提高产品质量和工序质量，在经营管理和生产技术工作方面所应达到的水平或保证程度。

工作质量包括的范围较为广泛，它综合地反映了企业的组织、技术和管理工作等与产品质量直接有关的工作对产品质量的保证程度。它可以通过企业各部门的工作效率、工序质量、产品质量、经济效益等指标反映出来，并可直接用合格品率、不合格品率、返修率、废品率等一系列工作质量指标来衡量。

3．工序质量

工序质量是指工序能够稳定地生产合格产品的能力。它是工作质量与产品质量间的桥梁，即工作质量的好坏会影响到工序质量，工序质量的好坏又会影响到产品质量。

工序质量通常以工序能力表示，一般是由操作者、机器设备、原材料、工艺方法、测量、环境六大因素（5M1E）决定。如果这六大因素配合适当则能保证产品质量的稳定，反之，则出现不合格产品。

（1）操作者（Man）　操作工人的劳动态度、质量意识、文化程度、技术水平和身体状况等。

（2）机器设备（Machine）　设备及工艺装备的技术性能、工作精度、使用效率和维修状况等。

（3）材料（Material）　原材料及辅助材料的性能、规格、形状和成分等。

（4）方法（Method）　工艺规程、操作规程和工作方法等。

（5）测量（Measurement）　测量方法和测量器具等。

（6）环境（Environment）。工作地的温度、湿度、噪声、照明和卫生等。

产品质量、工序质量和工作质量之间有着密切的联系。工序质量直接影响产品质量，工作质量是工序质量和产品质量的保证和基础，产品质量则是各项工作质量的综合反映。

（二）质量管理

质量管理是指导和控制组织关于产品质量问题的相互协调活动。通常包括制定质量方针和质量目标以及质量策划、质量控制、质量保证和质量改进。具体来说，是指为了保证和提高产品质量而进行的一系列技术、组织、计划、协调和控制等工作的总称。其重点是确定质量方针、目标和职责，并在质量体系中通过诸如质量策划、质量控制、质量保证、质量改进和实施的全部管理活动，即对确定和达到质量要求所必需的职能活动的管理。它是企业管理的重要组成部分，是企业管理的中心环节，对促进企业的发展，促进国民经济的发展具有重要意义。

二、质量管理的发展阶段

1. 检验质量管理阶段

从 20 世纪初期到 40 年代，主要是按继定质量标准要求对产品进行检验；管理对象限于产品本身的质量；管理领域限于生产制造过程，因此，检验质量管理是一种消极防范型管理，依靠事后把关，杜绝不合格产品进入流通领域，无法在生产过程中起到预防、控制作用。

2. 统计质量管理阶段

从 20 世纪 40 年代到 50 年代末，主要是按照商品标准，运用数理统计在从设计到制造的生产工序间进行质量控制，预防产生不合格产品。管理对象包括产品质量和工序管理领域从生产制造过程扩大到设计过程。统计质量管理是一种预防型管理，依靠生产过程的质量控制，把质量问题消灭在生产过程。

3. 全面质量管理阶段

20 世纪 60 年代以来，随着科技进步和竞争激烈，产品更新换代日益频繁，对一些产品的安全性、可靠性的要求越来越高，企业内外部联系增多，系统论、决策论等理论被引入了质量管理，要求把质量问题作为一个统一的有机整体，加以综合分析研究。

第二节　全面质量管理

一、全面质量管理的概念

（一）全面质量管理的含义

所谓全面质量管理是指企业为了保证和提高产品质量，动员和组织企业全体员工综合运用组织管理、专业技术和数量统计等科学方法，对企业研制、生产、销售到用户使用的整个过程进行质量控制，经济地生产用户满意的产品的一整套质量管理工作体系和方法。

最早提出全面质量管理概念的是美国通用电气公司质量经理费根堡姆。他在 1961 年出版的《全面质量管理》中强调执行质量职能是公司全体人员的责任，应该使企业全体人员都具有质量意识和承担质量的责任。他指出："全面质量管理是为了能够在最经济的水平上并考虑到充分满足用户要求的条件下进行市场研究、设计、生产和服务，把企业各部门的研制质量、维持质量和提高质量的活动构成为一体的有效体系"。

（二）全面质量管理的特点

1. 质量管理的内容是全面的

既要管产品质量，还要管产品质量赖以形成的工作质量。在工作质量方面，要管好影响产品质量的设计质量、工程质量、检验质量、交货期质量、使用质量和服务质量等。总之，要求质优、价廉、交货及时、服务周到，以满足用户的需要为宗旨。

2. 质量管理的范围是全面的

对产品生产经营全过程都要进行质量管理，产品质量始于设计，成于制造，终于使用，这一过程的各个环节都会对产品质量产生不同程度的影响，因而必须对全过程进行管理，这样就把质量管理的范围从原来的制造过程向前后扩展或延伸，形成一个螺旋形的上升过程，从访问用户、市场调查、产品设计方案论证开始，到设计、试制、生产、测试检验、销售、使用、服务的全过程，都要严格地实施质量管理，保证达到原定的质量标准。这个过程不断循环，使产品质量不断改进和提高。

3. 参加质量管理的人员是全面的

即企业全体人员参加的全员质量管理。质量管理环环相扣，人人有责，不能把质量管理只看成是质量管理部门的事，企业各个部门的工作和各个环节的活动都直接或间接影响着产品质量。要提高产品质量就需要依靠所有人员共同努力，从企业领导、技术人员、经营管理人员到生产工人都要学习质量管理的理论和方法，树立质量第一的观念，提高工作质量和产品质量。

4. 质量管理的方法是全面的

采取的管理手段不是单一的，而是综合运用质量管理的管理技术和科学方法，根据不同情况和影响因素，组成多样化的复合的质量管理方法体系。影响产品质量的因素有很多种，必须对质量管理提出新的要求，企业在建立严密的质量保证体系的同时，充分地利用现代科学的一切成就，广泛灵活地运用现代化的管理方法、管理手段和技术手段，来提高个部门的工作质量，找出产品质量存在的关键问题，控制设计和制造过程的工作质量，达到提高产品质量的目的。要把科学的组织工作、质量检验、数理统计、改善经营管理和革新生产技术等有机结合起来，全面综合地管好质量。

二、全面质量管理的指导思想

全面质量管理是企业管理的中心环节，是企业管理的纲，它和企业的经营目标是一致的。这就是要求将企业的生产经营管理与质量管理有机地结合起来。全面质量管理的基本指导思想有以下几个方面。

1. 质量第一

市场的竞争归根结底就是质量的竞争，企业的竞争能力和生存能力主要取决于满足社会需求的能力。任何产品都必须达到所要求的质量水平，否则就没有或未完全实现其使用价值，从而给消费者、给社会造成损失。从这个意义上讲，质量必须是第一位的，"质量第一"的指导思想已成为世界各国的共同认识。

2. 用户至上

"用户至上"就是要树立以用户为中心，为用户服务的思想。要使产品质量与服务质量尽可能满足用户的要求，用户满意了产品才有销路，产品质量的好坏最终应以用户的满意程度为标准。企业的全体职工必须牢固树立"用户至上"的思想，不仅产品质量要达到标准，而且服务要周到。同时还要倡导"下道工序就是用户"的思想，不合格的零部件不能转给下道工序。只有这样，用户才能买得放心、用得满意。

3. 事前控制为主

质量是设计、制造出来的，而不是检验出来的，这说明事前控制是提高产品质量的关键所在。在生产过程中，检验属于事后控制，它可以避免不合格品流入市场，但不能决定不合格品的生产。所以，影响产品质量好坏的真正原因并不在于检验，而主要在于设计和制造。设计质量是先天性的，在设计时就已决定了质量的等级和水平；而制造只是实现设计质量，是符合性质量。但二者不可偏废，都应重视。

4. 强调用数据说话

数据是客观事物的定量反映，用数据说话就是用事实说话。这就要求在全面质量管理工作中必须具有科学的工作作风，在研究问题时不能满足于一知半解和表面现象，对问题的处理不但要进行定性分析，还要进行定量分析，做到心中有"数"，这样可以避免主观盲目性。

在全面质量管理中广泛地采用了各种统计方法和工具，其中用得最多的有"七种工具"，即因果图、排列图、直方图、相关图、控制图、分层法和调查表。常用的数理统计方法有回归分析、方差分析、多元分析、实验设计、时间序列分析法等。

5. 突出人的积极因素

与质量检验阶段和统计质量控制阶段相比较，全面质量管理阶段格外强调调动人的积极因素的重要性。这是因为现代生产多为大规模系统，环节众多，联系密切复杂，远非单纯靠质量检验或统计方法就能奏效的。必须调动人的积极因素，加强质量意识，发挥人的主观能动性，以确保产品和服务的质量。全面质量管理的特点之一就是全体人员参加的管理，"质量第一，人人有责"。

要提高质量意识，调动人的积极因素，一靠教育，二靠规范，需要通过教育培训和考核，同时还要依靠有关质量的立法以及必要的行政手段等各种激励及处罚措施。

三、全面质量管理的实施过程

全面质量管理活动组织实施的基本方式是 PDCA 循环保证体系。PDCA 质量管理循环保证体系是由美国质量管理专家戴明提出的，所以，又称"戴明环"。它是指质量管理中进行的计划（Plan）、实施（Do）、检查（Check）、处理（Action）这一工作过程的总称。这个过程是按计划——实施——检查——处理（即 PDCA）的顺序周而复始地运转的。

PDCA 循环一般经过四个阶段，共八个工作步骤（如图 7-1）：

1. 计划阶段（P）

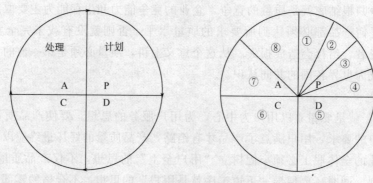

图 7-1　PDCA 循环四个阶段、八个步骤

这一阶段主要是通过市场调查，弄清用户对产品质量的要求，确定质量政策、质量目标、质量计划、管理项目和措施方案等。这一阶段的工作具体分为以下四个步骤。

步骤一：分析质量现状，找出存在的质量问题。在分析质量现状时，必须通过数据分析，并用数据说明存在的质量问题。影响产品质量的因素一般有人、机（设备、工具）、料（材料、零配件）、法（工艺、方法）、检测、环境等因素。

步骤二：分析产生质量问题的原因和影响因素。

步骤三：从各种原因中找出影响质量的主要原因。

步骤四：针对影响质量问题的主要原因，制订对策，拟订管理、技术和组织措施，提出执行计划和预期效果。在制订措施和计划的过程中要明确为什么要制订这一措施和计划，预期达到什么目标，在哪里执行这个措施和计划，由哪个单位或谁来执行，什么时间开始，什么时间完成，怎样执行等。

2. 实施阶段（D）

这一阶段主要是实施计划所规定的内容。这是第五个步骤。

步骤五：按预定计划、目标和措施，具体组织和措施。

3. 检查阶段（C）

这一阶段是在指计划执行过程中，检查计划的执行情况，查看执行的效果是否符合计划的预期目标。这是第六个步骤。

步骤六：检查计划执行情况和措施实行效果。

4. 处理阶段（A）

这一阶段是根据检查结果，采取相应的措施。这一阶段的工作包括以下两个步骤。

步骤七：把成功的经验和失败的教训纳入各种标准或规程中，以巩固已经取得的成绩，防止重复出现已经发生过的问题。

步骤八：将遗留问题转入下一个循环继续解决。

PDCA 循环运转时，有以下特点。

① 大环套小环，小环保大环，一环扣一环，推动大循环（如图 7-2 所示）。

即整个企业的质量管理体系构成一个大的 PDCA 循环，而各科室、车间、工段、班组和个人都有自己的 PDCA 管理循环，所有的循环圈都在转动，并且相互协调，互相促进。上一级循环是下一级循环的依据，下一级循环是上一级循环的组成部分和具体保证。

② 管理循环如同爬楼梯一样螺旋式上升，每转动一圈，就上升一步，就达到一个新的

水平，不停转动就不断提高。如此反复不断地循环，质量问题不断得到解决，管理水平、工作质量和产品质量就步步提高。（如图7-3所示）

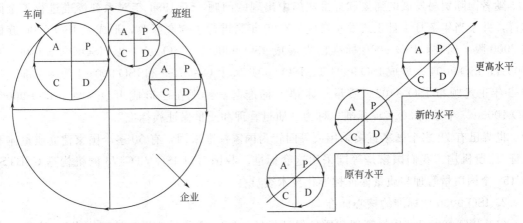

图 7-2　PDCA 循环运转特点之一　　　　图 7-3　PDCA 循环运转特点之二

③ 管理循环是综合性循环，四个阶段划分是相对的，不能机械地把它们分开，而要紧密衔接，而且各阶段之间存在一定的交叉。实际工作中，往往是制订计划后马上执行，在执行过程中进行检查，边检查边处理，边处理边调整计划。质量管理工作正是在这样的循环往复中达到预定目标的。

④ 管理循环的关键在于处理阶段，这一阶段要总结经验，巩固成果，纠正错误，吸取教训。只有把成功的经验和失败的教训都纳入各项标准、规程和制度中，才能使今后的工作少走弯路和不断提高。

第三节　质量管理体系

一、质量管理体系概述

（一）质量管理体系标准

1. ISO 9000 族系列标准简介

ISO 是国际标准化组织的缩写代号，其全称是 International Organization for Standardization，翻译成中文就是"国际标准化组织"。ISO 也是国际标准化组织颁布的国际标准代号。例如，ISO 9001、ISO 14001 即为该组织颁布的顺序号为 9001 和 14001 的国际标准。国际标准化组织成立于 1947 年，是非政府性的国际组织，也是规模最大的国际标准化团体，其成员包括 100 多个国家和地区，设有 2600 多个技术组织。中国是 ISO 的成员国并且是 ISO 的发起国之一。

ISO 9000 系列标准，也称《质量管理和质量保证标准》。它是由 ISO 的质量管理和质量保证标准化技术委员会（TC176）制定的。ISO /TC176 的 SC2 分技术委员会经过努力工作，于 1987 年发布了 ISO 9000 质量管理和质量保证系列标准。该系列标准是质量管理和质量保证标准中的主体标准，共包括"标准选用、质量保证和质量管理"三类五项标准。该五项标准的诞生是世界范围质量管理和质量保证工作的一个新纪元，对推动世界各国工业企业的质量管理和供需双方的质量保证，促进国际贸易交往起到了很好的作用。

随着国际贸易发展的需要和标准实施中出现的问题，于 1994 年对系列标准进行了全面修订，并于当年 7 月 1 日正式发布实施。2000 年又进行了彻底修改，形成了 ISO 9000 族标准 2000 版。现在，ISO 9000 标准已发展成 ISO 9000-1、ISO 9000-2、ISO 9000-3 和 ISO 9000-4；ISO 9004 发展成 ISO 9004-1、ISO 9004-2、ISO 9004-3 和 ISO 9004-4 等项标准。从 1986 年正式颁布 ISO 8402《质量一术语》标准起，到现在已形成 ISO 8000、ISO 9000、ISO 10000 三个系列 20 多项标准，称为"质量管理和质量保证族标准"。

世界已有 70 多个国家直接采用或等同转为国家标准采用，有 50 多个国家建立质量体系认证/注册机构。我们国家是等同采用这套标准。我国对口 ISO /TC176 的机构是 CSBTS/TC151 全国质量管理和质量保证标准化技术委员会。

2. ISO 9000 族标准的核心标准

(1) ISO 9000-1《质量管理和质量保证标准 第一部分：选择和使用指南》 这是一个指导性标准，主要阐述 ISO /TC176 所制定的质量管理和质量保证标准中所包含的与质量有关的基本概念，即对主要质量目标和质量职责、受益者及期望值、质量体系要求和产品要求的区别、通用产品类别和质量概念等问题的明确解释，同时提供了关于这些标准的选择和使用的原则、程序和方法。

(2) ISO 9001《质量体系、设计、开发、生产、安装和服务的质量保证模式》 主要阐述了从产品设计、开发开始，直至售后服务的全过程的质量保证要求，适用于要求供方质量体系提供具有从合同评审、设计直到售后服务都能进行严格控制的能力的足够证据，以保证从设计到服务各个阶段都符合规定的要求，防止出现不合格产品。它满足了顾客对供方企业的要求，即企业提供的质量体系从合同评审、设计到售后服务都具有进行严格控制的能力。

(3) ISO 9002《质量体系、生产、安装和服务的质量保证模式》 主要阐述从材料采购开始直到产品交付的生产过程的质量保证体系要求，适用于要求供方质量体系提供具有对生产过程进行严格控制的能力的足够证明，用以保证在生产、安装阶段符合规定的要求，防止及发现在生产过程中出现任何不合格现象，并能及时采取措施避免不合格现象重复发生。

(4) ISO 9003《质量体系最终检验和试验的质量保证模式》 主要阐述了从产品最终检验到成品交付的成品检验和试验的质量体系要求。适用于要求供方质量体系提供具有对产品最终检验和试验进行严格控制的能力的足够证据，以保证在最终检验和试验阶段符合规定要求。

(5) ISO 9004-1《质量管理和质量体系要素 第一部分：指南》 它阐明了企业建立健全质量体系的组织结构、程序、过程和资源等方面的内容，对产品质量形成各阶段的技术、管理和人等因素的控制提供全面的指导。该标准从企业质量管理的需要出发，阐述了质量体系原理和建立质量体系的原则，提出了企业建立质量体系一般应包括的基本要素。

3. ISO 9000 族系列标准的指导性文件

目前，2000 版 ISO 9000 族标准的结构是由五项标准、技术报告和小册子组成。技术报告和小册子属于对质量管理体系建立和运行的指导性文件，也是 ISO 9000 族标准的支持性文件。

（二）质量管理体系的结构与主要内容

1. 管理职责

管理职责是指企业通过质量方针和目标的制定，质量管理体系的策划，对企业内的职责、权限和沟通的明确以及管理评审等活动，明确每一个部门、每一个人员的质量责任和权限，规定各部门的隶属关系，对容易造成责任不清的质量活动按规定采取协调措施。

2. 资源管理

资源管理是指企业通过对人力资源、基础设施和工作环境等企业资源的统筹安排，保证企业质量管理体系的正常运行和持续改进。

3. 产品实现

产品实现是指企业对营销和市场开发、产品设计和开发、工序计划和开发、采购、生产和提供服务、验证、包装和储存、销售和分销、安装和分包、技术协助和服务、后续市场跟踪的全过程的管理要求。

4. 测量、分析和改进

测量、分析和改进是指通过对产品和过程的监视和测量，在对不合格品或不合格过程的分析过程中，通过纠正措施和预防措施的落实，证实产品的符合性，确保质量管理体系的符合性，持续改进企业质量管理体系的有效性。

5. 体系的文件化

体系的文件化是指 ISO 9000 质量管理体系明确地规定以文件形式阐述企业的质量管理体系；同时为了质量管理体系的贯彻执行，提供永久性的参考依据。

（三）质量管理工作体系的建立

质量管理体系的建立，一般分为以下五个阶段。

1. 准备阶段

企业应组织全体人员认真学习，理解并掌握 ISO 9000 系列标准的主要内容、指导思想以及执行此标准的重要意义。

2. 现状调研阶段

结合 ISO 9000 系列标准分析本企业的实际状况。

3. 体系策划阶段

明确企业质量管理体系的需求，建立企业质量管理体系运行的质量方针和目标。

4. 编制质量文件阶段

该阶段包括质量手册、程序、作业指导书、质量记录等，即贯穿于整个质量活动的文字资料。

5. 质量管理体系运行阶段

企业按照 ISO 9000 系列标准结合企业具体情况建立起质量管理体系后，至少应让体系运行半年以上才能申请评审注册。

（四）质量体系的运行

在质量体系构建完成以后，按照质量体系文件运行、使质量管理体系持续生效的过程就是企业质量体系运行。需要做以下几方面的工作。

① 开展内部质量管理体系审核。

② 加强组织协调。

③ 完善质量管理体系文件。

④ 强化质量监督。

⑤ 加强信息反馈与处理。

二、质量认证

质量认证由来已久，它是市场经济的产物。1903 年，英国创造了世界上第一个用于符合标准的认证标志，就是有名的"BS"标志或称"风筝标志"，并一直使用至今。由于质量认证是由独立于第一方（供应商）和第二方（采购商）之外的第三方中介机构，通过严格的检验和检查，为产品的符合要求出具权威证书的一种公正、科学的质量制度，符合市场经济的法则，能给贸易双方带来直接经济效益，有人称质量认证是商品进入国际市场的通行证。按照一定规范有序开展质量认证活动，可减少重复检验和评审，降低成本，成为促进贸易的有效手段。

1. 质量认证的含义

质量认证也称合格认证，是指第三方（社会上的认证机构）依据程序对产品、过程或服务符合规定的要求对供方的质量体系进行审核、评定和注册活动。其目的在于通过审核、评定和事后监督来证明供方的质量体系符合某种质量保证标准，对供方的质量保证能力给予独立的证实。

2. 质量认证的对象

质量认证的对象不仅包括产品，还涉及提供产品的质量管理体系，产品质量的认证和质量管理体系认证统称为质量认证。

（1）产品质量认证 按认证性质划分可分为安全认证和合格认证。

（2）质量认证的表示方法 质量认证有两种表示方法，即认证证书和认证合格标志。认证证书（合格证书）是由认证机构颁发给企业的一种证明文件，它证明某项产品或服务符合特定标准或技术规范。认证标志（合格标志）由认证机构设计并公布的一种专用标志，用以证明某项产品或服务符合特定标准或规范。

3. 质量认证的特点

① 质量认证是由具有第三方公正地位的认证机构进行客观的评价，作出结论，若通过则颁发认证证书。要使供方质量体系认证具有公正性和可信性，认证必须由与被认证单位（供方）在经济上没有利害关系，行政上没有隶属关系的第三方机构来承担。

② 进行质量认证，往往是供方为了对外提供质量保证的需要，故认证依据是质量管理体系的要求标准，即 GB/T 19001，而不能依据质量管理体系的业绩改进指南标准即 GB/T 19004 来进行，更不能依据具体的产品质量标准。

③ 质量认证的对象不是该企业的某一产品或服务，而是质量体系本身。有的企业申请包括企业各类产品或服务在内的总的质量体系的认证，有的申请只包括某个或部分产品（或服务）的质量体系认证。

④ 认证过程中的审核是围绕企业的质量管理体系要求的符合性和满足质量要求和目标方面的有效性来进行；认证的结论不是证明具体的产品是否符合相关的技术标准，而是质量

管理体系是否符合 ISO 9001 即质量管理体系要求标准，是否具有按规范要求，保证产品质量的能力。

⑤ 认证合格标志，只能用于宣传，不能将其用于具体的产品上。按规定程序申请认证的质量体系，当评定结果判为合格后，由认证机构对认证企业给予注册和发给证书，列入质量体系认证企业名录，并公开发布。获准认证的企业，可在宣传品、展销会和其他促销活动中使用注册标志，但不得将该标志直接用于产品或其包装上，以免与产品认证相混淆。

⑥ 认证是企业自主行为。产品质量认证，可分为安全认证和质量合格认证两大类，其中安全认证往往是属于强制性的认证。质量体系认证主要是为了提高企业的质量信誉和扩大销售量，一般是企业自愿、主动地提出申请，属于企业自主行为。

4. 进行质量认证的意义

① 通过实施质量认证可以提高员工质量意识，提高产品设计质量，促进企业完善质量管理体系。

② 可以有效利用人、机、料，提高生产效率，提高产品质量，提高企业的信誉和市场竞争能力。

③ 有利于减少生产和环境故障，减少返工和投诉，增强用户信心，保护供需双方的利益。

④ 有利于提高企业形象，开拓国际市场，增加国际市场的竞争能力。

5. 质量管理认证的实施程序

① 提出申请。申请单位向认证机构提出书面申请。

② 认证机构进行审核。包括文件审核、现场审核、提出审核报告。

③ 审批与注册发证。

④ 获准认证后的监督管理。

⑤ 申诉。申请方、受审核方、获证方或其他方，对认证机构的各项活动持有异议时，可向其认证或上级主管部门提出申诉或向人民法院起诉。认证机构或其认可机构应对申诉及时作出处理。

6. 我国的质量认证及实施

我国的产品质量认证工作开始于 1981 年，质量体系认证工作开始于 1992 年。为了规范认证机构的行为，国家质量技术监督局批准成立了中国质量体系认证机构——国家认可委员会（CNACR），授权 CNACR 对认证机构实施国家资格认可和监督管理。

我国的认证标志分为方圆标志、长城标志和 PRC 标志，是由国务院标准化行政标志认证中心主管部门统一管理、审批、发布的。中国方圆标志认证委员会方圆标志认证中心（简称中国方圆标志认证中心，英文简称 CQM），已于 2001 年 9 月正式成为国际认证联盟成员，标志着方圆认证已经走向世界。

第四节　质量管理的统计方法

一、质量统计控制的基本原理和数据要求

质量统计控制就是运用概率论和数理统计的原理，提出控制生产过程、预防不合格产品

的思想和方法。即在生产过程中，随机抽取样本，通过对小部分样品进行检测和整理加工，从中获得样本质量数据信息，并以此为依据，推测和控制全体产品或工艺过程的质量状况。

1. 质量数据的分类

根据质量数据的特点，可以将其分为计量值数据和计数值数据。计量值数据是可以连续取值的数据，属于连续型变量。计数值数据是只能按 0，1，2，…数列取值计数的数据，属于离散型变量，它一般由计数得到。计数值数据又可分为计件值数据和计点值数据。

① 计件值数据，表示具有某一质量标准的产品个数。如总体中的合格品数、一级品数。

② 计点值数据，表示个体（单件产品、单位长度、单位面积、单位体积等）上的缺陷数、质量问题点数等。如检验钢结构构件涂料涂装质量时，构件表面的焊渣、焊疤、油污、毛刺数量等。

2. 质量数据的特征值

常用的有描述数据分布集中趋势的算术平均数、中位数和描述数据分布离中趋势的极差、标准偏差、变异系数等。提高质量数据特征值的可靠性关键取决于两点：一是样本要有代表性，这涉及抽样的规模、广度和随机性；二是数据应用要合理。

3. 质量数据的分布特征

（1）质量数据的特性　① 质量数据具有个体数值的波动性和总体（样本）分布的规律性。

② 质量数据的集中趋势和离中趋势反映了总体（样本）质量变化的内在规律性。

（2）质量数据波动的原因　影响产品质量主要有五方面因素，即人力、机器、材料、方法技术、环境。个体产品质量的表现形式的千差万别就是这些因素综合作用的结果，这些因素自身在不断变化，质量数据因此具有了波动性。

质量数据在质量标准允许范围内波动称之为正常波动，是由偶然性原因引起的。若是超越了质量标准允许范围的波动则称之为异常波动，是由系统性原因引起的。由于异常波动特征明显，容易识别和避免，特别是对质量的负面影响不可忽视，生产中应该随时监控，及时识别和处理。

（3）质量数据分布的规律性　质量数据的分布规律在质量管理中对统计总体而言为正态分布，该分布规律是理论和实践证明的统计规律，它可用一个"中间高、两端低、左右对称"的几何图形表示。一般计量值数据服从正态分布，计件值数据服从二项分布，计点值数据服从泊松分布等。实践中只要是受许多起微小作用的因素影响的质量数据，都可认为是近似服从正态分布的。

二、质量管理常用的统计方法

统计质量管理是以 1924 年来自贝尔实验室的美国统计专家休哈特制定的可用于监控生产的统计控制表开始的，经过几十年的发展，目前已发展了许多统计质量控制方法。

（一）质量管理的基本方法

1. PDCA 循环——戴明循环

PDCA 循环最早由美国质量管理学家戴明博士提出，他把质量管理过程分为四个阶段，即计划（Plan）、执行（Do）、检查（Check）、处理（Action）。

2. 朱兰三部曲

朱兰博士认为，产品中的质量问题80％是由于管理不善引起的，要提高产品质量，就应破除传统观念，抓住质量策划、质量控制、质量改进三个环节。这种管理模式称为"朱兰三部曲"。

（1）质量策划　质量策划就是明确质量目标，并为实现质量目标进行策划部署。其主要内容有：确定顾客的需求；开发可以满足顾客需求的产品；制定能满足顾客需求的质量目标，并以最低综合成本来实现；开发出能生产所需产品的生产程序；验证这个程序的能力，证明它在实施中能达到的质量目标。

（2）质量控制　质量控制是在生产经营中达到目标的过程，最终结果是按照质量计划进行生产，并作相应控制。主要内容有：选择控制对象；规定测量标准和方法；测定实际质量特性；对通过实际与标准的比较找出差异；根据差异采取措施并监控其效果。

（3）质量改进　质量改进是一个突破计划并达到前所未有水平的过程。

（二）质量管理常用的工具与技术

1. 直方图法

（1）直方图简介　直方图也叫质量分析图，是通过对质量数据进行加工整理，从而分析和掌握质量数据的分布情况的一种质量数据分析方法。它是从总体中随机抽出样本，将样本获得数据进行整理，根据这些数据找出质量波动规律，以此预测质量好坏，估算不合格品率的一种常用工具。

在任何相同工艺条件下，加工出来的产品质量不会是完全相同的，总会在某个范围内变动。运用直方图的目的，就在于把产品质量变动的情况用图形反映出来。使用者通过观察直方图，并与产品质量标准的要求相比较，可以判断其生产过程是否处于稳定状态，预测生产过程的不合格品率。

（2）直方图的图形　直方图基本形状如图7-4所示。

（3）直方图的作用　直方图可以用

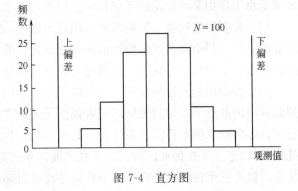

图7-4　直方图

于形象表示质量情况，直观的图形、定性的数据，可以使阅读者一目了然。将直方图与标准形式相比较，则能够发现异常情况，以便进一步分析问题产生的原因。

正常型的直方图是中间为顶峰，左右大致呈对称的形态，而异常型通常有以下几种形态。①锯齿型：它往往是由于数据分组过多或测量数据有误等原因造成的。②偏向型：加工习惯会造成这种结果。例如，加工孔时一般偏小的多，加工轴时往往偏大的多。③孤岛型。它往往是由于加工条件一时变动造成的。④双峰型：对数据没有适当分层会产生这种图形。⑤平顶型：是由于工序中存在某种缓慢变化倾向，如刀具的磨损、操作者的疲劳等。

2. 控制图法

（1）控制图的概念和结构　控制图又称管理图，是对生产过程质量特性值进行测定、记录、评估，从而判断检查过程是否处于控制状态的一种用统计方法设计的图。它是工序质量控制的主要手段，控制图的形状如图 7-5 所示。

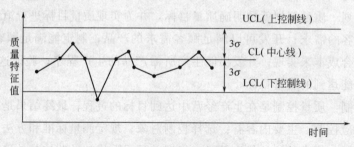

图 7-5　控制图

横坐标为取样时间，纵坐标为测得的质量特性值。图上中间一条实线叫中心线 CL，上面一条虚线叫上控制线 UCL，下面一条虚线叫下控制线 LCL。

控制图通常以样本平均值 X 为中心线，取标准差的 3 倍（即 $X \pm 3\sigma$）作为上下控制线界限的范围。因为根据正态分布规律，落在该控制线以内的概率为 99.73%，在控制线以外的概率为 0.27%。按照"视小概率事件为实际上不可能"原理，就可以认为出现在 $X \pm 3\sigma$ 区间外的时间为异常波动，说明生产过程有系统原因存在。

（2）控制图的基本原理　在生产过程中，无论工艺条件多么一致，生产出来的产品质量的特性值，也不会完全一致，这就是所谓的质量波动。产品质量波动分为正常波动和异常波动。正常波动是由偶然因素引起的，在每个工序中都是经常发生的，具有一定的规律。异常波动是由工序中某种特定的系统性因素引起的，如机器磨损、误操作等。

（3）控制图的种类　控制图按其用途可以分为两类：一类是供分析用的控制图，用控制图分析生产过程中有关质量特性值的变化情况，看工序是否处于稳定状态；另一类是管理用的控制图，主要用于发现生产过程是否出现异常情况，预防产生不合格产品。

（4）控制图的观察与分析　①判断工序稳定的条件：一是点子在控制界限以内；二是在控制界限内的点子，排列无缺陷或者说点子无异常排列。两个条件同时满足，才能断定工序稳定。②判断工序不稳定的条件：一是点子超出控制界限（点子在控制界限上按照超出界限处理）；二是点子在警戒区内。点子在警戒区是指点子处在 $2\sigma \sim 3\sigma$ 范围之内。三是点子排列异常。以上三个条件只要有一个条件满足就可以断定工序不稳定，生产过程处于异常状态。应立即采取有效措施，使质量迅速恢复正常状态。

3. 排列图法

（1）排列图的概念　排列图又称为帕累托（Pareto）图或主次因素分析图。它是定量找出影响产品质量的主要问题或因素的一种简单有效的方法。1897 年，意大利经济学家帕累托在分析社会财富的分布状况时，发现了所谓"关键的少数和次要的多数"的关系，帕累托在分析中使用的方法也因此得名。1951—1956 年，美国的质量管理学家朱兰把帕累托排列图法应用于质量管理，在改善质量活动中作为寻找主要影响因素的一种工具。

（2）排列图的绘制步骤　①收集一定期间的数据，例如不合格品的统计数字。②把收集到的数据根据原因、部位、工序、人员等情况分清层次，计算各类项目重复出现的次数（即频数）及频率。③以一定的比例绘图，左方的纵坐标表示频数（出现次数或金额等），右边的纵坐标表示累计百分数（即出现频率为多少）。④按频数的大小，依次将各项因素用直方形表示出来，成为几个由左向右下降排列起来的图形，即排列图。⑤将直方形端点的累计数（将各项频率依次累加起来），用一条折线连接起来形成一条由左向右上升的曲线，即帕累托曲线（如图 7-6）。

（3）排列图的分析　排列图的横坐标表示影响质量的各种因素，左方的纵坐标表示频数，右边的纵坐标表示累计百分数。通常按累计百分数将影响因素分为三个区域，将质量缺陷分为 A、B、C 三类进行管理。

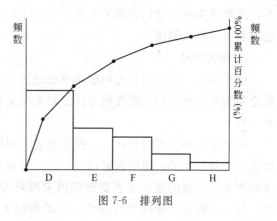

图 7-6　排列图

其中累计频率在 0～80％区间项目划为 A 类，是主要控制项目，要加强控制；累计频率在 80％～90％区间的为 B 类项目，为次要项目，可按常规管理；累计频率在 90％～100％区间的为 C 类项目，为一般项目，可放宽管理；由于 A 类影响因素占了存在问题的 80％，是影响质量的主要因素，如果此类问题解决了，质量问题就大部分得到了解决。所以应采取措施重点解决由这些原因引起的质量问题。

4. 因果分析图法

（1）因果分析图法的含义　因果分析图法又称为鱼刺图法或石川图（如图 7-7），它是日本东京大学教授石川提出的一种简单而有效的方法。它是一种通过查找产品的生产过程中的各个环节，来寻找分析产生质量问题的原因，进行定性分析的方法。当某质量问题出现时，从原材料、设备、操作方法、操作者和环境等方面入手，逐项查找产生质量问题的原因。该方法具体应用时，要先确定影响质量的主因是什么，将每一原因由大到小画到枝干上，描述它们之间的关系，把影响因素具体化，直至找到问题的所在为正。

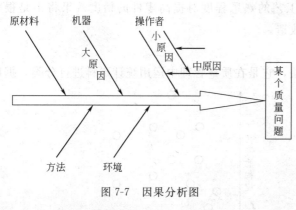

图 7-7　因果分析图

（2）因果分析图的画法　①明确画图对象，弄清什么是质量特性结果，并用同一条主干线指向结果。②将影响质量的原因分类，先按大的方面分，然后由大到中、由中到小依次细分，直到可以直接采取措施为止，并用大箭头表示到图上。③对起决定作用的原因画成粗线或做标记使之醒目。④记载必要的有关事项，包括标题、单位、参与者、制图人、日期等。

（3）因果分析图使用步骤　①召集与此问题相关的、有经验的人员，人数最好 4～10 人。②准备①张大白纸和 2 支彩笔。③与会人员就影响问题的原因发言，有关人员将发言内容的意思标在图上，中途其他人员不可批评或质疑。④会议的时间大约 1 个小时，搜集20～

30个原因则可结束。⑤就所搜集的原因，看哪种原因影响最大。再由大家轮流发言，经大家磋商后，认为影响较大的画上红色圈。⑥针对已圈上一个红圈的，若认为最重要的可以再圈上两圈、三圈。⑦重新画一张因果图，未画圈的予以去除，圈数愈多的列为最优先处理。

（4）因果分析图法以某质量问题（结果）为出发点，从操作者、操作方法、设备、原材料和环境等方面入手，逐步探寻产生质量问题的原因。寻求各种原因要从粗到细，从大到小，形象地描述出它们的因果关系，直到能具体采取措施解决为止。经过记录和整理，将问题绘制成一个鱼刺图。

5. 相关图法

（1）概念　相关图法也叫散布图法或散点图法，它是用来分析研究某质量因素与质量特征之间相互关系及相关程度的方法。相关图法是分析影响质量两个因素之间的关联程度的一种工具。

（2）常见相关图的形式　①强正相关，即随着一个因素甲的增大，另一个因素乙也明显增大。②弱正相关，即甲因素增大，乙因素也有增大的趋势，但不如正相关关系那样明显，这是因为乙因素的增加还要受到甲因素以外因素的影响。③强负相关，即随着因素甲的增加，另一个因素乙反而明显减少。④弱负相关，即随着甲因素的增加，乙因素有减少的趋势。⑤不相关，即甲因素的增加与乙因素的减少之间找不出什么规律。⑥非线性相关，甲因素在一定范围内增加，乙因素随之增加，超过一定幅度，则甲因素的增加引起乙因素的减少。

（3）相关图的画法　在实际生产中常发现这种关系，即这些变量之间既有关系，但又不能由一个变量的数值精确地求出另一个变量的值。

相关图的画法就是将两种有关的数据列出，并用点子填在直角坐标纸上，观察两种因素（数据）之间的关系，这种图就是相关图，对它进行的分析称为相关分析。

例如，在零部件生产过程中，设备新旧程度、操作者对工艺的熟悉程度与零部件精度的关系难以用精确的公式或函数关系表示，用散布图分析就很简便易行。而从下图（图7-8）就不难看出，零件的精度与操作者对工艺的熟悉程度呈现弱正相关关系，而与设备新旧程度呈强正相关关系。所以，一味地强调对工艺的熟悉程度对提高零件的精度效果将不是很明显，关键因素在于对设备的维护和更新改造。

6. 分层法

（1）分层法简介　分层法又叫分类法，它是在质量管理中运用统计资料进行分类，据以

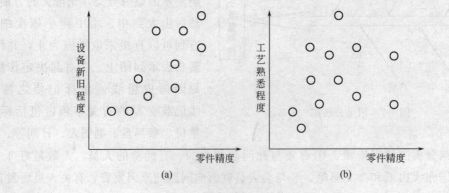

图7-8　相关图

分析影响质量原因的一种方法。

分层法是将收集到的数据按照不同的目的和要求加以分类整理，并据此分析影响质量的因素，采取相应的措施加以解决。

数据进行分层的角度可以是操作者、操作方法、所使用的设备、原材料等。通过分层，找到原因，分清责任，理出头绪，确定解决问题的方法。

（2）数据分层的标志　①按不同时间分。如按不同日期、不同班次进行分层。②按操作人员分。如按新老工作人员，不同班次的工作人员，不同性别和不同工龄等进行分层。③按使用设备分。如按不同的设备型号、工装夹具等进行分层。④按操作方法分。如按不同的温度、压力等工作条件进行分层；按不同的装卸、排列方法进行分层。⑤按材料（商品）分。如按产地、成分、规格、到货日期等进行分层。

在质量管理中，分层法常常和其他方法结合起来使用，如分层法与排列图法、与直方图法结合使用。

7. 统计分析表法

统计分析表就是利用统计表对数据进行整理和初步分析原因的一种常用图表。统计分析法是利用以往的统计图表数据，初步整理、分析原因，找出质量规律波动性及影响质量因素的一种工具。统计分析表的格式可以根据产品和工序的具体要求来灵活确定，常用的统计表如下。

（1）缺陷位置统计表　有些产品的表面缺陷，在产品检验中常常作为重要项目，当调查产品各个不同部位的缺陷情况时，可将该产品的草图或展开图画在统计表上，当缺陷发生时可采用不同的符号和颜色在发生缺陷的部位上标出。

（2）不合格项目分类统计表　一道工序或产品不能满足标准要求的质量项目称为不合格项目。为了减少生产中出现的各种不合格项目，需要采用不合格项目分类统计表，调查不合格项目发生的种类以及它们的比例大小。

（3）质量特性值分布调查表。

（4）不良产品产生原因统计表　随着质量管理科学的发展，以上几种常用的统计法称为旧七种工具。近年来，在开展全面质量管理过程中，又产生了七种质量管理新方法，即关联图法、KJ法、系统图法、矩阵图法、矩阵数据分析法、过程决策程序图法、矢线图法（网络图法）。

（三）质量改进团队

1. 质量改进的组织

日常的质量改进组织通常是以团队的方式建立并开展活动的。团队的起源于最初的质量管理小组和质量控制小组，在处理各种问题和改进工作中具有很高的效率。质量改进团队是临时的，没有固定领导的，是不在组织机构图中的一种组织形式。不同的国家对质量改进团队有不同的名称，例如 QC 小组、无缺陷小组、质量改进小组、提案活动小组等。虽然名称不同，但活动的方式基本相同。QC 小组是指在生产或工作岗位上从事各种劳动的职工，围绕企业的经营战略、方针目标和现场存在的问题，以改进质量、降低消耗、提高人的素质和经济效益为目的而组织起来，运用质量管理的理论和方法开展活动的小组。

2. QC 小组活动的具体程序

（1）选择课题　课题的来源包括指令性课题、指导性课题和自行选择课题。选择课题时应注意的问题：课题宜小不宜大；尽量选择解决具体问题的课题；课题名称能直接看出小组要解决的问题，课题紧扣活动内容，不抽象；选题理由应简明、扼要、充分，直接写出选课题的目的和必要性，可用数据表达。

（2）现状调查　现状调查的目的是找出问题的症结，为确定目标提供依据。

（3）设定目标　目标与问题相对应；目标要量化，并具有一定的挑战性；说明制定目标责任制的依据。

（4）分析原因　分析原因是小组活动的重要一环。通过对问题产生原因的分析找出关键所在。小组成员要开阔思路，集思广益，从能够设想的所有角度去想象可能产生问题的全部原因。

（5）确定主要原因　对诸多问题进行分析，把影响问题的主要因素找出，排除次要因素，为制定对策提供依据。

（6）制订对策　针对每一条主要原因采用什么对策确定之后，就可制订对策表。把对策内容落实到对策表中去。对策的制订要有效、可以实施，不采用临时性、应急性的对策。

（7）确认效果　把对策实施后的数据与对策实施前的现状及小组制订的目标进行比较，总体评价课题的效果，重点目标值的完成。达到目标，问题已解决，进入下一步骤；达不到目标，问题没有彻底解决，应该重新分析原因或检查所制订的对策，在 C 阶段再进行一次小的 PDCA 循环。

取得了成果，就可计算解决这个问题能为企业带来多少经济效益。计算时一定要实事求是，千万不可夸大。

（8）制订巩固措施　取得效果后，就要把效果维持下去，防止问题的再发生。为此，要制订巩固措施。

（9）总结　对改进效果不显著的措施及改进实施过程中出现的问题，要予以总结，为开展新一轮的质量改进活动提供依据。

3. QC 小组成果报告书的编写

（1）要求　文字精练，逻辑性好，最好用图表表达，让外行人看得懂。

（2）内容　小组人员简介，受教育情况、登记号、活动次数；选题理由：指令、指导、自选、为什么选题；现状调查及原因分析：目前现场情况的确认；确定目标值：定量、不超过两个、提供依据；分析产生问题的原因：分析到能采取措施为止；制订主因并对其论证：事实和数据表示；制订对策：要因对应、措施具体；实施：表达清楚，以实施为主；检查效果：与目标值比较、证实；巩固措施：纳入标准的名称及条款，防止再发生；遗留问题及下步打算：总结、分析、保持活动的连续性。

本 章 小 结

1. 质量管理是指为了保证和提高产品质量而进行的一系列技术、组织、计划、协调和控制等工作的总称。质量管理是企业管理的重要组成部分，是企业管理的中心环节，是提高产品竞争力的关键，对促进企业的发展，促进国民经济的发展具有重要意义。

2. 质量管理作为一个独立的职能从企业管理中分离开来，到现在已经经历了三个阶段：质量检验管理阶段、统计质量管理阶段、全面质量管理阶段。

3. 全面质量管理的特点、指导思想、组织实施的基本方式——PDCA循环保证体系。

4. 企业产品质量控制基于数理统计原理的七种方法：直方图法、控制图法、排列图法、因果分析图法、相关图法、分层法、统计分析表法。

5. 质量管理体系是指导和控制组织的关于质量的各种活动的总称。

6. 质量体系认证包括产品质量认证和质量管理体系认证两方面。

复习思考题

1. 什么是质量？如何理解质量的含义？

2. 什么是全面质量管理？它的主要特点是什么？

3. 简述全面质量管理的基本思想。

4. PDCA循环保证体系的主要内容是什么？其特点是什么？

5. 简述质量数据的波动性，并分析其产生的原因。

6. 质量管理中常用的统计方法有哪几种？试分别说明其要点和用途。

7. 什么是ISO 9000族标准？它由哪几个标准构成的？

8. 什么是质量认证？它有什么特点？质量认证的一般程序有哪些？

案例分析

开关装配工序质量难题的解决

1961年，日本质量管理专家新江滋生在松下公司的山田电器厂帮助解决一个开关装配质量问题。这个工厂里有一道工序总是发生质量问题，质量管理部门想了许多办法也没有解决。为此，厂长很是头痛。这道工序是这样的：装配工人在流水线前操作，负责开关的组装。装配中，工人只要从一盒子弹簧中取出两个装入开关，然后装上按钮即可。问题是操作工人总是偶尔会少装入一个弹簧，因此产生质量问题。新江滋生到现场观察了以后，建议他们改变一下操作的程序：在操作人员面前增加一个小盘子，每次从盒中拿出两个弹簧先放入这个小盘，再从小盘中取弹簧装入开关。这样一来，若开关装配完成后盘内仍有一个弹簧，工人会意识到发生漏装，马上就可以纠正错误。结果，从此彻底解决了弹簧漏装的问题。

事后，该厂厂长问新江滋生："你怎么会想到这样一个办法呢？我们为什么就想不到呢？"新江滋生的回答很有意思：这是一个管理观念的问题。真正明白其中的奥妙，你的管理观念会提高一大步。

显然，新江滋生把握了一个重要问题：作为企业管理者究竟是要靠效率求效益还是要靠质量求效益。这个问题如果按科学管理的原理，一定不会这样处理，因为设置一个小盘就意味着降低了效率，不符合工作研究的原理；一流的工人是不允许发生遗忘之类的错误的，如果发生，应该扣工资或奖金。但如果是靠质量求效益的观点，结论就会完全不同。虽然增加小盘会降低一些效率，但是流程的改变会改善质量。美国质量管理专家戴明博士有一次在日本讲课时，指着日本那些大名鼎鼎的企业家们说，你们认为产品质量不好是因为职工不负责任？不对。在引起产品质量的许多因素中，职工的责任感大约只占10％，而90％是由于企业家对企业生产系统的设计和推动不利造成的。所以，产品质量问题大部分原因就在你们身上。从现代科学观点看，效率应该是全方位的，不但包括速度，还包括质量。没有质量的效率就是没有效率。

资料来源：李启明．现代企业管理．北京：高等教育出版社，2003.

 问题讨论

1. 新江滋生所讲的"管理观念"是什么？
2. "小盘"的作用是什么？
3. 质量问题的根源在工人方面还是在管理者方面？

 实践训练

运用所学知识对某一企业或组织的质量管理体系及一般质量问题进行初步分析，并提出解决问题的基本方法和措施。

◎ 第八章

企业财务管理

导入案例 ▶▶▶

加强财务管理

某证券营业部财务部设财务经理、会计及出纳三个岗位，按照内部牵制制度的要求对出纳的工作进行了如下安排：出纳负责保管现金、登记现金及银行存款日记账，每月月初到开户银行取回银行对账单。财务经理将银行对账单与银行存款日记账核对后编制银行存款余额调节表。

2010 年 8 月，由于该营业部总经理调离，新总经理对营业部情况不熟悉，很多事务需要财务经理协助，财务经理因工作繁忙便没有核对 8～11 月份的银行对账单，也未编制银行存款余额调节表。营业部出纳朱某见财务经理 8 月份未核对银行对账单，便从 9 月份开始挪用营业部资金（以客户提取保证金为名，填写现金支票，自己提现使用）。12 月初，财务经理要其将银行对账单拿来核对，以便编制银行存款余额调节表。朱某见事情败露，便于当晚潜逃。第二天财务经理发现银行对账单与银行存款日记账不符，便向总公司汇报，经查，发现朱某从 9 月份挪用第一笔资金开始，3 个月共累计挪用人民币 90 万元，港币 10 万元。由于，朱某所挪用的钱已经基本上挥霍一空，后追捕朱某归案，朱某虽然受到了法律的严厉制裁，但造成的损失已经无法挽回。

第一节　财务管理概述

一、财务管理的含义

财务管理是对企业财务活动所进行的管理。企业财务活动首先表现为企业再生产过程中的资金运动，其存在的客观基础是商品经济。

企业在进行各项财务活动时，必然要与各方面发生财务关系。研究财务管理必须首先明确企业的财务活动和财务关系。

（一）企业财务活动是企业资金收支情况的总称

1. 企业筹资引起的财务活动

包括企业通过发放股票、债券、贷款等资金收入活动，企业偿还借款，支付利息、股利，以及各种筹资费用等资金的支出活动。

2. 企业投资财务活动

包括购买固定资产、无形资产、其他企业股票、债券等。

3. 企业日常经营引起的财务活动

包括材料工资、经营费用需要开支、商品式劳务售出取得收入活动。

4. 企业分配引起的财务活动

企业在经营中取的利润和对外投资分得的利润，表明企业有了资金的增值或取得投资的回报，利润产生的资金收支活动构成了企业利润分配的财务活动。

（二）企业财务关系

1. 企业与投资主体之间的关系产权

企业投资主体向企业投入资金成为企业所有者等投入资金成为企业的资本金。企业利用这些资金开展生产经营活动，实现利润后，按出资比例和合同章程规定向所有者分配利润，支付投资报酬，企业与所有者是产权关系。

2. 企业与债权人之间的契约关系

企业向债权人借入资金，并按照、借款合同规定按时支付利息和归还本金形成的财务关系，企业除利用资本金进行经营外，常需借入一定数量的资金，以降低资金投入，扩大经营规模。企业的债权人主要有债权持有人，银行其他金融贷款机构，商业信用提供者，其他出借资金给企业的单位和个人，企业与其债权人的关系体现了债务与债权关系。

3. 企业与其债权人的财务关系

企业将其资金以购买债券，提供借款式商业信用等形式出借给其他单位所形成的借贷关系。企业出借资金后，有权要求其债务人按和约条款还本付息。体现了债权与债务关系。

4. 企业与其投资单位的财务关系

企业将其闲置资金以购买股票方式直接投资的形式向其他企业投资所形成的经济关系，企业在履行出资义务后可按合约参与被投资单位的利润分配。

5. 企业与国家之间的财务关系

企业按税法规定向税务部门及时足额缴纳各种税金所形成的经济关系。企业与财务机关之间的关系体现了依法纳税的权利与义务关系。

6. 企业内部各单位的财务关系

企业内部各单位之间在生产经营各环节中互相提供产品式劳务所形成的经济关系，这种企业内部所形成的资金结算关系，体现了企业各单位之间的利益关系和相互协作关系，当然，企业向其职工支付劳动报酬也形成劳动关系。

企业的筹资、投资、经营与分配等财务活动和企业与各个方面的财务关系，构成了现代企业财务体系，通过财务预测，对财务决策，财务计划，财务控制及财务分析等一系列的管理方法和手段，对财务活动和财务关系进行规定和控制。

二、财务管理的构成要素

（一）长期筹资管理

1. 资金来源渠道的选择

企业资金来源很多，最常见的是所接受的投资者投入的资金及企业的资本金；另一种是向债权人借入的资金，即企业的负债。由于各种资金来源对企业的影响不同，企业在筹资时必须进行筹资渠道的选择。

2. 筹资方式的选择

筹资方式是指企业取得资金的具体形式。我国企业目前主要有以下几种筹资方式：吸收直接投资、发行股票、利用留存收益、向银行借款、利用商业信用、发行公司债券、融资租赁等，各种不同的筹资对企业的筹资成本和风险影响较大，因此企业在筹资时必须对方式进行选择，以便降低筹资成本。

3. 财务结构分析

财务结构分析即根据不同的资金来源的成本和风险在考虑企业的需要量和风险承受能力的情况下，确定企业合理的资本结构，以降低筹资的综合成本，减少筹资风险。

（二）长期投资管理

长期投资不是经常性的，而是一次性的。因此，重点在于决策，包括进行何种方式的投资，如何选择多种投资渠道，何时扩大投资额以增加投资。如何将投资决策与筹资决策联系起来等。

（三）营运成本管理

营运资本管理是对企业正常生产经营中的短期资金周期循环运动的管理，即对现金、短期有价证券、存货、应收账款等，鉴于短期资金的来源，对营运资金结构的管理涉及企业的偿债能力和财务风险。具体包括流动资产结构的管理，负债结构的管理，以及流动资产和流动负债之间的相互关系的管理等。

（四）利润与分配的管理

企业的税后利润既可直接分配给股东，增加股东的收益，又可作为企业扩展经营的重要资金来源，进而在更大程度上增加股东财富，对分配的管理通常体现在股利政策的制定上，即如何根据企业的客观环境，主观条件和需要，正确确立利润留存与分配的比例。

三、财务管理的方法体系

（一）财务预测

财务预测是指财务管理方法对企业未来的财务权支配活动进行全面的规划，并进行寻求与企业所有者目标相符的短期财务目标和措施的各种备选方案财务预测是现代财务管理的客观要求，也是财务管理现代化的标志。财务预测为企业财务决策提供依据，可以为编制财务计划提供信息。

财务预测的方法多种多样。大体上可分为非数量法（定性办法）和数学统计法（定量办法）两大类。非数量法是利用以往的经验和直觉判断对管理事项进行决策。非数量法在实际工作中可分为经验判断预测法和调查研究预测法两种。数学统计法是利用各种数据通过定量分析并借助于管理模型来预计和推测未来财务活动发展变化情况。常用的办法有经验估算法、加权平均法、趋势变动法等。

（二）财务计划

是指对财务决策结果进行的流动和具体化，即对未来资金运动过程进行全面的规划。编制企业财务计划的办法主要有以下几种。

1. 平衡法

平衡法是指在编制财务计划时，利用有关指标客观存在的内在平衡关系计算确定计划指标的办法。

2. 因素法

因素法是指在编制财务计划时，根据影响某项指标的各种因素，来推算指标计划数的办法。

3. 比例法

比例法是指在编制财务计划时根据企业历史已经形成且又比较稳定的各项指标之间的比例关系来计算计划指标的办法。

4. 定额法

定额法也称预算包干法，指在编制财务计划时，以定额作为计划指标的一种办法。

（三）财务控制

财务控制状况是在平时对企业生产经营中实际发生的各项经济活动，按照财务制度和财务计划的要求进行严格监督工作，将生产经营活动限制在制度和计划的要求范围内，发生偏差，及时进行校正以保证财务目标的实施。

（四）财务分析

分析企业的财务状况，作出财务评价，定期向投资者、债权人、国家有关政府部门，以及其他与企业相关的单位提供财务报告。企业应按照规定向有关部门按月按季报送资产负债表、损益表、财务状况变动表、财务情况说明书等。

（五）财务检查

财务检查是指在企业财务过动的合理性和合法性进行检查和监督。财务检查主要有日常财务检查、定期财务检查与全面的清产核资等。

第二节　筹资管理

一、股票筹资

股票是股份有限公司为筹集股权资金而发行的有价证券，是投资人投资入股以及取得股利的凭证，它代表了股东对股份公司的所有权。

（一）股票的特征

1. 永久性

股份公司通过股票所筹集的资金构成公司的资本金，不需要退还，具有永久性。投资者购买股票后，在公司存续期内，不能以任何理由向公司要求退还股本，只有到股票市场上将股票出售转让才能收回本金。

2. 收益性

股票的收益性是指股票能够给其持有者带来一定的收益。作为发行股票公司的股东，有权按所持公司股份比例从公司领取股息、红利，获得投资收益。也可以利用股票市场价格的波动获得价差收入和实现货币保值。

3. 风险性

股票的风险性是与股票的收益性并存的，股东的收益在很大程度上是对其所担风险的补偿。股票收益的大小与风险的大小成正比。

4. 流动性

股票作为一种有价证券，在证券市场上可以自由转让和流通。股票的流动性为股东提供了股权退出机制，而不至于被公司"套牢"。

5. 参与性

参与性是指股票的持有者具有参与股份有限公司股利分配和承担有限责任的权利和义务。股东拥有权利和义务的大小取决于其拥有股份有限公司股票数额的比例，比例越大，权利和义务越大。

（二）股票的种类

1. 按照股东享有的权利和承担的义务划分

（1）普通股票　普通股票简称普通股，是股份有限公司依法发行的具有管理权、股利不固定的股票。

（2）优先股票　优先股票简称优先股，是股份有限公司依法发行的具有一定优先权的股票。优先股都有固定的股息率，且优先股的股息支付在普通股之前。当公司解散清算时，对公司清偿债务后的剩余财产有优先分配权。

2. 按股票票面是否记名划分

（1）记名股票　记名股票是指将股东姓名或名称记载在股票票面和股东名册上的股票。记名股票要附有股权手册，只有同时具备股票和股权手册，才能领取股息和红利。

（2）无记名股票　无记名股票是指在股票上不记载股东姓名或名称的股票。凡是持有无记名股票的人，即成为公司的股东。

3. 按股票票面有无金额划分

（1）面值股票　面值股票是指在股票的票面上记载每股金额的股票。

（2）无面值股票　无面值股票是指在股票的票面上不记载每股金额的股票。无面值股票仅表示每一股在公司全部股本中所占有的比例，其价值随公司财产价值的增减而增减。

4. 按股票的投资主体划分

（1）国家股　国家股是指有权代表国家投资的政府部门和机构以国有资产投入股份有限公司所获得的股票国家股这部分资金形成公司的国家资本金。

（2）法人股　法人股是指法人单位以其依法可支配的资产投入股份有限公司所获得的股票。法人股这部分资金形成公司的法人资本金。

（3）个人股　个人股是指社会个人或公司内部职工以个人合法财产投入股份有限公司所

获得的股票，主要包括社会公众股和内部职工股。个人股这部分资金形成公司的个人资本金。

（4）外资股　外资股是指境外投资者以外汇进行买卖的股票，包括人民币特种股票 B 股、在我国香港地区上市的 H 股和在美国纽约上市的 N 股等。外资股这部分资金形成公司的外商资本金。

（三）股票筹资的特点

1. 普通股筹资

① 优点：公司没有清偿普通股和支付普通股股息的法定义务；公司不用普通股的买进或卖出来临时改变公司资产结构；可以使公司免受债务人及优先股东对经营者施加某些限制；能有效地增强公司借款能力和贷款信用。

② 缺点：筹措普通股时发生的费用较高；普通股的资本成本率较高；普通股的增加发行往往会使公司原有股东的参与权缩水。

2. 优先股筹资

① 优点：股息率固定、没有到期日、不享有投票权、优先股转换成普通股式债券，可以免税。

② 缺点：优先股的清偿权优先于普通股、股息必须从税后净收益中支付。

3. 股票发行

① 公开发行。公开发行有两种市场，即初级市场和次级市场。

② 给股东优先认购股权。

③ 内部协商发行。

二、债券筹资

（一）公司债券的种类

1. 有担保公司债

（1）抵押公司债　是以公司厂房、土地等不动产做抵押而发行的公司债，当公司不能还本付息时，又将这些抵押品变卖偿还。

（2）设备抵押公司债　是以设备为抵押品，以银行等金融组织为债权人的公司债。

（3）证券抵押公司债　是以其他企业发行的股票或公司债券作为担保而发行的公司债。

2. 无担保公司债

（1）信用公司债　指没有抵押品，它全靠良好的声誉和较高的回收情况发行的公司债。

（2）附属公司债　是在公司破产清理时在信用公司债之后获得清偿权的公司债。

（3）收益公司债　是在公司经营不利时又暂不付息，至获利时再支付积欠股息的公司债。其清偿权优先于附属公司债。

（二）债券筹资的特点

1. 优点

① 公司债利息率低。

② 当使用企业债券筹资时，公司股东不会损失对公司的控制权。

③ 在计算所得税时，公司债的利息支出可以从收益扣除减少纳税负担。

2. 缺点

① 债券到期必须还本付息。

② 企业债券一般期限较长，有更加严格的限制条件。

3. 普通股、优先股与公司债券的区别

(1) 经济性质不同　股票是所有权凭证，而公司债券只是债权债务关系的证明。股票无须还本，而债券却要到期偿还。

(2) 所提供权利不同　股票是所有权凭证，所以股东有权直接参加筹资公司的经营管理。公司债券只是代表债权债务关系，所以只要筹资公司按时还本付息，则债权人无须也不能干预筹资公司的经营管理。

(3) 所承担的风险不同　股票是高风险、高收益的有价证券，它对那些为获高利而甘冒风险的投资人有吸引力；公司债券是一种安全性大但收益也较低的有价证券，它对那些不愿冒风险但又不愿仅获银行储蓄利息的投资人有吸引力。

(4) 对二级市场要求不同　股票没有期限要求，要想收回投资就必须利用转让机制，而公司债因到期还本而具有一定的先天流动性。故在二级市场不发达条件下，发行公司债券比发行股票容易得多。

(三) 企业债券的发行

1. 发行条件

按照国际惯例，发行债券需要符合规定的条件，一般包括债券最高限额、发行公司自有资产最低限额、公司获利能力债券利率水平等。

2. 发行方式

(1) 面值发行　指债券在发行时，认购者按债券的票面金额购买，到期时领取全部本息。

(2) 时价发行　指按当时的市场价格发行债券。

(3) 中间发行　指在时价和面值之间取一个中间价格发行的债券。

(4) 贴水发行　指债券发行时，以低于面值出售，实际上是发行者先贴付一定利息给认购者，债券到期时，债券购买者按票面价格收回本金。

三、银行贷款

(一) 类别

1. 固定资产贷款

主要有基本建设贷款和技术改造贷款。

2. 风险贷款

主要指的是科技开发贷款，用于企业新产品、新技术、新工艺、新材料的研究开发。

3. 外汇贷款

分为现汇贷款、买方贷款、特种外汇贷款、政府混合贷款。

（二）特点

1. 优点

为中小型公司筹集资金提供了一种途径；手续简单；银行贷款的筹措费用与其他筹措方法相比较低，资本成本亦较低；银行贷款不计入纳税收入中，可以减轻公司所得税负担；银行贷款不会导致公司现有股东参与权的稀释；银行贷款可充分使筹资公司享受杠杆利益。

2. 缺点

筹资公司必须按期还本付息，增大财务风险；银行贷款的借贷契约有非常严格的规定。

（三）银行贷款借贷契约的规定

1. 防止分散资产的规定

规定筹资公司应保持的最低流动资产净额以及最低流动比率；限制某些现金支出占公司净利的百分比率。

2. 防止资产抵押的规定

规定公司不得增加借款或至少须经银行同意才能借款；规定不得进行抵押借款及不得为其他公司和个人做担保人。

3. 相关信息规定

规定公司必须按时向银行递交经过审检的公司会计报表，并随时向银行通报公司经营情况及经营计划。

4. 对参与公司管理的有关规定

5. 违约处罚的相关规定等

四、商业信用

商业信用是指企业与企业之间相互提供的，与商品交易直接联系的信用行为。

（一）类别

1. 赊购

（1）含义　赊购是指买方向卖方提供订单后，由卖方发货即可。并不需要签署其他正式借据。

（2）付款时间限制　一般都规定了付款期限，如果买方按期付款，则只需按发票上规定的价格支付即可；如果买方提前付款，则可以取得一定的现金折扣作为优惠。

（3）所需条件　要求买方公司有较好的信用和声誉；对于卖方来说，取决于货物性质和财务状况。财务状况良好的卖方，现金充裕，因此比较容易提供商业信用且期限相对较长。

2. 期票

（1）含义　期票是购买者给销售者的书面诺言，允诺在必要时或在特定时日以一定金额支付给指定人或持票人。期票一般都附有利息。

（2）适用范围　购买者信誉级别一般或较差，而销售者又希望得到一份购买者的正式承诺，保证为载明的债款，到期日期应承担的义务。与赊购一样，通过期票的使用，买方公司实质上筹措到一定的短期资金。

3. 商业承兑汇票

（1）含义　当销售者收到购买者购货订单后，即根据订单的金额向购买者签发的汇票。汇票内容包括：记明货币金额、发票人、收款人、付款人、发货日期、票据到期日、收款人、付款人、地点等事项。

（2）具体过程　当一批商品赊购赊销时，购买者需购进商品而缺进货资金，此时与销售者协商同意后，由购货者作为发票人签发一张凭证，然后由付款人（购买者）在票据上表明兑付的字样或签章，这样就产生了商业承兑汇票。

（3）商业承兑汇票的特点　有明确的债权债务关系；可以转让，销售者可把它们作为借款时的附属担保品，也可以在到期前的任何时候在需要现金时将它们出售贴现。

（二）商业信用筹资的特点

1. 优点

使用方便，缺少限制；资金成本率较低。

2. 缺点

一般期限较短，往往会出现资金供应不稳定的现象；由于资金成本低，容易使公司陷于过度的商业信用中。

五、租赁筹资

租赁筹资也称财务租赁或筹资租赁，是由出租者按照承租企业的要求筹资购买设备，并在合同规定的较长期限内提供给承租企业使用的信用性业务。

（一）种类

1. 业务租赁

租赁的标的一般是房屋或设备。租赁期服务费、修理费和担保费，一般均由出租者负担，因此租金比较高。承租者一般有权于期满前提前取消合同，停止租赁关系；也有中途不取消合同而到期以低价格将设备转让给用户的租赁。

2. 财务租赁

财务租赁是为专业解决承租人财务困难而采用的租赁，分为直接租赁和返回租赁。

（1）直接租赁　当用户缺少资金添置设备时，出租者将出资购买设备，以租赁方式专供该用户（承租者）使用。

（2）返回租赁　当用户因急需资金而将准备继续使用的设备卖给出租者，然后再向出租者租回该项设备。财务租赁的承租人必须固定不变，所以不能中途停止租赁关系。

（二）特点

1. 优点

不必筹措资金去购买设备，省去了许多麻烦的手续与大笔开销；当设备因技术进步而被淘汰时，公司可以退租；避免许多借款合同中对公司经营活动的限制；公司租借设备时，可以获得资产的使用权；若决策成功可以节省大量费用。

2. 缺点

租金很昂贵；得不到资产的残值（可视为机会损失）。

第三节 投 资 管 理

一、投资概述

投资通常是指投放财力于一定对象，以期望在未来获取收益的经济行为。在市场经济条件下，企业是否有效地利用所筹集到的资金，把它们充分投放到收益高、回收快、危险小的项目上去，使有限的资金发挥最大的作用，对企业的生存和发展是十分重要的。

（一）投资的分类

1. 按投资回收时间的长短来分

（1）短期投资　是指在一年以内能够收回的投资，通常指企业的流动资产投资，如现金、应收账款、存货、短期有价证券等方面的投资。

（2）长期投资　是指回收时间超过一年的投资，主要用于厂房及办公设施、机器设备等固定资产的投资，也包括长期流动资产和长期有价证券方面的投资。

2. 按投资与企业生产经营的关系来分

（1）直接投资　是指企业把投资直接投放到生产经营性资产上以获取直接经营性利润，在非金融类企业中这类投资占总投资的比重较大。

（2）间接投资　又称证券投资，是指企业把资金投放于证券金融资产上，通过获取股息、债息而使企业间接获得收益。

3. 按投资发生作用的地点来分

（1）对内投资　是指把资金投放到企业内部，购置生产经营用资产的投资。

（2）对外投资　是指企业以现金、实物、无形资产等方式，或者以购买股票、债券等有价证券的方式向企业外部进行投资，以达到某种经营目的。

4. 根据投资在企业再生产过程中的作用来分

（1）初创投资　是指在新建企业时的投资，一般要形成企业的原始资产，为企业的生产经营创造必备的条件。

（2）后续投资　是指为巩固和发展企业再生产所进行的投资，主要包括企业的更新改造资金、追加性投资和转移性投资。

（二）企业投资管理的原则

1. 认真进行市场调查
及时捕捉投资机会，科学分析影响因素和发展趋势。

2. 建立科学的投资决策程序
认真进行投资项目的可能性研究，使项目达到技术上先进，经济上合理，实施上可能。

3. 进行投资市场调查及财务公关活动，保证及时足额筹措到项目建设所需要的资金

4. 认真分析风险和收益的关系，采取有效措施，努力降低风险，并保证项目的收益水平

二、投资组合

（一）投资组合的含义

投资组合也称资产组合。企业资产可以分为流动资产和非流动资产两大类。这两类资产在企业投资总额中所占的比重称为投资组合。

（二）影响投资组合的因素

1. 风险与报酬

企业持有大量的流动资产可以降低企业的风险，因为流动资产变现能力强，当企业出现不能及时偿还的债务时可以发挥其作用，但是流动资产投资量过大，往往会出现流动资产的积压，降低企业资金运动的速度，从而会降低投资收益率。

2. 行业性质

由于企业所属行业的不同，其资产组合情况会有较大差异。企业财务管理人员应以不同行业流动资产各项目的平均占有水平为参考而进行资产组合决策。

3. 经营规模

企业经营规模的大小对投资组合也会有重大影响，随着企业规模的增大，流动资产所占的比例会越来越小。

4. 利息的影响

在利息比较高的情况下，企业为了减少利息支出，就会采取措施以相对减少流动资产的占用数量；当利息率下降时，企业从综合效益状况考虑，有时会提高流动资产的占用比例。

（三）投资组合策略

1. 适中的资产组合

适中的资产组合是指企业为防不测而在保证正常的基础上适当地安排一定的保险储备量。

2. 保守的资产组合

保守的资产组合是指在计划流动资产需求数量时，在正常需要量和正常保险储备量的基础上，再加一部分额外的储备量，由此而降低企业经营风险的资产组合策略。

3. 冒险的资产组合

冒险的资产组合是指企业在计划流动资产需求数量时，只安排正常生产经营需要量，而安排很少或不安排保险储备量，以此来提高企业投资收益率的资产组合策略。虽然投资收益率会提高，但企业的经营风险也会随之增加。

如何进行企业流动资产的组合，应充分考虑到流动资产的市场供求情况，资金占用数量及资金成本，也与企业的生产工艺水平、生产组织状况及决策者目标有关。

三、流动资产投资管理

（一）流动资产概述

1. 概念

流动资产是指企业可以在一年或超过一年的一个营业周期内变现或者运用的资产，包括货币资金、应收和预付款项及可变现的存货资产。

2. 特点

流动资产的特点是流动性大、周转期短，并不断改变其形态。它是一次性消耗和转移价值，一次性收回补偿，并随着资金的周转循环不断改变其价值。

（二）现金管理

1. 钱账分管，会计、出纳分开

要实行管钱的不管账，管账的不管钱。出纳员和会计员互相牵制，互相配合，互相监督，可以保证少出差错，堵塞漏洞。

2. 建立现金交接手续，坚持查库制度

凡有现金收付，必须坚持复核。在款项转移或出纳人员调换时，必须办理交接手续，做到责任清楚。要经常检查库存现金与账面记录是否一致。

3. 遵守现金的使用规定

现金的使用规定如下。

① 支付给职工的工资、津贴。

② 支付给个人的劳务报酬。

③ 根据规定发给个人的科学技术、文化艺术、体育等各种奖金。

④ 支付各种劳保福利费用以及国家规定的对个人的其他支出。

⑤ 向个人收购农、副产品和其他物资的价款。

⑥ 出差人员必须随身携带的差旅费。

⑦ 结算起点以下的小额收支。

⑧ 银行确定需要支付现金的其他支出。

4. 遵守库存现金限额

为了控制现金使用，有计划地组织货币流通，企业的库存现金数额，由开户银行根据企业规模的大小，每日现金收付金额的多少，以及企业距离银行的远近，同各企业协商确定。核定的限额必须遵守，超过库存限额的现金应及时送存银行。需要增减库存现金限额的，应当向开户银行提出申请，由开户银行核定。

5. 严格现金存取手续，不得坐支现金

开户单位收入的现金应于当日送存开户银行。当日送存确有困难的，由开户银行确定送存时间。有关现金的支出，除了限额内的零星开支可以从库存现金支付以外，其余的开支必须从银行提取，不得从本单位现金收入中直接支付。

企业不得将单位收入的现金以个人名义存入储蓄户。

（三）货币资金最佳持有量的确定

确定货币资金最佳持有量的方法很多，通常用的方法是利用存货经济订货批量的模式进行计算，即利用存货经济批量的基本原理，求出总成本最低时的货币资金持有量。货币资金持有量总成本的内容主要包括以下两个方面。

1. 持有成本

持有成本指持有货币资金而损失的利息收入或因借款而支付的利息，这种损失又称为机

会成本。它与持有的货币资金数量成正比。

2. 转换成本

转换成本指用有价证券等资产转换成货币资金而发生的固定成本，它与转换的次数成正比。企业持有的货币资金数量大，则损失或支付的利息多，即持有成本高，但转换的次数少，转换成本可以降低；反之，如果企业持有的货币资金数量小，持有成本可以降低，但转换的次数增加，转换成本就会上升。如图 8-1 所示。

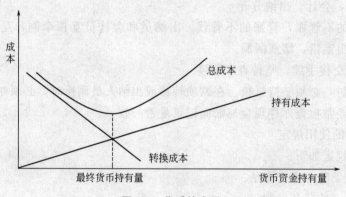

图 8-1　货币持有量

应计算出总成本最低时的货币资金最佳持有量，其计算公式为

$$TC = \frac{QM}{2} \times HC + \frac{DM}{QM} \times FC$$

式中　TC 为总成本；FC 为每次取得货币资金的转换成本；HC 为货币资金的持有成本；DM 为预计期间的货币资金需用量；QM 为货币资金最佳持有量。

根据以上公式推导，并使 TC 等于零，即可求出货币资金最佳持有量为

$$QM = \sqrt{\frac{2 \times FC \times DM}{HC}}$$

（四）应收账款管理

1. 应收账款

应收账款是指企业因销售产品或提供劳务而应收回的款项，它是一项重要资产，能增加企业在市场上的竞争能力，扩大销售，但也会增加成本，扩大风险，必须加强管理。

2. 应收账款的作用

① 扩大销售，组织货源。

② 扩大市场份额，开拓新市场。

③ 减少积压，降低成本。

3. 商业信用的管理策略

① 加强信用调查，掌握信用条件。

② 信用方式及信用期间的确定。

③ 加强催收，监督应收账款回笼。

（五）存货管理

1. 存货的含义

存货是指企业在日常生产经营过程中为生产和销售而储备的物资。

进行存货管理的目的，就是要尽力控制存货水平、降低存货成本，在存货成本与存货效益之间进行权衡，达到两者的最佳结合。

2. 存货成本

（1）取得成本　也称进货成本，是指为取得某种存货而支出的成本，它又分为订货成本和购置成本两部分。

（2）存储成本　存储成本是指为保持存货而发生的成本。

（3）缺货成本　是指由于存货供应中断而造成的损失。

3. 存货的日常控制

存货的决策涉及以下内容：决定进货项目、选择供应单位、决定进货时间和决定进货批量。

（1）存货的归口分级控制　在厂长经理领导下，财务部门对存货资金实行统一管理；使用资金和管理资金相结合，物资管理和资金管理相结合；实行资金的分级管理。

（2）经济批量控制　经济批量是指一定时期储存成本和订货成本总和最低的采购批量，也叫经济订货量。

（3）订货点控制　所谓订货点就是订购下一批存货时本批存货的存储量。

（4）存货 ABC 分类控制　存货的 ABC 分类控制，就是按一定的标准，将存货划分为ABC 三类，分别采用分品种重点管理、分类别一般控制和按总数量灵活掌握的存货管理方法，这是一种重点物资管理方法。重要性分类标志通常有：金额标准、品种数量标准等，一般常采用金额标准。在存货管理中，通常有一部分存货品种虽少，但资金总额占用比例较大，这些存货就是 A 类存货，应该进行重点控制和管理。

四、长期资产管理

长期资产也称非流动资产，包括固定资产、递延资产、对外投资、无形资产、其他资产等。

（一）固定资产

1. 含义、特点

固定资产是指使用期限在一年以上，单位价值量在一定标准以上，并且在使用过程中能保持其原来物质形态的资产。

固定资产具有使用时间较长、价值双重存在、价值补偿和实物更新时间不一致等特点。

2. 分类

固定资产按其经济用途和使用情况可分为生产经营用固定资产、非生产经营用固定资产、出租的固定资产、暂时不用的固定资产、未使用的固定资产和融资租入的固定资产等。

3. 计价

（1）固定资产的计价方法　根据固定资产管理的需要，其计价方法有三种：按历史成本计价、按重置完全价值计价和按净值计价。

（2）固定资产的计价原则　企业的固定资产计价，应按取得时的实际支出入账。由于固定资产的来源不同，其价值构成的具体内容也有所差异。

（二）固定资产折旧

1. 含义

固定资产折旧是指固定资产在使用过程中逐渐损耗而转移到费用中去的那部分价值。固定资产损耗的这部分价值，应当在固定资产的有效使用年限内进行分摊，形成折旧费用，计入各期成本。

固定资产损耗分有形损耗和无形损耗两种。有形损耗是物质损耗，无形损耗也称精神损耗，是由于科学技术进步和劳动生产率提高，采用新设备而引起原固定资产贬值或损失。因此，计算固定资产折旧额，应全面考虑有形损耗和无形损耗，使固定资产折旧与损耗程度尽可能一致。

2. 计提折旧的固定资产范围

企业在用的固定资产一般均应计提折旧，具体范围包括：房屋和建筑物、在用的机器设备、仪器仪表、运输工具；季节性停用、大修理停用的设备；融资租入和以经营租赁方式租出的固定资产。

固定资产折旧，应从固定资产投入使用月份的次月开始，按月计提。停止使用的固定资产，从停用月份的次月开始停止计提。

3. 固定资产折旧方法

（1）平均年限法　平均年限法又称直线法，是按照固定资产使用年限平均计算折旧额的一种方法。采用这种方法计算的每期折旧额均是等额的。

平均年限法的计算公式为

年折旧额＝（固定资产原值－预计残值）÷固定资产预计使用年限

月折旧额＝年折旧额÷12

年折旧率＝（1－固定资产预计残值率）÷预计使用年限

月折旧率＝年折旧率÷12

（2）工作量法　工作量法也称作业量法，是以固定资产的工作量或工作时间计算折旧的一种方法，也是平均计算折旧的方法。企业专业车队的客货运汽车、大型设备等都可以采用工作量法。

（3）加速折旧法　加速折旧法是加速固定资产计提折旧的方法。采用加速折旧法计提折旧，可以使固定资产在使用前期多提折旧，在使用后期少提折旧，从而可使固定资产的原始成本能在有效使用期内早日摊入成本。

加速折旧方法很多，主要有双倍余额递减法、年数总和法、余额递减法等。

（三）固定资产的日常管理

固定资产的日常管理内容如下。

① 实行固定资产的归口级管理。

② 健全固定资产核算记录。

③ 按财务制度规定计提固定资产折旧。

④ 合理安排固定资产的修理。

⑤ 科学地进行固定资产的更新。

⑥ 定期考核固定资产的使用效果。

（四）无形资产及其他长期资产的投资管理

1. 无形资产

（1）无形资产的含义　无形资产是指没有实物形态的资产。这些资产一般具有较大的经济价值，能为企业带来超值效益。

（2）无形资产的内容　主要包括：专利权、商标权、著作权、土地使用权、非专利技术和商誉等。

（3）无形资产的计价　无形资产的计价原则是依据实际取得成本计价。如购入的无形资产则按购入价格计价；自己研发并经注册的无形资产按研发成本计价；其他单位投入或接受捐赠的无形资产，则应按市场评估价计价。

（4）无形资产的摊销　无形资产在有效期限内的贬值部分要逐步转移到收益期内的管理费用中去，以本期的收入补偿，这就是无形资产的摊销。

确定无形资产摊销期限，主要依据是无形资产的有效期限。有法律规定的无形资产，按法律规定的最长有效期限确定；没有法律规定的，按企业有关合同规定的最长期限确定；既没有法律规定，也没有合同规定的，按统计分析资料确定，有效期一般不少于 10 年。其计算公式如下。

$$无形资产年摊销额＝无形资产原值÷摊销年限$$

2. 其他长期资产管理

其他长期资产主要指递延资产，是指不能全部计入当年损益而应当在以后年度内分期摊销的各项费用。递延资产实质上是一种费用，但由于数额较大，受益期较长，需要在一年以上的时期内分期予以摊销。主要包括：开办费、经营租赁租入固定资产改良支出和其他递延资产。

第四节　损益管理

一、成本管理

（一）成本、费用

1. 成本、费用的概念

企业在生产经营活动中，必然要付出各种各样的代价，包括物化劳动的耗费和活劳动的耗费，耗费的这些社会劳动价值虽然都表现为企业的支出，但又有成本和费用之分。

（1）成本　也称生产经营成本，是指产品（包括劳务）在生产经营过程中直接耗费的各种价值的货币支出量的总和。

（2）费用是企业生产经营耗费的货币表现　企业开展生产经营活动所发生的原材料、工资、公司经费等耗费，一般称为费用。

2. 成本和费用的关系

企业的费用，虽然是围绕产品生产经营发生的，但却不一定是产品成本，不能将费用和成本画等号。二者既有区别，又有联系。其区别是：费用是一定区间的发生额，与时间发生关系；而成本按一定的计算对象（如某种产品、某项劳务）归集，与成本对象发生关系。其联系是：有些费用是计算成本的基础，费用根据发生的原因和目的经归集分配后，属于某产品或劳务负担，这部分费用才成为产品成本。因此，费用是成本构成的要素，而成本是对象化了的费用。

（二）产品成本的作用

产品成本的作用如下。

① 产品成本是产品耗费的补偿尺度。

② 产品成本是加强经营管理的重要杠杆。

③ 产品成本是企业进行经营决策的重要因素。

④ 产品成本是制定产品价格的重要依据。

（三）制造成本法

1. 含义

所谓制造成本法是指企业只核算其所生产的商品或劳务的生产成本，然后分配产品成本的一种方法。计算产品成本时，只计算与生产经营最直接和最密切关系的费用，与生产经营没有直接关系和关系不密切的费用直接计入当期损益。

2. 制造成本的内容

（1）直接材料　包括企业生产经营过程中直接消耗的原材料、辅助材料、备品配件、外购半成品、燃料、动力、包装物、低值易耗品及其他直接材料。

（2）直接工资　包括企业直接从事产品生产人员的工资、奖金、津贴等。

（3）制造费用　包括企业各个生产单位为组织和管理生产所发生的生产单位管理人员的工资，职工福利费，生产单位房屋建筑物、机器设备等的折旧费，油田维护费，矿山维检费，租赁费，修理费，机物料消耗，低值易耗品摊销，取暖费，水电费，办公费，差旅费，运输费，保险费，设计制图费，试验检验费，劳动保护费，季节性与修理期间的停工损失费以及其他制造费用。

（4）商品进价成本　商品流通企业的商品进价成本分为国内购进商品进价成本和国外购进商品进价成本。国内购进商品进价成本包括国内购进商品的原始进价和购入环节缴纳的税金；国外购进商品进价成本是进口商品在到达目的港口以前发生的各种支出，包括进价、进口税金、购进外汇价差及支付给受托代理进口单位的有关费用。

3. 期间费用

期间费用是发生在各个生产经营期间，应由该期损益直接承担的各种费用。

（1）管理费用　指企业的行政管理部门为组织和管理生产经营活动而发生的各项费用，包括公司经费、工会经费、职工教育经费、劳动保险费、待业保险费、审计费、诉讼费、排污费、绿化费、技术转让费、技术开发费、无形资产摊销、开办费摊销、业务招待费、坏账损失、其他管理费用等。

（2）财务费用　财务费用是指企业为筹集资金而发生的各项费用，包括企业生产经营期间发生的利息净支出、汇兑净损失、调剂外汇手续费、金融机构手续费以及筹资发生的其他财务费用等。

（3）销售费用　销售费用是指企业为销售产品或提供劳务过程中发生的、应由企业负担的各项费用，以及专设销售机构的各项费用。一般应包括下列内容：应由企业负担的销售产品的运输费、装卸费、包装费、保险费、委托代销手续费、广告费、展览费、租赁费和销售服务费；专设销售机构销售人员的工资、福利费、差旅费、办公费、折旧费、修理费、物料消耗、低值易耗品摊销以及其他经费。

（4）经营费用　商品流通企业的经营费用是指企业在整个经营环节所发生的各种费用，包括由企业负担的运输费、装卸费、包装费、保险费、差旅费、展览费、保管费、检验费、广告费、商品损耗、经营人员的工资及福利费等。

（四）成本管理的要求

① 正确处理成本与产量、质量之间的关系。

② 正确划分多种费用支出的界限，保证成本及各种费用计算的准确性。

③ 建立标准成本制度，在成本形成的全过程实施全员性控制，不断纠正偏差，找到降低产品成本的途径。

④ 加强成本管理的各项基础工作。如定额管理、成本的各项原始记录、计量管理、物资验收和收发管理，以及落实全面成本管理责任制等。

⑤ 实施成本分析。及时发现和解决成本管理工作中的薄弱环节。

二、营业收入管理

（一）营业收入的含义

营业收入是指企业在生产经营活动中，由于销售产品或提供劳务等经营业务所取得的收入，是企业一定时期生产经营成果的货币表现。

营业收入的内容如图 8-2 所示。

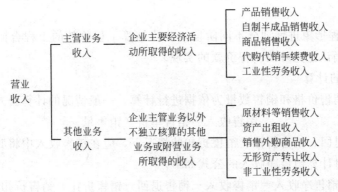

图 8-2　营业收入的内容

（二）营业收入的确认

企业营业收入的确认是根据权责发生制的原则来确定的，一是物权的转移，二是收到货款或取得索取货款的凭据，必须同时具备这两个条件才能确认为销售实现。在特殊情况下，营业收入的确认还需要结合销售方式和结算方式等进行。但对发生的销售退回、销售折让或折扣，则都要冲减当期营业收入。

由于在商品交易中，存在着不同的结算方式和商品交接方式，因此，需区别不同情况及业务状况确认企业的营业收入。

1. 商品交易中营业收入的确认

① 在交款提货销售产品的情况下，如果货款已经收到，发票账单和提货单已经交给买方，在这种情况下，无论商品是否已经发出，都作为销售实现。

② 在采用预收货款销售商品的情况下，商品发出时作为销售实现的时间。

③ 委托其他单位代销商品、产品的情况下，收到代销单位的代销清单后作为销售实现时间。

④ 在采用托收承付、委托收款结算方式销售商品、产品或提供劳务的情况下，应在商品、产品已经发出，劳务已经提供，并已将发票账单提交银行办妥托收承付手续后作为销售实现的确认时间。

⑤ 采取以旧换新销售方式，即购买者用本企业生产的已使用过的旧产品，换取本企业的新产品，并根据新旧程度作价，由购买者补交其差价的办法。财务上应分作两项经济业务处理，新产品按产品销售处理，收回旧产品视同购入存货处理。收到货款即为销售实现。

⑥ 在采用分期付款方式销售商品、产品时，应按合同约定收款日期作为销售实现时间。

⑦ 采用票据结算的情况下，应在商品、产品已经发出，并将发票账单和提货单已经交给买方后作为销售实现的时间。

⑧ 企业销售出口商品、产品，陆运以取得承运货物收据或铁路运单，海运以取得出口装船提单，空运以取得空运运单，并向银行办理出口交单后，作为销售实现的时间。

2. 提供劳务交易中营业收入的确认

① 实行合同完成后一次结算工程价款的工程合同，应于合同完成、施工企业与发包单位进行工程合同价款结算时，确认为销售实现。

② 实行旬末或月中预付、月终结算、完工后清算的工程合同，应按付款时间分期确认销售实现。

③ 实行按工程形象进度划分不同阶段，分段结算工程价款的工程合同，应按合同规定的形象进度分次确认已完阶段工程价款的实现。

3. 销售收入的计算

销售收入以销售价格和销售数量为依据进行计算。一般情况的计算公式为

$$销售收入＝销售单价×销售量$$

在发生销售退回、销售折让、销售折扣的情况下，应在销售收入中将其予以扣除，即冲减当期收入。此时计算销售净收入的公式如下。

$$销售净收入＝销售收入－销售退回－销售折让－销售折扣$$

销售退回是指购买者由于商品产品质量或品种规格及性能不符合规定要求，而将已购买

的这部分商品退回给销售单位的事项。

销售折让是购买者由于商品质量或品种规格不符合规定要求，但对于部分商品不作为销售退回处理，而是要求在价格上给予某些折让的事项。

销售折扣是指企业在商品销售过程中，由于大批量销售或者鼓励购买者在规定期间内提前缴付货款而给予买方一定数额的折扣。

销售折扣按其实现效果的不同可分为商业折扣和现金折扣两种。商业折扣也叫价格折扣，是企业为了鼓励购买者多买产品而在价格上给予一定的折扣，即购买的数量越多，价格越便宜。现金折扣也称销售折扣，是为了鼓励购买者在一定期限内早日偿还货款的一种方法。购货方在规定的条件下支付货款，可获得该项折扣。

（三）营业收入的管理

1. 营业收入计划

包括基本业务收入（产品、商品销售收入）计划和其他业务收入计划，它是编制利润计划的基础。编制营业收入计划主要用以确定计划期内营业收入，并据以确定销售预算、生产预算、现金收支预算，从而控制企业整个生产经营过程。

2. 营业收入的日常管理

及时签订销售合同，并按合同组织生产活动；加强产品（商品）的保管，及时组织发运，经常检查合同的执行情况；做好结算工作，及时回收货款，加速资金周转；搞好售后服务，及时反馈市场信息，努力提高企业信誉，增强市场竞争能力；及时进行营业收入的分析、考核、评价工作。

三、利润及利润分配管理

（一）利润及其构成

1. 利润

利润是指企业在一定时期内生产经营成果的最终体现，在数额上表现为各项收入与支出相抵后的余额，是衡量企业经营管理水平的重要指标。

（1）毛利润　毛利润是企业销售收入与销售成本的差额，它是一切利润的基础和源泉。毛利润的多少，决定了企业的财务基础和竞争地位。

（2）息税前利润　息税前利润是毛利润与经营费用之差，反映了公司的经营效果和赢利水平，也称为经营利润。

（3）税前利润　税前利润是企业利润总额扣除应扣款项后的余额，是企业所得税的计税依据。

（4）税后利润　税后利润是企业税前利润扣除所得税后的余额，也称净利润，是公司股东权益的净增加额。

（5）普通股股东收益　普通股股东收益是公司税后利润减去优先股股息后的余额，它是决定公司股票市场价格重要的因素，也是公司利润管理的重要内容。

2. 利润总额

利润总额是企业在一定时期内实现盈亏的总额，是企业最终的财务成果，正数表示企业

赢利，负数表示企业亏损。公式为

$$利润总额＝销售利润＋投资净收益＋营业外收入－营业外支出$$

3. 销售利润

销售利润是利润总额的主要组成部分，是企业提供商品和劳务等营业活动所取得的净收益。公式为

$$销售利润＝产品销售利润＋其他销售利润－管理费用－销售费用$$

4. 产品销售利润和其他销售利润。

$$产品销售利润＝产品销售净收入－产品销售成本－产品销售费用－产品销售税金及附加$$

$$产品销售净收入＝产品销售收入－销售退回－销售折让－销售折扣$$

产品销售税金及附加，是指已销售产品缴纳的增值税、营业税、消费税、城市维护建设税以及资源税、教育费附加等。

5. 投资净收益

投资净收益是指企业对外投资收益扣除对外投资损失的净额，也是利润总额的构成部分。投资收益主要包括以下内容：

① 企业以现金、实物、无形资产等形式进行对外投资分得的利润，以及联营、合作分得的利润；

② 企业以购买股票投资（优先股和普通股）分得的股息和红利收入；

③ 企业以购买债券形式投资获得的利息收入；

④ 投资到期收回或者中途转让取得款项高于投资账面价值的差额；

⑤ 企业按照权益法核算的股权投资在被投资单位增加的净资产中所拥有的数额等。

6. 营业外收入

企业的营业外收入，是指与企业主要生产经营活动无直接关系的各项收入。主要有如下各项内容。

（1）固定资产盘盈和出售净收益　盘盈固定资产作为营业外收入，是指固定资产重置完全价值减去估计折旧后的净收益。出售固定资产净收益是指转让或者变卖固定资产所取得的价款减去清理费用的数额与固定资产账面净值的差额。

（2）罚款收入　罚款收入是指企业取得的对方因违反国家有关行政管理法规按照规定支付的罚款。

（3）因债权人原因确实无法支付的应付款项。

（4）教育费附加返还款。

7. 营业外支出

企业的营业外支出是指与企业生产经营无直接关系的各项支出。包括：固定资产盘亏、报废、毁损和出售的净损失；非正常停工损失；职工子弟学校经费和技工学校经费；赔偿金、违约金；公益救济性捐赠等。

（二）增加利润的途径

1. 降低产品成本

这是增加利润的主要途径。在产品价格不变的情况下，产品成本越低，利润就越高。

2. 增加符合社会需要的产品产量

它既可以增加产品的销售数量，增加销售收入，相对地又可以节约企业的固定费用，降低产品的单位成本，从而增加企业的利润。

3. 提高产品质量

它可以增加合格品的数量，减少废品和返修品损失，减少产品成本中的废品损失费用，增加利润。在实行按质论价、优质优价的情况下，优质产品按较高的价格出售，可以取得更多的利润。

4. 合理运用资金，加速资金周转。

5. 严格控制营业外支出，增加营业外收入。

（三）利润分配

1. 企业依法缴纳所得税

企业所得税是指在我国境内的企业就其生产经营所得和其他所得征收的一种税。计算公式为

$$应纳税额＝应纳税所得额×税率$$
$$应纳税所得额＝利润总额±税收调整项目金额$$

2. 税后利润的分配

企业从年度实现的利润总额中扣除按照国家规定应上缴的所得税后的余额，即为税后利润。税后利润的分配顺序如下。

① 处理被没收的财产损失。

② 支付由违反税法而补交的滞纳金和罚款。

③ 弥补以前年度亏损。

④ 提取法定盈余公积金。法定盈余公积金应按企业税后利润的 10% 提取，当法定盈余公积金已累计达注册资本金的 50% 时，可以不再提取。

⑤ 提取公益金。公益金是企业从税后利润中提取的，用于职工的集体福利设施支出。

⑥ 向投资者分配利润。企业以前年度如有未分配利润，可以并入本年度一起分配。经过以上分配后，剩余的利润，便是企业的未分配利润，可结转下年继续使用。

第五节 财 务 分 析

财务分析是以企业财务报告反映的财务指标为主要依据，对企业的财务状况和经营成果进行评价和分析，为企业投资者、经营管理者、债权人和社会其他有关方面提供企业财务信息的一项财务管理活动。

一、企业财务报表

（一）资产负债表

资产负债表是从总体上概括反映企业在一定期间全部资产、负债和所有者权益的会计报表。它反映企业在特定日期的财务状况，因而可称为企业财务状况表。

资产负债表是根据"资产＝负债＋所有者权益"这一会计基本等式编制的，因此该表主要包括以下内容。

① 企业所拥有的各种资产（经济资源）。

② 企业所负担的债务以及企业的偿债能力（包括短期与长期的偿债能力）。

③ 企业所有者在企业所持有的权益（所有者权益）。

④ 企业未来财务状况的变动趋势。

（二）损益表

损益表，也叫利润表，是用来反映企业在一定会计期间内的经营成果及其分配情况的会计报表。

损益表是根据"利润＝收入－费用"这一会计等式为依据编制而成的。

1. 损益表的主要内容

① 收益，包括营业收入、投资收益和其他收益。

② 所有费用，包括营业费用、其他费用与损失。

③ 报告期利润总额和净利润额。

2. 损益表的作用

① 正确反映和评价企业的经营成果状况，掌握企业净利润增减的原因。

② 准确评估企业投资的价值和获利能力，衡量在经营管理上成功的程度。

③ 判断投资者所投入资本的安全程度。

④ 判断企业在未来一定时期内的盈利趋势。

（三）现金流量表

现金流量表是反映企业在一定会计期间内从事经营活动、投资活动和筹资活动等对现金及现金等价物产生影响的会计报表。编制这一报表的目的是为企业在一定的会计期间内现金流入与现金流出提供有关信息。

1. 现金流量表的主要内容

① 经营活动产生的现金流量。

② 投资活动产生的现金流量。

③ 筹资活动产生的现金流量。

④ 汇率变动对现金的影响等。

2. 现金流量表的作用

① 可供报表使用者评估企业在未来会计期间产生净现金流量的能力。

② 评估企业偿还债务及支付企业所有者的投资报酬（如股利）的能力。

③ 分析企业的利润与营业活动所产生的净现金流量发生差异的原因。

④ 会计年度内影响或不影响现金的投资活动者。

二、偿债能力分析

企业偿债的能力，它是指企业偿还全部到期债务的现金保证程度。这种能力可以通过各种比率状况反映出来。

（一）短期偿债能力分析

主要指对偿还期在1年以内到期债务的偿还能力分析，一般计算以下指标：

1. 流动比率

它用于表示流动资产与流动负债之间关系的比率，即

$$流动比率 = \frac{流动资产}{流动负债} \times 100\%$$

这一比率在正常情况下，应大于或等于200%，即等于或大于2：1比较合适，表明企业具备到期偿还短期债务的能力。

2. 速动比率

用来衡量企业流动资产中可以到期用于偿还现金的能力。其中速动资产是具有高度变现性的流动资产，包括现金、短期有价证券和应收款项净额。速动比率的计算公式为

$$速动比率 = \frac{速动资产}{流动负债} \times 100\%$$

在正常情况下，企业的速动比率应该等于或大于1，表明企业具有按期偿还短期负债的能力。

3. 现金比率

这一指标反映企业具有立即或随时支付和偿债的能力。这一比率的计算公式为

$$现金比率 = \frac{现金 + 短期有价证券}{流动负债} \times 100\%$$

由于现金不是赢利性资产，这一比率过高将会给企业带来不利影响，容易造成巨大的机会损失。

（二）长期偿债能力分析（资本结构分析）

对于企业的所有者及长期债权人来说，他们不仅关心企业的短期偿债能力，而且关心企业的长期财务状况，即资本结构状况。资本结构的指标主要包括：负债比率、所有者权益比率、固定比率、长期负债对所有者权益比率等。

1. 负债比率

负债比率又称资产负债率，是企业的全部负债总额与全部资产总额的比率。用于分析企业借用他人资金进行经营活动的能力，并衡量企业的长期偿债能力。其计算公式为

$$负债比率 = \frac{负债总额}{资产总额} \times 100\%$$

对于企业来说，资产负债率越高，企业扩大生产经营的能力和增加赢利的可能性就越大，但风险也随之增大，一旦经营不利，企业就可能陷入财务困境；反之则风险就减小。而对于债权人来说，资产负债率越低，资产对债权人的保障程度越高，企业的长期偿债能力就越强；反之，资产负债率越高，资产对债权人的保障程度越低。当资产负债率超过100%，说明企业已经资不抵债，债权人将蒙受损失。

2. 所有者权益比率

所有者权益比率是指企业的所有者权益与全部资产总额的比率。其计算公式为

$$所有者权益比率 = \frac{所有者权益总额}{全部资产总额} \times 100\%$$

对于股份公司来说，这个指标通常被称为股东权益比率，公式为

$$股东权益比率=\frac{股东权益总额}{全部资产总额}\times100\%$$

所有者权益比率与资产负债比率之和应该等于1。这两个比率是从不同侧面反映企业的长期资金来源的。所有者权益比率越大，负债比率就越小，企业的财务风险就越小，企业长期偿债能力就越强。

3. 固定比率

固定比率是企业的固定资产净值与所有者权益的比率，其计算公式为

$$固定比率=\frac{固定资产净值}{所有者权益}\times100\%$$

固定比率反映了企业的投资规模，也反映了偿债能力。一般来说，固定资产应该用企业的自有资金来购置，因为固定资产的回收期较长，如果企业用借入资金，特别是用流动负债来购置，流动负债到期时，投入到固定资产的资金却没收回，必然削弱企业偿还债务的能力。

4. 固定长期适合率

固定长期适合率是企业的固定资产净值与所有者权益和长期负债之和的比率。其计算公式为

$$固定长期适合率=\frac{固定资产净值}{所有者权益+长期负债}\times100\%$$

当企业的自有资金不足以购置固定资产时，可以考虑用长期负债。固定长期适合率也是在100%以下为好。如果超过100%，意味着固定资产投资中包含了流动负债，企业势必要为筹措资金而奔忙，如果筹资受阻，将使企业陷入财务困境，影响正常经营。

5. 长期负债对所有者权益比率

这个比率反映了长期债权人提供的资本和企业所有者权益之间的比例关系。这个比率越低，表明所有者权益对长期债权人投入资本的保证程度越高，企业的长期偿债能力越强。

三、企业营运能力分析

企业营运能力的高低主要取决于资产与权益的周转速度，周转速度越快，资金使用效率越高，营运能力越强。

（一）存货周转率

存货周转率是指企业一定期间的销货成本与平均存货成本的比率，用于衡量企业的销售能力和存货周转速度以及企业购、产、销的平衡情况。其计算公式为

$$存货周转率=\frac{销货成本}{平均存货成本}$$

存货周转率也可以用存货周转天数表示。存货周转天数是指存货周转一次所需要的天数。周转天数越少，速度越快，营运能力就越强。其计算公式为

$$存货周转天数=计算期天数\div存货周转次数$$

（二）应收账款周转率

应收账款周转率是企业的赊销净额与应收账款平均余额的比率，反映企业在一定期间应收账款转变为现金的速度。其计算公式

$$应收账款周转率=\frac{赊销净额}{平均应收账款余额}$$

式中，平均应收账款余额应按应收账款净额与应收票据两者的期初余额与期末余额的平

均值计算；赊销净额（即产品销售收入减去销售退回、折让、折扣）。

反映应收账款变现速度的另一指标为应收账款周转天数，计算公式为

$$应收账款周转天数＝计算期天数÷应收账款周转次数$$

应收账款周转次数越多，周转天数越少，说明企业应收账款的变现速度越快，收账效率越高。

（三）营运资金周转率

营运资金周转率是企业在一定期间的销售净额与平均营运资金余额的比率。其计算公式为

$$营运资金周转率＝\frac{销售净额}{平均营运资金余额}$$

$$平均营运资金余额＝（营运资金年初数＋营运资金年末数）÷2$$

由于营运资金周转率是以流动资产减去流动负债后的净额为基础计算的，所以能更综合地反映流动资产的利用效果。这个比率越高，流动资产的利用效果越好，企业的获利能力就越强。

（四）固定资产周转率

固定资产周转率是企业在一定期间的销售净额与平均固定资产净值的比率。其计算公式为

$$固定资产周转率＝\frac{销售净额}{平均固定资产净值}$$

固定资产的周转率越高，表明企业固定资产的利用效率越高，企业的获利能力越强。

（五）全部资产周转率

全部资产周转率是企业在一定期间的销售净额与平均资产总额的比率。其计算公式为

$$全部资产周转率＝\frac{销售净额}{平均资产总额}$$

对一个企业来说，全部资产周转次数越多，周转越少，表明企业全部资产的利用效率就越高。

四、赢利能力分析

（一）营业收入赢利水平的分析

衡量营业收入赢利水平的主要指标有销售毛利率、销售净利率和资产报酬率，其计算公式为

$$销售毛利率＝\frac{销售毛利}{销售收入净额}×100\%$$

$$＝\frac{销售收入净额－销售成本}{销售收入净额}×100\%$$

$$销售净利率＝\frac{净利率}{销售收入净额}×100\%$$

$$资产报酬率＝总资产周转率×销售净利率$$

（二）营业支出赢利水平分析

衡量营业支出赢利水平的主要指标有成本利润率和成本费用净利率，其计算公式为

$$成本利润率 = \frac{产品销售利润}{产品销售成本} \times 100\%$$

$$成本费用净利率 = \frac{净利润}{成本费用总额} \times 100\%$$

（三）投资赢利水平的分析

衡量投资赢利水平的主要指标有总资产报酬率、净资产报酬率（也称所有者权益报酬率）和资本收益率，其计算公式为

$$总资产报酬率 = \frac{利润总额 + 利息支出}{平均资产总额} \times 100\%$$

$$净资产报酬率 = \frac{净利润}{平均所有者权益总额} \times 100\%$$

$$资本收益率 = \frac{净利润}{平均所有者权益总额} \times 100\%$$

（四）股本收益情况分析

衡量股本收益情况的主要指标有普通股每股收益额、市盈率、普通股每股股利和每股净资产，其计算公式为

$$普通股每股收益额 = (净利润 - 优先股股利) \div 普通股股数$$

$$市盈率 = \frac{普通股每股市价}{普通股每股收益额}$$

$$普通股每股股利 = (现金股利总额 - 优先股股利) \div 普通股股数$$

$$每股净资产 = 股东权益总额 \div 股票股数$$

本 章 小 结

1. 企业财务管理是基于企业生产过程中客观存在的财务活动和财务关系而产生的，是合理组织资金活动，处理财务关系的一项经济管理工作，是企业管理的重要组成部分。

2. 企业财务管理的基本内容主要包括资金的筹集、运用、耗费、收回及利润分配等一系列行为。

3. 企业财务管理的目标主要有利润最大化、资本利润率最大化或每股利润最大化和企业价值最大化或股东财富最大化。

4. 企业筹资的基本原则包括：合理确定筹资数量；确保筹资及时供应；力求降低筹资成本；努力控制财务风险；保证筹资来源合理合法。

5. 资金成本是为取得和使用资金所付出的代价。包括筹资费用和使用费用两部分。

6. 投资组合策略包括：适中的资产组合；保守的资产组合；冒险的资产组合。

7. 增加利润的途径主要有：增加产量，提高质量，不断扩大销售；节约开支，降低成本；合理运用资金，加速资金周转。

8. 财务分析是以企业财务报告反映的财务指标为主要依据，对企业的财务状况和经营成果进行评价和分析，为企业投资者、经营管理者、债权人和社会其他有关方面提供企业财

务信息的一项财务管理活动。

复习思考题

1. 什么是财务管理？
2. 企业财务管理的目标和内容是什么？
3. 企业财务管理的环境有哪些？
4. 什么是资金成本？不同筹资方式的资金成本如何计算？
5. 如何进行企业资金结构的优化？
6. 长期投资应考虑的主要因素有哪些？
7. 固定资产折旧方法有几种？
8. 如何进行企业利润计算？企业利润如何进行分配？
9. 如何进行企业偿债能力分析？

案例分析

泸天化集团以"十个统一"为内容的财务集权管理

泸天化（集团）有限责任公司是我国特大型化工企业，年销售额近 20 亿元，利税 2 亿元左右，是中国 500 家最大工业企业和最佳经济效益企业之一。集团公司形成了以"十个统一"为内容的财务管理机制和会计核算体系。

1. 统一资产管理

集团公司拥有的资产由公司统一管理，各单位受托经营本单位资产，受托经营限额以内的部分资产处置权必须报集团公司批准并备案，集团公司内任何单位和个人不具备资产处置权。

2. 统一资金管理

集团公司财务部成立了资金结算中心，取消了二级财务机构在各专业银行的账户，1997年度财务费用比上年同期减少了 1500 多万元。具体措施主要有：①集团公司内所有资金应由公司集中统一管理，通过资金结算中心对内部各单位统一结算和收付。②各二级单位在资金结算中心开立内部结算账户，并执行资金的有偿占用。③统一包括附营业务收入在内的所有财务收支，各单位通过资金结算中心统一结算。

3. 统一银行账户管理

各二级单位开立的账户均予以注销，二级单位确因生产经营、科研开发、基本建设等需要，在各专业银行或非银行金融机构开立账户时、需报经集团公司批准。集团公司有权调用各单位的结余，并实行有偿占用。

4. 统一信贷管理

集团公司作为一级法人，统一向各专业银行、非银行金融机构和有关单位办理各种资金信贷事项，各二级单位向集团公司申请内部贷款，有偿使用。

5. 统一税费征纳管理

6. 统一物资采购管理

集团公司内主要原材料、燃料、设备、备品备件、辅助材料由公司统一采购，各项物资采购必须编制采购计划，严格物资进出库的计量和检验制度。集团公司内有部分采购权的二级单位，其采购业务在供应部门指导下进行，并优先使用公司内各级库存物资。

7. 统一财务收入管理

集团公司各种主营业务收入和附营业务收入都归口为财务部门管理，各单位和部门的非财务机构不得截留公司的各项收入。各单位财务部门必须将所实现的收入通过资金结算中心的内部结算制度集中统一到集团公司。

8. 统一发票管理

集团公司实施了由财务部统一购领发票，统一解缴税金等一系列发货票管理制度。

9. 统一会计核算和管理

①各单位财务负责人对所设会计科目和会计账簿的真实性和准确性负责，并全面及时地反映资产、负债，权益的财务状况和收入、成本（费用）、利润及其分配的经营成果，各内部报表编制单位必须及时、定期向集团公司财务部报送内部报表。②集团公司各单位必须建立财产清查制度，保证公司财产物资的账实、账账和账证相符。③各单位审核报销各种费用，必须按照集团公司的有关规定执行。④集团公司内各财务部门应当建立健全稽核制度，严格执行出纳人员不得兼管稽核、会计档案保管和有关收入、费用、债权债务等账务的登录。坚持出纳和会计核算岗位分开的内控原则。

10. 统一财会人员管理

集团公司财务实行月度例会制，由财务部负责人主持，负责总结和布置集团公司财务工作。集团公司会计人员的业务接受财务部的监督和指导。集团公司逐步实施对二级单位的会计主管和会计人员的集中管理。

另外，集团公司实施了基本建设三项管理制度——投资计划管理制度、项目在建管理制度、工程预决算管理制度。

 问题讨论

泸天化集团以"十个统一"为内容的财务集权管理的成功经验对我们有什么启示？

 实践训练

某企业的全部流动资产为 850000 元，流动比率为 1∶7。该企业刚完成以下两项交易，计算每笔交易后的流动比率。

（1）购入商品 150000 元以备销售，其中 60000 元为赊购；

（2）购入设备一台价值 60000 元，其中 30000 元以银行贷款支付，企业开具 3 个月应付票据一张。

◎ 第九章

企业人力资源管理

[学习目标]

1. 了解人力资源管理的基本含义、特点。
2. 掌握人力资源规划的内容和人员招聘的方法。
3. 掌握人力资源培训的类别和考核。
4. 掌握人力资源使用和晋升的方法。
5. 掌握薪酬的内容和制定程序。
6. 了解激励的主要理论和激励手段。

导入案例 ▶▶

摩托罗拉公司的人力资源管理

跨国公司大多实行矩阵式管理，摩托罗拉公司人力资源部本身就是一个很复杂的矩阵结构。摩托罗拉公司人力资源部分为两大块：功能部门和业务部门。功能部门内又有8大职能。

1. 组织发展

根据业务发展方向，制订本地区员工的发展计划，然后具体实施。

2. 招聘

人力资源专业管理人员在招聘方面有细致的分工：有人专门负责从各种渠道挖掘人才；有人专门负责校园招聘；有人专门关注"平衡"，在有些国家可能主要侧重平衡种族比例，在中国则主要侧重平衡男女比例。

3. 培训

摩托罗拉公司设有专门的培训机构，即摩托罗拉大学。

4. 薪资福利

摩托罗拉公司根据当地的经济增长速度制订了竞争力的薪资福利体系。

5. 信息系统

把与人力资源有关的信息放在网上供员工随时查阅所关心的人力资源政策及个人信息资料。

6. 员工关系

这部分工作可以分为主动的和被动的两类。主动的是指弘扬企业文化，提高员工团结向上的工作态度和主人翁精神。人力资源部设有定期出版的刊物、每季度组织管理员工的聚会及每周随机地推选几名员工与高层管理人员进行交流和沟通。被动的如婚、丧、纠纷等事情的处理。此外，工会工作也放在这一块。

7. 保安

保护员工的人身安全及公司有形和无形财产的安全。

8. 员工服务

包括对医务室、班车、餐厅、住房的管理。

在摩托罗拉公司，人力资源部会经常与你沟通，帮助你设计自己的人生，然后与你共同制订培训计划，在组织内为你提供各种条件和有助于你成长的机会。

在企业中，人力资源部门被视为服务支持部门不断提高服务质量和客户满意度，是人力资源部的基本工作宗旨，是衡量人力资源部门绩效优劣的基本标准。摩托罗拉公司人力资源部门大体上由三类人来考核评价：一类是员工，二类是社区，三类是客户。

第一节　人力资源管理概述

一、人力资源的概念和特点

1. 人力资源的概念

资源是人类赖以生存的物质基础，是形成财富的来源，可分为自然资源和人力资源。尽管自然资源一直是财富的主要来源，但是随着科技的迅猛发展，人力资源对财富形成的贡献也越来越大。

人力资源（Human Resource，简称 HR），又称"劳动力资源"或"劳动资源"，是指一定范围内的人所具有的劳动能力的总和。

宏观上的人力资源概念是以国家或地区为单位进行划分和计量的，而微观上的概念则是以部门或组织单位进行划分和计量的。企业人力资源管理的对象是企业所拥有的人力资源。从现实应用的形态看，人力资源是体质、智力、知识、技能的组合。体质是人们的身体素质；智力是人们认识事物，运用知识解决问题的能力，包括观察力、记忆力、思维力和想象力等；知识是人们从事实践活动的各种经验和理论。

2. 人力资源的特点

① 人力资源具有生物性和社会性双重属性。

② 人力资源具有智力性。

③ 人力资源具有能动性。

④ 人力资源具有自我选择性。

⑤ 人力资源具有再生性。

⑥ 人力资源具有时效性。

二、人力资源管理的概念和职能

（一）人力资源管理的概念

人力资源管理是指企业为了实现战略目标，运用各种管理理论和技术，对人力资源的获取、维护、激励、运用与发展的全部管理过程与活动。包括人力资源规划、员工招聘、员工培训与开发、员工绩效考核、薪酬管理、员工激励等活动。

（二）人力资源管理的职能

1. 规划

规划工作涉及如何进行工作分析，即明确各个岗位的任务，从而确定企业中不同岗位的性质和要求。主要包括：确认组织中的工作职责；履行工作职责所需要的员工数量与质量；为有资格的工作申请人提供雇用机会。

2. 招聘与选拔

招聘和选拔是根据工作需要，运用相关方法和技术，吸引并选择最恰当人选的过程。其任务是确保企业能够获得充足的职位候选人，并以合理的成本从职位申请人中选拔出符合企业需要的员工。

3. 开发

开发是指提高员工的知识、技能和素质，增强员工的工作能力，引导员工的职业发展。

4. 考评

考评是指对员工的工作结果、工作表现进行比较和评价，分出优劣高低，为薪资分配和员工发展提供依据。包括设计员工的绩效考评体制、考评指标、考评方法等，保证考评结果公平合理。

5. 激励

激励是指为提高员工的工作积极性，提高人力资源效益的一系列工作。包括合理确定员工的工资和薪金，按照员工的贡献进行收入分配，做到奖惩分明，通过奖励、福利等措施刺激员工更好地工作。

三、人力资源管理与传统人事管理的关系

人力资源管理的发展源于传统的人事管理，又在某种程度上取代了人事管理。从管理活动的过程来看，人力资源管理与传统的人事管理并没有实质性的区别。但人力资源管理把人看做一种资源，看做企业经营利润的来源，而人事管理却不然。人力资源管理取代传统的人事管理反映了企业中与人的管理有关的理念和实践的变化。

1. 单纯人事观点和人事经营观点

人事管理关注对个人和集体起作用的系统，倾向于建立一种把人的因素与经济活动分割开来的人事控制体系。人力资源管理则强调经营需要的重要性，关注个人与企业目标之间的灵活性和一致性，倾向于建立一种把人的问题与经营问题综合考虑的机制。

人事管理是用单纯的人事观点处理人事问题，把人事问题仅仅看做人事问题，不会把它和企业的经营活动联系起来。人力资源管理是把人的因素与企业经营的因素结合起来处理人事问题的。

2. 行政型管理与战略型管理

传统的人事管理工作多属于战术性和行政事务性的工作。例如，与求职者面谈，向新进员工介绍企业情况，组织有关人员参加培训，办理人员调进调出手续，编制工资表并按时发放工资、管理人事档案等。人力资源管理不排除日常的人事行政工作，更多地强调战略问题，强调如何使人力资源为实现企业目标做出更大贡献，强调企业具有灵活性和及时应变能力的重要性。

3. 控制型管理与开发型管理

传统的人事管理观念强调控制，将员工当做被管理、被控制的对象，将人事制度看做进行控制的工具，制订许多规章制度要求员工遵守，如实行考勤制度、对违纪违规的员工给予扣发奖金、罚款等严厉惩罚。人力资源管理则将人视为一种在生产过程中起能动作用的特殊

的经济资源，要求将员工视为企业非常珍贵的资源与财富，认为员工与资金、技术和其他投入要素具有同等的重要性。

4. 封闭型管理与开放型管理

传统的人事管理将企业当做一个不受外部环境影响的封闭的系统，人力资源管理将企业当做一个开放的系统，与外部环境之间存在物质、能量和信息的交换。

四、21 世纪人力资源管理的发展新趋势

1. 战略地位不断提高

人力资源管理已经从一种单一的业务职能管理、技术性管理活动的框架中脱离出来，人力资源部门已经成为为组织创造价值并维持组织核心竞争力的战略型部门。在组织决策及各种重要的管理事务中将扮演越来越重要的角色。

2. 注重对高素质人才的开发

随着知识经济时代的到来，人力资源管理将注重对知识性员工的开发和利用，把培养高素质的人才资源作为最终目的。

3. 更加注重跨文化管理

全球经济一体化的出现带来了文化差异对人力资源管理的冲击。文化决定了各种人力资源管理实践的有效性，人力资源管理的一项重要职责就是克服组织内由文化差异引起的文化冲突，跨文化管理将越来越受到重视。

4. 人力资源管理外包

外包就是将组织的人力资源管理活动委托给外部的公司。人力资源管理外包的工作主要有薪酬管理、福利、招聘和培训等。外包可以为组织人力资源管理部门提供一定的帮助与服务，但外包会因外部服务机构的质量而存在一定的风险。

第二节　人力资源规划与获取

一、人力资源规划概述

（一）人力资源规划的概念

人力资源规划有广义和狭义之分，广义的人力资源规划就是对人力资源管理工作进行筹划和安排。它是企业根据外部环境和内部条件而统筹安排各项人力资源管理活动的过程；狭义的人力资源规划则是指企业科学地预测、分析在变化的环境中的人力资源供给和需求状况，以及制定新的政策、系统和方案，确保企业在变动条件下有效获取、利用、保持和开发人力资源的过程。

（二）人力资源规划的内容

① 配合公司内部目标与外部环境的变化，及时调整规划的运作。
② 为促进规划达成，需设定应负的责任。
③ 为执行工作所需要的职权。

④ 为确保有效地达成规划，所允许的工作弹性，尤其在基层生产工作的工作指派方面。

⑤ 找出本规划与其他组织规划的相关性。

人力资源规划是一种整体性的、综合性的工作，它通常是由人力资源部或战略规划部的专业人员来设计的。但规划应征得直线部门及财务部门的一致同意并取得重要主管的批准。在人力资源规划的过程中，从人力资源储备资料的收集开始，到规划最终目标的确立，经理应参加全部规划过程。

（三）人力资源规划的程序

1. 调查

（1）企业战略规划、经营状况和财务状况。例如，销售预测、利润目标、生产目标、财务上的稳定性、竞争对手的状况、外部环境的变化等。

（2）组织体系内的生产方法、管理风格与一般环境。如组织实现生产自动化、薪资、福利及管理风格等。对组织的管理风格与一般环境的调查与审视，包括公司文化、结构、当前使命、历史、管理层级、管理跨度、领导与权力等。

（3）外部人力资源供给。例如，研究外部劳动力市场的供给与需求的现状、对当地劳动力市场结构的调查、政府的职业培训政策、教育政策等问题的一般了解都是人力资源规划所必不可少的。除非能对人力资源供求的整个外部环境与影响因素作深入的分析，否则企业的人力资源规划很难符合实际。

（4）企业内部人力资源供求与利用现状。这部分的工作包括分析企业劳动力成本、劳动力损耗、员工流动率、员工利用不足的情况等。

由于调查取得的资料对人力资源规划的现实性、实用性都有着极端的重要性，许多组织的人力资源管理部门往往将有关资料纳入一个系统化的人力资源管理信息系统，以便随时更新、修正或提供各类人力资源规划。

2. 预测

预测，包括企业人力资源的需求预测和供给预测两部分。基本的原则是：配合企业整体目标，以落实企业发展目标为基本出发点；随时修正，以顺应客观事实与条件的变化。

3. 规划

（1）利用　生产力的改进、劳动力成本和组织发展等。

（2）供给　招聘、晋升、调职、裁员和退休等。

（3）开发　定位、后续培训、管理人员开发和员工职业生涯发展等。

（4）人事政策　薪资与福利、工作条件与工作环境、劳动关系、冲突上述四类项目之间关系密切，应作全面的规划和考虑。

4. 实施和评价

实施的效果可以用企业人力资源的利用水平作为评价标准，具体包括：生产率指标、财务指标、员工的出勤率、流动率和满意度等。

二、人力资源需求分析

人力资源需求预测是企业为实现既定目标而对未来所需人员数量和类型的估计。由于内部环境（如改组、扩充、退休、离职等）或外部环境（如经济繁荣或萧条）的变化，使得企业在不同时期有不同的人力资源需求。人力资源需求会根据这些环境因素的变化而发生变动。

人力资源需求预测可以从宏观和微观的不同角度去分析。宏观角度需要了解整个产业，甚至整个社会对人力资源的需求；微观角度只从企业本身去了解对人力资源的需求。从微观而言，虽然每一个企业面临的外部的社会经济因素相同，但这些外部因素对每一个企业可能有不同程度的影响。

常用的人力资源需求预测方法主要有工作负荷预测法、趋势分析法和回归分析法等统计法以及经理人员判断法和德尔菲法等主观判断法。

人力资源需求预测深受预测期的长短和外部环境的不确定性等因素的影响。一般来说，短期的人力资源需求预测比长期的人力资源需求预测要可靠。另外，当企业的外部环境相当稳定时，预测的可靠性会提高；当企业的外部环境极不稳定时（如科技进步、产品加速更新换代），人力资源需求预测的可靠性会降低。

三、人力资源供给分析

人力资源供给预测是确定企业能否保证人员具有必要的能力以及人员来自哪里的过程。人力资源需求预测解决了需要多少人员的问题，人力资源供给分析则解决从哪里补充所需要的人员的问题。人力资源供给主要来自企业外部的劳动力市场和企业内部现有的劳动力。

1. 企业外部的人力资源供给来源

企业外部人力资源的供给要受到整个社会经济发展状况和人力结构因素等多方面的影响，特别要受到教育政策和劳动、人事政策的影响。

2. 企业内部的人力资源供给来源

企业对现有的人力资源的有效使用和开发，主要包括现有工作人员的年龄分布、离退休情况、岗位结构、人员流动以及培训开发等方面。

企业内部人员供给的预测是根据企业内部现有人力资源供给测算和流动情况来进行的；企业未来人力资源的需求应优先考虑内部人力资源供给。

四、人力资源的获取分析

（一）人力资源的获取

人力资源的获取是指用人单位根据用人条件和用人标准，运用适当的方法手段，对应聘者进行的审查、比较，从中获得自身需要的人力资源的过程。做好人力资源获取是人力资源管理的重要方面。

（二）招聘是人力资源管理的一项基本职能

招聘是用人单位寻找合格员工的可能来源，吸引他们到本组织应征并加以录用的过程。组织要想吸引人才，其领导者首先要确定选择人才的条件，不同的组织，不同的职位，选择的条件会有所不同。

招聘可以分为"招募"和"甄选"两个阶段。招募是以企业发现和吸引潜在人力资源为主要目的而采取的活动。甄选是对已经获得的可供选用的人选进行甄别、比较，确定最终录用人员的过程。招聘岗位的设立和反映任职者从事的工作内容、工作任务与职责、工作方法和工作环境条件的职务说明书是用人单位进行招聘工作的主要依据之一。

五、人力资源的招募

（一）招募的途径

组织为获得人力资源所进行的招聘，包括内部获取和外部招聘两种途径。一般来说，在招聘时应先考虑内部获取，即从本组织内部的员工中晋升或调职。

1. 内部获取

内部获取是在组织中搜寻合格人才，通过晋升或调职来满足空缺岗位的人力资源需求。内部获取途径的常用方法主要有：查阅人事档案资料和发布内部招募公告。

2. 外部招聘

外部招聘的主要途径包括就业市场、招聘广告、校园招聘、社会选拔、猎头公司、他人推荐和求职者自行上门求职等。

（二）不同招募途径的比较

招募途径的选择是企业总体招募策略的一个重要组成部分。企业会吸引哪些求职者来申请自己的空缺职位，在很大程度上取决于企业以何种方式（以及向谁）将关于这些空缺职位的信息传递出去。

1. 内部招募的优点

① 能够使企业获得大量自己非常了解的应聘者。

② 相对来说，应聘者对于企业现有职位空缺的性质比较了解，这就使得他们对于工作产生过高预期的可能性降到了最低水平。

③ 内部招募是一种成本低而且速度较快的职位空缺填补方式。

2. 企业决定对外进行招募的优点

① 对于某些最初等的职位以及一些特定的高层职位来说，在企业内部可能没有合适的人选。

② 从外部招募人员有可能会给企业带来新的思想或者新的经营方式。仅仅采用内部招募的做法可能会导致企业中的所有人都有相同的思维方式，从而很难适应创新的要求。

六、人力资源的甄选

（一）甄选方法的技术标准

1. 信度

所谓信度是一种测试手段不受随机误差干扰的程度，反映了该测试手段测试结果的可信程度，是任何一个衡量手段需要满足的一个非常关键的标准。人员甄选中的许多工作都涉及通过对人的个性特征进行衡量来决定让谁来填补职位空缺。

2. 效度

效度是测试绩效与实际工作绩效之间的相关程度。一种测试如果想有效度，那么它首先必须是可信的。因此，信度只是效度的必要条件而不是充分条件。

3. 普遍适用性

普遍适用性是指在某一背景下所建立的甄选方法的效度同样适用于其他情况的程度。通常情况下，我们可以概括出三种不同的背景：不同的处境、不同的人员样本以及不同的时间段。

4. 效用

效用是指甄选方法所提供的信息对于组织的基本有效性进行强化的程度。即甄选方法的成本与组织收益的相对大小。一般来说，甄选方法可信度越高，效度越高、普遍适用性越强，其效用也就越大。

（二）常用的甄选方法

1. 笔试

采用这种方法可以测评应聘者的知识和能力，一年一度的国家公务员考试就属于这种方法。笔试的优点在于它花费时间少、效率高、一次评价人数多，可以以较高的信度和效度对应聘者的知识和能力进行考查。笔试的缺点是它不能全面地考察应聘者的工作态度、品德修养、操作技能、观察能力以及组织和口头表达能力等。

2. 面试

面试是一种面对面进行信息沟通的广泛使用的测评方法。几乎所有企业都习惯采用这种方式筛选应聘者，并把面试看做最有决定性的选择程序。

影响面试效果的因素很多，如工作压力、对职位缺乏了解、偏见太深、对比效果、以貌取人等。此外，面试目标、面试内容、面试的方式方法等选择不当也会削弱面试效果。面试作为了解应试人员的素质特征、能力状况以及求职动机等情况的一种人员甄选与测评技术，其有自己的特点：

（1）以谈话和观察为主要工具　观察是面试过程中的一项主要工具，面试者要善于用自己的视觉和听觉来获取应聘者的有用信息。

（2）面试是主试和应聘者双向沟通的过程　在该过程中，应聘者不是完全被动的，面试者可以通过谈话和观察来了解和评价应聘者，同样，应聘者也可以借此机会了解自己欲应聘的单位和职位的一些情况，以此来决定是否接受这一职位。面试是一个双向沟通与交流的过程。

（3）面试是一种有明确目的、有计划的、主客体不完平等的交谈方式　面试的目的是从应聘者的回答中发现应聘者的一些与工作相关的特质，因此谈话是有的放矢的。一次好的面试，通过哪些问题来测评哪些要素都是精心设计好的，有严格的程序。尽管面试是一个双向的沟通过程，但双方的位置还是有所区别的。面试者以观察者和评价者的地位去提问，引导着谈话的方向和进程，处于相对主动的地位，而应聘者是处于被观察和被评价的地位，比较被动。

3. 心理测试

心理测试是指通过一系列科学手段，将人的某些心理特征数量化，以此衡量应聘者的智力水平和个性方面差异的一种选择方法。心理测试有以下类型：

（1）工作能力测试　包括一般智力测试、语言能力测试、非语言能力测试、数字和空间关系能力测试、反应速度和准确性测试、归纳能力测试、专业知识测试、理解能力测试等。

（2）人格测试　包括待人接物的态度、情绪、气质、性格及价值观等方面的测试。通常用于需要经常与人们打交道的工作岗位。比如，行政管理、公共关系等职位的招聘；测试的类型按心理学的标准分为：兴奋型、敏感型、怀疑型、幻想型、忧虑型、实验型、自律型和紧张型等。

（3）兴趣测试　用于测试应聘者对工作的最大兴趣及满足程度；根据心理学家对兴趣的划分，测试的类型可以分为：现实型、智慧型、常规型、企业型、社交型和艺术型等。

4. 情境测验法

情境测验法是把应聘者置于一个模拟的工作情境中，从而观察和评价他们在模拟的工作情境的压力下的行为。情境测验法常用的有公文处理和无领导小组讨论、角色扮演即席演讲、客观测试和面谈模拟等。

第三节　人力资源的培训与开发

一、培训与开发概述

企业员工的培训和开发是指企业为了使员工获得或改进与工作有关的知识、技能、动机、态度和行为，以利于企业绩效的改善和组织目标的实现所进行的有计划的、有组织的各种努力活动。

1. 培训

企业的培训越来越重视与企业的发展战略相结合，但培训仍然只是人力资源开发的主要手段，并不是人力资源开发的全部内容。培训主要侧重提高员工的绩效所需的与当前工作或特定任务相关的知识、技能、态度以及行为的改进。

2. 人力资源开发

人力资源开发是指企业为提高工作绩效、实现组织的发展目标和发展战略而进行的对组织的人力资源进行发掘、培养和充分利用为主要内容的一系列有计划、有组织的活动和过程。人力资源开发计划是根据企业长期经营的战略目标，分析与评价企业在未来环境变化中人力资源的供给与需求状况，制定必要的人力资源获取、利用、保持和开发策略，确保企业对人力资源在数量上和质量上的要求，使组织和个人获得长远发展和长远利益。人力资源开发还包括人力资源的教育、评价、配置和员工的职业管理等诸多环节。

二、培训的操作流程

（一）培训需求分析

在进行培训之前，管理者首先应该把握达成目标的工作、必需的行为以及工作者应具有的技术、知识或态度等问题。

1. 培训需求分析的层次

完整、科学的培训需求分析，是确保工作、绩效、培训高度契合的基础。培训的需求分析应从以下 3 个方面入手。

（1）组织分析　　主要是通过对组织的目标、资源、特质、环境等因素的分析，准确地找出组织存在的问题与问题产生的根源，以判断培训是否是解决这类问题的最有效的方法。

（2）工作分析　　工作分析的目的在于了解与绩效问题有关的工作的详细内容、标准和达成工作所应具备的知识和技能。工作分析的结果也是将来设计和编制相关培训课程的重要资料来源。工作分析需要富有工作经验的员工积极参与，以提供完整的工作信息与资料。

（3）个体分析　　主要是通过分析工作人员个体现有状况与应有状况之间的差距，来确定谁需要和应该接受培训以及培训的内容。工作者分析的重点是评价工作人员实际工作绩效以及工作能力。

2. 确定培训需求的方法

（1）任务分析法　　是指对工作内容进行详细研究，以确定工作中需要哪些特殊技能，并根据一定的工作任务所需要的技能，制订培训计划。

（2）绩效分析法　　首先通过检查工作进行绩效评估，确认有绩效偏差存在，然后进行原因分析，最后确定采用培训或其他相应方式去矫正绩效偏差。绩效分析法主要适用于决定现职员工的培训需求。

（二）培训计划的设计与实施

任何一项培训都需要事先制订计划，并且这些计划应该随着培训需求的变化而变化。培训计划的拟定涉及培训对象、培训内容、培训时间、培训场所、培训方法和教材、培训师资、培训目标以及培训费用等问题。

在确认培训需求与明确培训目标的基础上，要确定培训的内容，还要选择适当的培训方法。例如，团队训练宜采用游戏法，推销培训宜采用模拟方法，而理论培训则宜采用讲授、讨论法等。因此，培训计划设计的主要任务往往是完成培训内容和方法的选择问题。另外，培训机构的选择和对培训进行有效的管理是培训活动实施过程中的重要内容。

（三）培训与开发活动评估

1. 把握培训活动评估的目的，确定培训评估的对象

2. 制订培训评估的指标

指标包括绩效评估和责任评估。培训评估的绩效指标有反应指标、学习指标、行为指标、成果指标；培训责任的指标有培训计划评估指标、培训设施评估指标、培训师资评估指标、培训教材评估指标、培训成果评估指标。

3. 培训评估的方法

（1）培训绩效评估方法　　运用问卷法、测试法、考核法和现场成果测定法进行评估。

（2）培训责任的评估方法　　主要由负责培训的部门及其责任者进行自我总结和评估，以便肯定成绩，找出差距，改进培训工作。采用的方法有问卷法、追踪法、现场验证法及对照法等。

4. 培训投资效果分析

培训是一种投资，因此，对这一投资的成果有必要加以测定和评估。一般来说，对组织内培训投资的分析，可以使用"成本—收益分析"的方法，测定投资的效果。

三、员工职业生涯规划

（一）职业与职业生涯

1. 职业与职业生涯的概念

所谓职业，是指人们从事的相对稳定的、有收入的、某类专门的社会工作。职业是与工作相联系的，而工作又是一个人走上社会直至退休前生活中很重要的一部分。工作不仅是人们谋生的手段，也是人们满足社交、归属以及自我实现等精神方面需要的途径。

关于职业生涯，有广义和狭义之分。职业生涯是个时间概念，狭义的职业生涯实际上是指始于工作前专门的职业学习和训练，终于完全结束或退出职业工作之时的职业生涯期，是指一个人一生之中的工作经历或历程。广义的职业生涯则是从职业能力的获得、职业兴趣的培养、职业选择、就职，直至最后完全退出职业劳动这样一个完整的职业发展过程。因此，广义的职业生涯实际上是从人们出生开始计算的。

2. 职业生涯的阶段

（1）探索阶段　一般来说，探索阶段的个人不但开始对各种可选择的职业进行某些现实性的思考，而且还会尝试去寻找自己的职业选择与他们对职业的了解，收集关于职务、职业生涯及职业的信息。他们往往作出一些带有试验性质的较为宽泛的职业选择，一旦他们找到了自己感兴趣的工作或职业类型，他们就开始接受必需的教育和培训。

（2）确定阶段　确定阶段是大多数工作生命周期的核心部分。个人在这一阶段会找到合适的职位，并为之全力以赴地奋斗。这一阶段的员工会在公司中找到自己的位置，独立做出贡献，承担更多的责任，获得更多的收入，并建立一种理想的生活方式。公司需要制定政策，来协调其工作角色和非工作角色。

（3）维持阶段　维持阶段的人们关注技能的更新，希望人们仍将其看成是一个对公司有所贡献的人。他们有多年的工作经验，拥有丰富的工作知识，对于企业及其目标和文化的理解将会更加透彻，他们往往能够充当新员工的培训导师。

（4）离职阶段　退休是每个人都必须面对的，当退休临近的时候，员工将不得不面临这样一种相当普通的前景：接受权利和责任减少的现实。

从企业管理的角度而言，对于离职阶段员工主要的职业生涯管理活动是制订并实施员工的退休计划和分流计划。

（二）职业生涯规划的基本内容

职业生涯规划是指为了在组织中积极地运用每个员工的能力，长期持续地确保组织所需要的人才，谋求个人成长和组织发展的人才开发利用计划。

1. 设定目标

设定组织职业规划目标的总原则是必须有利于实现组织的基本目标。必须有利于员工个人职业计划的实现，充分发挥人才在企业发展中的决定性作用。调动员工的积极性、自觉性、主动性，增强员工的忠诚度、向心力。

2. 制订职业道路计划

组织要了解员工个人职业需求，制订出各种职业道路计划。

3. 制订职业发展和教育培训计划

职业发展是一种被组织采用的旨在培养、造就合格职业资格和经历的人员，以确保组织的需要。当职业道路计划制订后，与之相配套的职业发展或教育培训计划应当及时出台，确保职业道路的畅通。

用人单位在制定和实施战略时应当对员工加以尊重，努力认同员工的发展，使组织的职业生涯规划与个人发展有机地结合。

第四节　绩效考评与薪酬管理

人力资源管理的目的就在于合理地利用人力资源，最大限度地提高人力资源的使用效益。在所有生产要素中，人力资源是企业一切活动的主体，合理利用人力资源有利于提高企业的管理水平，有利于进一步提高员工的整体素质，从而不断增强新产品的研究开发能力、提高劳动生产率、提高设备使用率、节约材料和能量消耗、降低成本等。

一、工作绩效考评

1. 绩效考评的含义

绩效是个体或群体工作表现、直接成绩、最终效益的统一体。绩效考评就是以工作目标为导向，以工作标准为依据，对员工行为用其结果来考核的综合管理。目的是确认员工的工作成就，改进员工的工作方式，奖优罚劣，提高工作效率和经营效益。

2. 绩效考评的作用

（1）确定员工的薪酬　现代企业管理要求薪酬分配遵守公平与效率两大原则。绩效考评的结果是决定员工报酬的重要依据。合理的薪酬不仅是对员工劳动成果的公正认可，而且可以产生激励作用，在组织内部形成进取与公平的氛围。

（2）决定员工的提升与晋职　通过绩效管理活动，可以掌握员工的各种相关工作信息，如劳动态度、岗位适合度、工作成就、知识和技能的运用程度等。根据这些信息，企业主管可以正确地制定人事决策，对员工的提升、晋职、降职、降级等作出决定。

（3）进行员工的培训与开发　绩效考评的重要用途，是向员工提供反馈，让他们了解自己的工作情况，从而改进工作中由个人的原因而产生的缺陷和不足，为以后的培训提供可靠的依据。绩效考评可以发现员工在知识、技能、素质等方面的不足，使培训开发工作有针对性地进行。

（4）加强与员工共同目标的建立　绩效考评工作要求上下级之间对考核标准、考核方式以及考核结果进行充分沟通，因此，绩效考评有助于组织成员之间信息的传递和感情的融合。通过沟通，可以促进员工相互之间的了解和协作，有助于使员工的个人目标同企业目标达到一致，建立共同目标，增强企业竞争力。

3. 绩效考评的程序

（1）制订绩效考评标准　绩效考评标准必须得到考核者和被考核者的共同认可，内容应做到准确化、具体化、定量化。

（2）开展绩效考核工作　进行考评时，必须以考评标准为依据进行考评，认真收集相关事实资料，根据事实资料作出判断，不能主观臆断。考核工作也需从不同方面取得事实材料。

（3）绩效考评结果的整理及反馈　绩效考核的目的不仅是区别绩效的大小，进行相关的薪资分配，而且要通过对于绩效的分析和控制改进员工的行为，更好地实现企业目标。

（4）提出绩效改进的办法　绩效的一个重要任务，是分析绩效形成的原因，把握其内在规律，寻找提高绩效的方法，从而使工作得以改进。

4.绩效考评的类型

（1）上级考评　管理人员（上级）是被考评者的主管，他对被考评者承担着直接的领导、管理与监督的责任，对下属是否完成了工作任务，达到了预定的绩效目标等实际情况比较熟悉了解，在思想上也没有更多的顾忌，能较客观地进行考评。

（2）同级考评　同事与被考评者共同处事，密切联系，相互协作，相互配合，被考评者的同事比上级更能清楚地了解被考评者，对其潜质、工作能力、工作态度和工作业绩了如指掌，但他们在参与考核评价时，常受人际关系状况的影响，所以在绩效管理中，同级的考评占有一定的份额，但不宜过大，占10％左右。

（3）下级考评　被考评者的下级对被考评者的工作作风、行为方式、实际成果有较深入的了解，对其一言一行有切身的感受，但他们又因隶属关系对考评者心存顾虑，使考评的结果缺乏客观公正性，所以其评定结果在总体评价中一般控制在10％左右。

（4）自我考评　被考评者对自己的绩效进行自我考评，能充分调动被考评者的积极性，特别是对那些以"实现自我"为目标的人尤为重要。但在绩效管理中，由于自我考评容易受到个人多种因素的影响，使其有一定的局限性，所以其评定在总体评价中一般控制在10％左右。

（5）外人考评　外部人员即被考评者所在部门或小组以外人员，如直接服务的客户，他们虽能较客观地参与绩效考评，但他们很可能不太了解被考评者以及其能力、行为和实际工作的情况，使其考评结果的准确性和可靠性大打折扣。在实际考评中，采用外人考评的形式时，应当慎重考虑。

二、晋升

（一）晋升的三个阶段

1.候选人考察阶段

根据空缺职位的要求，在企业内筛选出符合条件的候选人，对其候选人的素质和技能进行全面考察。企业可以组成专门的专家组来负责对候选人的德、能、勤、绩等各方面进行具体考察。

2.测试及评价阶段

对候选人的测试可以灵活地采用多种形式，如体能测试、笔试、面试、案例分析等。企业可以长时间对候选人进行观察、筛选。每一位候选人在漫长的考验阶段，必然或多或少地暴露其品质、能力、工作态度等方面的不足，企业就能够做到全面和公正地认识每一位候选人，尽可能地降低用人不当的风险。

3.确定阶段

通过对照岗位要求为候选人选择最适合他的职位。由于企业的实际情况各不相同，在晋升考察的过程中必须结合企业实际情况，来确定考察的内容和方式。

（二）晋升的类型

1. 有计划提升

目的是培养那些有发展前途的、将来能被提拔到更高一级职位上的主管人员。按照计划好的途径，使员工经过层层工作的学习和锻炼，从底层逐步提拔到高层。公司可采用有计划的晋升模式为每位优秀员工提供良好的发展通道。在招聘人员时就要求能力高于所任岗位的一级甚至两级，而不仅仅限于所聘岗位的要求，似乎有些大材小用，实际上却是为员工有计划的提升创造条件。

2. 临时晋升

临时晋升是指当某个主管人员因某些原因，例如度假、生病或因长期出差而出现职务空缺时，组织指定有培养前途的下级主管人员代理其职务。这既是一种培养人才的有效方法，同时也满足了组织的工作需要。

3. 设立副职

副职的设立，是让有晋升潜力的下级人员同有经验的主管人员一同工作，在实践中学习。通过主管人员的具体帮助和培训，促进下级人员的成长，同时也让主管人员更好地了解下级人员的发展潜力，以决定是否继续培养和晋升。这种副职常常以"助理"等头衔出现。

（三）工作轮换

工作轮换是指在不同的时间阶段，企业安排员工在不同的岗位上工作，以减少工作的枯燥，单调感。目前，许多公司从长期培养员工的角度出发，在录用新员工后的一至两年内会让员工在公司主要的部门轮流工作一段时间。既能使企业对员工能力的侧重有所了解，同时也使员工对企业活动的整个流程有全面的了解和把握。

另外，工作环境和内容的变换还能激发人的工作积极性，因为它使工作变得更为有趣，也更富有满意感。给员工更多的发展机会，让员工感受到工作的新鲜感和工作的刺激，使员工掌握更多的技能。

三、薪酬

员工按照企业要求创出了工作绩效之后，企业应该给予合理的回报。员工工作作为一种职业活动，是有偿劳动，薪资是劳动报酬的主要形式，员工可以通过薪资报酬享受自己的劳动成果。同时，薪资还是一种重要的管理手段，企业可以通过薪资报酬调动员工的积极性，提高企业经济效益。

（一）薪资管理的原则

1. 对外具有竞争性

企业的薪资水平与劳动力市场中的薪资相比具有一定竞争性。重视外部公平，是企业薪资管理的一个重要要求。在自由竞争的劳动力市场中，员工的薪资水平是由劳动力市场的供求状况决定的，而市场正是通过薪资的上下浮动，把人力资源合理地配置于各行业和各企业之中。

2. 对内具有公平性

同一企业中每人所得工资与其他人所得的工资相比，应该公平合理。既包括同种职位、同等绩效下薪资是相等的，也包括不同职位、不同绩效下的薪资是不等的。员工的工资差异是根据劳动的复杂程度、技能水平、责任大小、贡献大小而定，通过这种差异体现多劳多得的原则。

3. 对员工具有激励性

在竞争日趋激烈的今天，企业薪资管理的目的，已不再局限于通过合理的劳动交易维持企业的正常工作，更重要的是调动员工的工作积极性，提高劳动生产率，促进企业的发展。企业必须根据这一特点，制定员工激励计划，特别是薪资激励计划。根据不同岗位的特点，制定不同的工资结构，以最大限度地激励员工的工作热情。

（二）薪资报酬的形式

1. 工资

工资是员工收入中比较固定的部分，它常常由员工的基础工资、职务工资、技能工资、工龄工资以及若干种国家政策性津贴构成，是企业人工费用中的成本性支出。从工资形式上主要分为：计时工资制、计件工资制、结构工资制、浮动工资制、等级工资制、岗位技能工资制等多种形式。

2. 奖金

奖金也称绩效工资。常用的奖金形式有月度奖、年终奖、超额奖、效益奖等，它是企业对员工超额劳动或劳动绩效所支付的报酬，具有很强的激励性。在具体实施过程中，有三种不同的奖励角度。一是基于企业整体绩效而对所有员工的奖励，是企业投资者与劳动者之间的利益分配关系。二是基于企业中某一工作团队的突出绩效对该团队的集体激励，以此促进员工的合作努力。三是基于某些员工突出的个人绩效，对优秀员工所进行的激励，目的是表彰先进、树立榜样。

3. 福利

福利是一种补充性报酬，往往不以货币形式直接支付，而采取实物形式发放。福利的类型如下。

① 国家法律规定的劳动保险福利，如医疗保险待遇、养老保险待遇、工作保险待遇、生育保险待遇、失业保险待遇等。

② 带薪假期，如脱产培训、病事假、公休、节假日、旅游等。

③ 员工个人福利，如提高和改善职工物质、精神生活的福利项目：设立职工诊所、餐厅、浴室、幼儿园、单身职工宿舍等，建立文化体育设施，逢年过节时发放节日用品，组织各类文化体育娱乐活动丰富职工的业余生活。

④ 其他种类的福利，如统一发放的工作制服、提供工作餐、提供上下班交通车、提供住房津贴和子女教育津贴等。

（三）薪资报酬的制定流程

1. 制定薪酬原则

企业应结合自身的特点制定一些有操作性的实施原则，如企业基本工资制度和分配原则；企业工资分配政策与策略、工资拉开差距的标准、工资、奖金、福利的分配依据及比例标准等。

2. 岗位设置与工作分析

岗位科学设置和工作分析是做好薪酬制定的前提，开展此项工作的主要目的在于产生清晰的企业岗位结构图和工作说明书体系。

3. 工作评价

工作评价的目的是在工作分析的基础上，对各项工作进行分析和比较，揭示工作之间的相互关系，并准确评估各项工作对企业的相对价值，实现薪酬制定的内在公平。

4. 薪酬调查

社会经济环境、地区和行业水平、劳动力价格水平等外部因素对企业的薪酬制定有重要影响。通过调查，不仅了解和掌握本地区、本行业特别是竞争对手的薪酬水平，及时制定和调整本企业对应工作的薪酬水平及企业的薪酬结构，确保企业薪酬制度的外在公平性。

5. 薪酬结构设计

薪酬结构是指一个企业的组织结构中各项工作的相对价值及其对应的实付薪酬之间保持何种关系。在工作分析和薪酬调查的基础上，可以确定企业每一项工作的理论价值；工作的责任越重，复杂程度越高，完成难度越大，对员工的素质要求也就越高，对企业的贡献也就越大，对企业的重要性也就越高，那么，该工作的相对价值也就越大，因此，该工作的工资率也就越高。

6. 确定薪资差异

在现代企业中，确定薪资差异通常从员工劳动能力、劳动付出、劳动效果三个方面，确定员工之间的薪资差异。其中，员工所任职务的价值差异与职务相关的技能差异，是两个最基本的决定因素。

7. 薪酬方案的实施、修正和调整

完成上述步骤之后，一个薪酬方案就出台了，但事情并没有结束，更为重要的是，在实践中对薪酬方案加以落实，在落实过程中不断地收集来自各个方面的反馈意见，修正方案中的偏差，使工资方案更加合理和完善。另外，要建立薪酬管理的动态机制，要根据企业经营环境的变化和企业战略的调整对薪酬方案适时地进行调整，使其更好地发挥薪酬管理的功能。

第五节　员 工 激 励

任何组织的管理所追求的目标都是为了提高组织中个人和团队的绩效，而组织管理中提高个人绩效和团队绩效的一个重要途径就是激励。

一、激励过程

1. 刺激或诱因

刺激或诱因可能来自外部环境，也可能来自个体内部环境。组织中充满各种刺激，从工

作环境、人际关系到制度、措施等都可以是刺激。

2. 需要

需要是人们对其生存和发展的内外环境某个方面感到匮乏的一种心理现象。人一旦有某种需要，内心就会产生不舒服感或紧张，所以会产生某种动机去满足这种需要。

3. 形成动机

动机是推动人们从事一定活动的心理驱动力。个体的所有行为背后都有一定的动机，动机是由需要引起的。动机对人的行为起着促成、调节、维持和终止的作用。人们即使做同样的事，其动机也可能不同。

4. 确定目标

目标是人们制定的，由于是人们希望达到的且能满足人们的需要，所以人们会努力去实现它。有时从一个人的目标可以看出一个人的动机，但有时目标与动机的关系比较复杂，人们即使有同一种动机，也可能设置不同的目标，同一种目标也可能是不同动机的产物。

5. 产生有目的的行为

行为是人们为实现目标而付出的努力，是达到目标的重要桥梁。需要和动机的强烈程度、目标的难度和清晰度、个体的意志和抱负等都会影响人们的行为。即使人们有相同的需要、动机和目标，其行为表现也会不同，有的人可能会百折不挠，有的人则遇到困难就退缩。

二、激励理论

（一）内容型激励理论

1. 马斯洛需要层次理论

由美国社会心理学家马斯洛创立。提出了需要理论的四个假设：一种需要被满足，满足这种需要的激励作用就会变小，另一种需要就会取而代之；对大多数人来说，其需求结构是非常复杂的，在同一时间，可能会有几种需要影响其行为，但可能只有一种是主需要；只有当一种低层次需要得到满足后，高层次需要才会有效地驱动行为；与实现低层次需要相比，人们有更多的方法和手段实现其高层次需要。

马斯洛把人的各种需要划分为五大层次：①生理需要。包括食物、水、住房和免受大自然之害的各种保护。②安全需要。包括生命、财产和工作安全。③归属需要。是人类对爱、友谊和归属感的需求，人们通过归属于一个或几个团体，如家庭、社会、运动团体，或者工作团队来满足这种需求。④尊重的需要。每个人都有感到自豪的需求。通过其他人传达给自己的积极信息，以及对自己行为的评价来满足这种需求。⑤自我实现的需要。这是实现个人自我发展目标的需求，人们想要获得某种成就带来满足感。有强烈自我实现需要的工作者注重自我发展和自我完善，希望能做自己想做的事。

2. 赫兹伯格的双因素理论

美国心理学家、管理学者弗雷德里克·赫兹伯格（Frederick Hertzberg）提出了双因素理论。认为使人们对工作产生满意感和防止产生不满意感的因素分别是激励因素和保健因素。激励因素包括工作本身、得到他人认可、个人发展、晋升及工作责任等，是个体对工作成就的主观感觉。保健因素包括公司的发展方针、行政管理、技术管理、薪资、奖金、工作条件以及人际关系等，它与个体对工作的负面感觉相关，与外在环境相关。有效的激励因素会使人们产生工作满意感，无效的激励因素会让人们没有满意感；有效的保健因素会维持人们没有不满意感，无效的保健因素会让人们有不满意感。

（二）过程型激励理论

期望理论是美国心理学家弗洛姆（V. H. Vroom）1964 年在《工作与激励》一书中提出的。认为人的工作行为是建立在一定的期望基础上的。工作动机与人对于"努力—绩效关系"和工作结果的期望有关。可以用以下公式表示。

$$激励力量(M)＝效价(V)×期望值(E)$$

其中，激励力量指调动个体积极性的强度，效价指所要达到的目标对于满足个人需要来说具有的价值和重要性，而期望则是指主观上对于一定的工作行为与努力能够促使任务达成和需要满意的可能性（或概率）的预期。因此，目标价值越重要，实现目标的概率越高，激发的动机就越强烈。

根据弗洛姆的期望理论，有效地激励工作需要处理好以下 3 种关系。

1. 努力程度与工作绩效的关系

作为管理者应当知道和帮助员工努力完成工作任务，增强达到目标的信心和决心。

2. 工作成绩与奖励的关系

工作成绩与奖励的关系是指在实现预期工作绩效后能得到适当、合理的奖励。奖励必须随个人的工作绩效而定，没有建立或建立不当都会影响其积极性。

3. 奖励与满意需要的关系

由于需要存在的个别差异性，同样的奖励对于不同的人具有不同的效价。

根据期望理论，组织要调动员工的积极性，需要根据发展目标的要求，致力于提高员工的工作期望、奖励的关系性和效价强度。

（三）行为修正理论

主要代表性理论包括：随机强化理论、条件反射理论等。这里主要介绍随机强化理论。

随机强化是指行为与引起行为的环境、行为发生之后的环境之间的关系。随机强化的目的，就是通过有意或无意地对某种行为作出特定反应，由此来增加或减少某种行为发生的频率。随机强化主要有以下 4 种形式。

1. 正强化

正强化是指个体发生期望的行为后他人或组织给予其愉快的结果。正强化的目的是增加行为出现的频率，而这个行为是组织所期望其成员去做的。表扬、赞赏、鼓励、奖励、奖金、认可、肯定、晋升都是正强化措施。

2. 负强化

负强化是预先告知如果出现不符合要求的行为时，就会有不愉快的事件发生，个体为了避免不愉快的事件发生，会主动做出期望行为。当希望的行为出现时，预先设定的跟随其行为的不愉快事件就被消除。这个过程称之为负强化。目的也是增加期望行为的频率。包括一些惩罚规则、纪律条款等不愉快的事件。

3. 惩罚

它的目的是减少不期望出现行为的频率。惩罚有多种形式，如罚款、减薪、降职、责骂、体罚、警告、处分、开除、调去做乏味的工作等，都属于不愉快的事件。但并不是所有不愉快的事件都是惩罚，只有当它们能够减少不期望行为的频率时才是惩罚形式。

4. 忽略

就是在任何行为发生后都不作任何强化反应。要注意有选择地使用忽略，并不是所有的行为都适合用忽略，应用的行为不合适，就不会起到减少不良行为频率的作用。

三、激励手段

（一）对一般员工的激励

1. 以绩效为中心

要把工作绩效以及对企业的奉献与个人的报酬收入结合起来。在结构工资中，岗位职务工资是工资构成中的不变部分，其比例应当占70％以下；业绩工资为工资构成中的可变部分，应当占30％以上。此外，企业还可以从利润中提取一部分作为奖励基金，奖励为企业做出突出贡献的员工。

2. 采取弹性奖励的手段

根据员工的需要，有针对性地选择奖励的形式。这是因为，有人希望得到奖金，有人可能需要休假的时间长一点，另一些人则希望晋升，还有人更珍惜进修学习的机会。采用弹性奖励办法，会起到较好的激励作用。

3. 对不同员工激励的权变

（1）善于服从的工作完成者　这类员工负责任，守纪律，但不愿冒险。对于这些员工，要经常进行表扬，侧重物质奖励。

（2）喜欢迎接挑战的叛逆者　他们喜欢行动，不重理论，追求自由，对这类人要把任务交给他们，奖励办法是让他们去学习和组建新团队。

（3）有远见卓识的策略者　善于思考和分析复杂问题，不仅看眼前，也重视未来。对其授权或实行弹性工作时间，有较强激励作用。

（4）追求环境和谐的尊重人者　他们重视和谐的人际关系，追求和平，因而结合他们的优点，公开表扬他们对同事的友情与工作中的合作精神，会起到一定的激励效果。

4. 达到激励的公平

公平是激励的基本原则。拉开奖励的档次，是打破大锅饭、增加激励力度的重要措施，但这可能会使不少员工在心理上感到不平衡。最好的办法是提高员工的参与度，增加分配的透明度，让员工相信分配是公平的、差距是合理的，否则，组织付出的再多也没有效果。

（二）对管理人员的激励

1. 引入竞争机制

管理层是经营者联系普通员工的桥梁，是上情下达和下情上达的主要沟通渠道，是能动性地发挥人力资源价值的一个重要环节。建立开放、流动的用人机制，实行管理岗位竞争上岗，使能者上、庸者下甚至平者下，形成能升能降的制度，有利于选拔优秀人才和保证组织经营管理决策的顺利实施。

2. 适度授权

授权可以增强各层次管理人员的工作责任感和积极性，能提高其管理能力，使管理者获得相应的培训和发展机会，也有利于企业培养未来的领导者。

3. 用好薪酬杠杆

确定合理的薪资水平，将管理者的个人报酬与其工作业绩直接挂钩，有利于激励的实现。实行目标管理，是运用薪酬杠杆进行激励的有效手段。

4. 强调精神激励

高层次人员往往有着更高层次的需要，要求发挥自己的聪明才智，追求自我价值的实现，而且往往具有很强的自我实现欲望。突出他们的经营思想、创新精神，承认他们的工作努力和绩效，往往比物质激励更具有威力。

对于管理人员的精神激励，要具有针对性，不能停留在发奖状、开表彰会，而要为他们提供良好的工作条件和环境，使他们有充分施展才能的空间，让他们从职位工作中获得最大的心理满足，体验工作成就所带来的乐趣。

四、员工激励的发展趋势

（一）激励取决于组织的环境

1. 组织的激励环境要强调公平

公平是员工施展个人能力的基础条件和前提。

2. 组织的环境应当是宽松的、开放的

有利于员工参与组织的管理，可提高员工工作的积极性。

3. 组织的环境创造要强调守法、遵纪，形成按标准办事的风气

（二）激励的复杂性

1. 组织目标的多元化

随着社会进步，组织目标由单纯地追求利润逐步向社会效益、公众利益、企业利润等多元化发展。多元化的趋势要求企业的激励措施也要作出相应的改变，以适应企业目标的转变。

2. 组织机构的变迁

现代企业的组织机构变化逐步由传统的金字塔型向扁平化方向发展，架构上的表现是管理跨度增宽，管理层次减少，对员工的激励提出新的挑战，如何去了解每一位员工的需要将成为激励中首要解决的问题。

3. 文化差异

经济全球化时代，越来越多的企业开始在国外建立分支机构，不同国家、民族的文化差异对管理提出巨大挑战。每一种文化都会对管理者和员工的角色有所界定，可能会出现一种文化鼓励员工积极参与，而另一种文化提倡的却是恪守职责，不过问其他事务。跨文化管理将成为管理者能否进行有效激励的关键。

本 章 小 结

1. 人力资源管理管理在现代企业管理中的作用日益凸显。与传统的人事管理相比，人力资源管理在管理内容、形式、策略、技术、手段等方面有了本质变化。人力资源管理具有综合性、实践性、发展性、民族性、社会性的特点。

2. 人力资源规划是人力资源管理的基础，规划具有先导性和全局性，不断地调整企业的人力资源政策和措施，指导人力资源管理活动的有效进行，有利于企业合理配置和招聘人才。招聘分为内部招聘和外部招聘，各有利弊，应合理结合，通过不同方式达到招聘的目的。在人员筛选中可采取笔试、面试和心理测试等多种方式。

3. 培训与开发活动，是人力资源管理的重要组成部分，是维持整个组织有效运转的必要手段。不同的培训对象和培训内容，需要不同的培训方式和培训技术，应该区别对待、合理安排。进行培训的考核是做好培训工作，合理开发人才的必要手段。

4. 人力资源管理的目的就在于合理地利用人力资源，最大限度地提高人力资源的使用效益。绩效考评主要目的是激励和帮助员工未来更好地工作，为了达到这一目的，应对绩效考评工作进行科学的设计，使考评体现出公正、公开、公平的原则。绩效考评的一个重要目标是为企业人员提升与晋级提供依据，晋升是激励员工的一项重要措施。一个合理的薪资体系不仅是一个公平合理，而且能够促进企业发展和员工进步的薪资体系。

5. 提高绩效的一个重要途径就是激励。激励的代表性理论包括：内容型激励理论、过程型激励理论、行为修正理论。对不同层次的员工应采用不同的激励手段，以取得更好的激励效果。激励方式随着社会发展是不断发展变化的，应注意其发展趋势。

 复习思考题

1. 人力资源管理与传统人事管理有何区别？
2. 什么是人力资源规划？人力资源规划涉及哪些方面的内容？
3. 内部招聘与外部招聘各有什么利弊，试举例说明。
4. 如何对培训的成效进行评估与考核？
5. 结合实际谈谈对各种激励理论的理解。

 案例分析

微软公司的人力资源管理

微软公司在 1975 年创办之初，只有少数几名人员，公司年收入为收入 1.6 亿美元。如今，微软公司拥有 31396 名员工，2008 年 6 月 17 日，微软公司的市值达 2720 亿美元，名列全球第二。企业竞争是人才的竞争。在对微软公司应用部门进行的一次调查中，有 88% 的雇员认为微软公司是该行业的最佳工作场所之一。那么微软公司是如何制订人力资源管理政策的呢？

（一）宁缺毋滥的选人机制

有人说，微软公司是由聪明人组成的公司，是一个"精英俱乐部"。微软公司的选人模式是非良才不用。微软公司每年只从大约 12 万的应聘者中录用一部分人。真可谓百里挑一，优中选优。宁缺毋滥是微软公司招聘人才的原则。宁可职位长期空缺，给工作带来不少困难，也不要找一个勉强合适的员工，要将位置留给最合适的人才。

（二）人尽其才、才尽其用的激励机制

微软公司真正关注的是怎样最大限度地发挥雇员们的聪明才智，使其转化为经济效益。微软公司的绝招在于着力营造一种差别的氛围，让员工时刻有一种危机感和紧迫感——让优秀的员工更优秀，让平庸的员工不平庸。

微软公司的软件开发人员比非软件开发人员享有更多的特权：一是前者分红更多；二是在办公室资源极为短缺的情况下，前者的单人办公室神圣不可侵犯；三是当员工持续增多致使公司不得不另外择地时，前者可以继续留在环境优美舒适、设施齐备的微软科技园区，而后者却不能。

（三）独树一帜的用人理念

好的人力资源管理政策离不开理念的指导。微软在用人的理念上不仅仅喜欢启用比工作所需更少的人，而且不断地向员工培育和强化危机意识。

（1）"n−1"思想　微软公司喜欢启用比工作所需更少的人。微软公司欣赏的是雇用尽可能少的人，以挑战极限的方式，来完成尽可能多的工作。如果你工作不能专业致志，竭尽全力，微软公司就不适合你。盖茨本人就是一位工作狂，自创立微软公司以来，他总是在赶时间。他每天废寝忘食，用比萨饼充饥，用咖啡饮料提神，成为微软公司工作模式的典范。

（2）"微软公司离破产永远只有 18 个月"　微软公司总是不断地向员工灌输、培育和强化危机意识。当今时代，技术创新快，产品更新换代快，自然，企业成长快，衰落也快。企业繁荣之中孕育着毁灭自身的种子，你越是成功，垂涎的人就越多，他们会一块块地窃取你的生意，直至你一无所余。作为一名管理者，最重要的职责就是常常提防他人的袭击，并把这种防范意识传播给手下的工作人员。成功的企业家们往往善于宣扬和制造某种危机感，宣扬存在的危机或潜在的危机，使员工不会被胜利冲昏头脑。盖茨曾说道："在这个产业内，没有一家公司拥有万无一失的地位。"

问题讨论

1. 微软在招聘人才方面有哪些特点？这样设计的道理何在？
2. 你认同微软的用人理念吗？为什么？
3. 请您结合人力资源管理的理论，分析微软是如何建立并保持一支高效的人才队伍的？

实践训练

将全班分为两大组，轮流担任招聘方和应聘方。招聘方要制订招聘计划，包括招聘目的、招聘岗位、任用条件、招聘程序，特别是聘用决定的方法。应聘方应写出应聘提纲或应聘演讲稿，一定要体现出应聘竞争优势。

◎ 第十章

企业文化与形象管理

导入案例 ▶▶

海尔公司的企业文化

海尔公司员工人手一本《海尔企业文化手册》，仔细读一读这本充满时代内涵的"海尔全书"，可以体会到东方文化的亲情与和睦，也能体会出其中融进的西方先进管理经验与思想。海尔公司的企业文化分三个层次，最外层是物质文化，看得见，摸得着；中间层是制度行为文化，如规章制度等；最深层的是海尔精神文化。精神文化的核心是价值观，而海尔公司的价值观就是两个字：创新。制度的东西可以学，但创新却无法模仿。海尔公司的科研人员平均每个工作日开发 1.3 个新产品，每个工作日申请 2.5 项专利，是中国企业中获专利数量最多的企业。海尔公司文化的这种创新，就是要最大限度地给每一位员工提供一个创新的空间。海尔公司的小改小革造就了员工中的不少"名人"，也给企业创造了巨大效益。公司总裁张瑞敏说，这种小改小革不仅仅在于产生多少效益，更在于员工所表现出的创新精神。在海尔，你甚至不用与员工交谈，便可感受到使他们充满活力的精神世界，平凡而机械的工作与远大的目标紧紧联系在一起，变为愉快的创造。员工们一簇簇创新的火花，汇聚成燃亮海尔事业征程的熊熊火炬。从当年创造中国冰箱的金牌，到今天努力跻身世界五百强，海尔人靠它振奋精神，战胜自我，永远创业，创新进取。海尔公司的文化和理念，是用各种生动活泼的方式，深入每个海尔员工心中的。在海尔园区里，员工们胸牌上写意地画着一张微笑的脸。"我是海尔，我微笑"这样的标语随处可见，海尔人的微笑更是让人感到亲切和温暖。

第一节　企业文化概述

第二次世界大战后，社会生产力得到了迅速发展，随着科学技术的不断进步与发展，市场呈现全球化倾向，促使在全球范围内，企业间的竞争日趋激烈，传统的刚性管理弊端日益显现出无法满足企业管理发展的需要。于是，在 20 世纪 70～80 年代的西方企业界，企业文化理论应运而生，并以其开阔的视野，全新的管理思想把企业管理推向一个新的发展阶段。

一、文化

文化是人类在漫长的发展进程中所创造的物质财富和精神财富的总和。"文化"一词用来专门指称精神财富，如哲学、科学、教育、文学等；有时候文化代表了知识的多少，成为度量人们知识掌握程度的修饰词，但是，有的时候文化又不一定与知识等同，有知识的人，不一定具有文化的底蕴。有人指出，出现这种现象是教育的悲哀，社会应该为此而进行反思。

在漫长的社会发展中，诸多人和事、观念与做法沉淀下来成为影响后人思想行为的精神力量。不同的国家和地域，有着各自的文化和在这种文化背景中所表现出的独特心理及行为特点。在不同的领域，历史的积淀培育了丰富多彩的文化，如茶文化、饮食文化、建筑文化等。在每个时代，文化都作为一种时代精神和民族心理深刻影响着人们的行为和思想。文化在政治、经济以及日常生活中均具有重大的作用影响，不同文化背景的人有着不同的行为准则和处事方式。这种长期积累起来的物质文化和精神文化统治着人们的心灵，指导着人们如何看待事物和自己。

文化也是人性的积累。文化的发展使人们远离愚昧走近文明，使人与动物的区别越来越明显。先进的文化促进社会的发展，使人们能以越来越科学的眼光看待世界的本质，享受前所未有的美好生活。

二、企业文化的内涵

所谓企业文化，是指在一定的社会大文化环境影响下，经过企业领导者的长期倡导和员工的长期实践所形成的具有本企业特色的、为企业成员普遍遵守和奉行的价值观念、信仰、态度、行为准则、道德规范及传统和习惯的总和。

企业文化包括企业的经营观念、企业精神、价值观念、行为准则、道德规范、企业形象以及全体员工对企业的责任感、荣誉感等。

企业文化的内涵，可以从以下几个方面进一步理解。

1. 企业文化是普遍存在的

有企业的地方就有企业文化，社会文化与企业文化是一种互相交融，互相制约，共同发展的对立统一关系。

2. 企业文化是一种综合性的个体文化

它是一种"硬管理"与"软约束"的有机统一。"硬"表现为对规章制度的创建，对文化环境的创建，"软"表现在重视创造风气，树立企业精神，培育组织成员的价值观念，加强成员间的感情投资。

3. 企业文化是观念与行为的统一

企业文化包含四个层次：一是表层，为企业物质文化，如产品、生产环境等；二是浅层，为企业行为文化，如在企业生产经营管理、文化体育活动中表现出来的文化现象；三是制度文化，是人与物、人与企业运营制度的结合部分，是一种约束企业和员工行为的规范性文化；四是深层的精神文化，如企业的价值观念、经营哲学、信仰和企业精神、企业经营目标、企业伦理道德、企业心理等。深层文化是企业文化的主体内容、核心部分，表层文化和浅层文化、制度文化受深层文化决定。

4. 企业文化是组织成员相互沟通的机制

企业文化以人为管理主体，以企业精神的共识为核心，以群体的行为为基础，以形成最佳的管理机制为目的，是一种特殊的管理哲学。以人为本的管理需要有效的沟通机制，同时反过来又促进沟通机制的完善。

5. 企业文化是社会文化的一种亚文化

它是在社会政治、经济、人文及地域、民族传统等多种因素综合作用下产生并发展的。在社会主义市场经济条件下，企业是独立的经济实体，但它不是封闭的，它的生产经营活动是社会经济活动的一部分，每时每刻都与市场发生着千丝万缕的联系。企业通过商品交换，与市场上其他商品生产经营者和消费者相互依赖而存在；同时在一定的生产方式下，企业还受到国家法律和规章的制约，接受国家方针、政策和宏观计划的指导、调控与管理，受到政治、文化环境的制约和影响，受到社会价值取向、习俗和风气的感染。

6. 企业文化受本企业的物质条件和精神因素的决定与影响

企业文化是在企业经营管理实践中形成的理念、传统、风格、习俗的沉积，是在实践的基础上自觉培植、升华和提高的结果，因而具有鲜明的企业特色，其个性特色决定了企业文化的客观性和多元性。

三、企业文化的构成和特征

（一）企业文化的构成

企业文化可分三层，即精神文化层、制度文化层和物质文化层。精神文化层是企业文化的内核和灵魂，制度文化层起着精神层和物质层的连接作用，物质文化层则是企业文化的外在表现。企业文化的这三个层面相互依赖、相互连接，构成了具有企业个性的企业文化。

1. 精神文化层

它是企业文化的核心部分，指企业领导和全体员工共同遵守的基本信条，是企业文化层和物质文化层的基础，包括企业精神、企业目标、企业经营哲学、企业风气、企业道德和企业宗旨六个方面。

（1）企业精神　它是在企业发展过程中形成和稳固下来的一种集体意识，是企业中大多数乃至全体成员自觉遵循的基本信念，是对企业观念意识、传统习惯、行为方式的积极因素的提炼和倡导的结果。企业精神是企业的文化灵魂，优秀的企业精神必然是反映了社会风貌和符合社会需要的，它能促使全体员工以高涨的热情投入到企业的发展之中，以道德的职业行为服务于社会。

（2）企业目标　它是企业全体成员共同追求的最高目标，是全体员工共同价值观念的集中表现，是企业文化的出发点和归宿。企业目标是企业员工凝聚在一起的根本原因，优秀的企业目标能在实现企业利润最大化的同时，把企业的命运同国家、民族的命运联系在一起，形成崇高的企业追求。

（3）企业经营哲学　它是企业领导者为实现企业目标对企业发展战略和策略、经营及生产方针的哲学思考和抽象概括。正确的企业经营哲学，能调节好企业与市场、资源、社会、自然的关系，使企业合理地利用内部环境和外部环境的合力，达到人与资源的最优组合，使人类安全、高效地获取资源所带来的效益。

（4）企业风气　它是企业文化的外在表现，是企业及其职工在长期的生产经营活动以及共同的劳动生活中所形成的一种精神状态及精神风貌。良好的企业风气，可以使企业对外来的信息有所筛选，克服个人主义唯利是图的不良作风，形成人人争先、同舟共济的企业氛围，促进企业的健康发展。

（5）企业道德　它是企业内部调整人与人、个人与集体、个人与社会、单位之间、企业与社会之间的关系准则，包括道德意识、道德关系和道德行为。企业道德在影响社会道德的同时，也影响其在社会上的形象。良好的企业道德是对社会负责也是对自己负责。企业的不道德行为最终会导致自食恶果，于已、于消费者、于社会风气都是有害的。

（6）企业宗旨　这是指企业作为经济单位存在的价值和对社会的承诺，它反映了企业领袖与全体员工的境界。企业宗旨应该在相当程度上使社会、个人和企业都得到充分满足。

2. 制度文化层

它是企业文化的中间层次，是物质文化层和精神文化层的中介，构成了企业管理制度的个性特征，它包括企业中全体成员共同遵守的一切规章制度、道德规范和行为准则，是企业文化的制度保证和规章体现。

（1）一般制度　企业中一些带有普遍性的制度，如厂长负责制、岗位责任制、职工代表大会制度等。

（2）特殊制度　顾名思义，这里所特指的是该企业特有的，代表其企业个性的一系列制度。如职工民主评议干部制度、财务公开制度、公示制度、培训制度、干部与职工谈心制度以及职工有重大事情时的关怀制度等。

（3）企业风俗　和民俗一样，企业在长期发展过程中，会积累起一套自己的礼仪和风俗，如接待客户的礼仪、员工发生重大事件（婚、丧、嫁、娶、生日等）时企业介入的程度等。企业风俗不像一般制度和特殊制度，它没有明文规定，不需要行政命令，而是完全依靠习惯和偏好维持，它由精神层主导，同时又反作用于精神层。我们可以在自然形成的基础上，通过宣传倡导等手段加快良好企业风气的形成。

3. 物质文化层

是企业文化的物质表现，它从一个角度对企业精神、企业目标、企业经营哲学、企业风气、企业道德等进行了具体的展示，使人对这个企业一目了然、印象深刻。

① 企业标志、标准字、标准色。

② 厂容厂貌，包括企业的自然环境、建筑风格、车间和办公室的设计和布置方式、厂区和生活区的绿化美化、工厂污染的治理等。

③ 产品的特色、式样、品质、包装等。

④ 企业的技术、工艺和设备的特性。

⑤ 厂服、厂旗、厂徽、厂花、厂歌。

⑥ 企业的文化体育设施。

⑦ 企业造型或纪念建筑。

⑧ 企业的纪念品。

⑨ 企业的文化传播网络，包括报纸、刊物、广播电视、广告牌等。

企业文化的物质文化层往往比较稳定，成为企业识别的标志，是 CIS 系统的重要组成部分，如麦当劳的黄色 M 型标志，麦德龙的商场外围的布置等，让人一眼便能认出这是哪家企业。

企业文化的三个层面相互依存、互为依靠。物质文化层是企业文化的载体，也是企业文化作用的结果，它从许多方面反映了企业文化的特点，如经营理念等；制度文化层是连接物质层和精神层的桥梁，它是企业文化的重要部分，而精神文化层是企业文化的灵魂，反映了企业文化的境界。企业文化的建设过程中，这三个层面是缺一不可的。

（二）企业文化的特征

1. 企业文化的标志性

不同的企业，它们的经营理念、价值体系、服务体系、经营作风、行为规范、识别标志等方面的不同，便形成了能够区别于其他企业，具有个性化的企业文化。例如，海尔公司"敬业报国、追求卓越"的企业精神；日本松下电器公司的"工业报国、光明正大、团结一致、奋发向上、礼节谦让、适应形势、感恩报国"的企业精神；可口可乐公司的"红色旋风"等。使这些企业具有了与众不同的人格化标志。企业文化的这种标志性，会促使企业的员工以服务于这样的企业而倍感自豪，从而提高企业的凝聚力和战斗力。同时，企业文化的标志性会让消费者明显地感到这种企业与其他企业的不同之处，很容易地从众多的商品和服务中挑选、牢记和识别出自己喜欢的企业，养成接受这些企业的服务是一种明智和安全选择的信念。

2. 企业文化的历史性

企业文化不是一朝一夕形成的，它的完善必然经历了长期的精心甄选，慢慢培育，因此，企业文化具有一定的历史性。企业文化的建立，是对企业积极的观念、行为等进行有意识保留和发扬的过程。比如，IBM"服务至上"的企业精神是在长期的艰难竞争中被逐渐确立起来的。日本住友银行的高级管理人员在长期的经营活动中形成了"不要沿着前任路线"的管理思想，在这种思想指引下，每任高层管理者都具有很强的创新开拓精神，这种企业文化推动着企业不断向世界范围拓展。企业在经营过程中会出现各种各样的经营理念和价值系统，有的颇具积极意义，而有的则可能晦涩消极。因此，作为企业经营者，必须懂得如何去总结和发扬有利于企业发展的积极的企业精神，同时，要努力减少和消除消极观念的侵扰和沉淀，让历史的精华成为企业文化的一部分。

3. 企业文化的系统性

企业文化的建设是一种系统工程。企业文化本身也是一个系统，它是由企业内互相联系、互相依赖、互相作用的不同层次和各个部分组成的有机整体。如一个企业的总体意识可能是"开拓、进取、创新"，但在不同的部门可能有不同的追求，行政部门可能追求的是"服务意识"，这样能缓和监督与被监督者、管理与被管理者之间的对立，有利于企业各部门运行时减少摩擦；设计部门可能追求的是"卓越意识"，它们最大的心愿是提供最好的产品和寻找最好的技术；销售部门则可能追求的是"顾客意识"，它们会十分小心地处理好企业与顾客的关系，通过对顾客一些细致之需要的满足来培养顾客的忠诚，等等。而这些企业文化就是整个企业文化系统的子系统，正是这些子系统的相互促进和有机联系，便形成了一个企业独特的企业文化，促进目标的实现和企业的不断发展。如果将企业中各个子系统的企业文化相互割裂开来，不但不会给企业的发展带来便利，反而会给企业经营者带来许多摩擦，影响企业的正常运转。

4. 企业文化的可塑性

企业文化如人的性格，一经形成就会对企业及其员工的行为具有相当强烈的影响和规范作用，有相当的稳定性。如果对它进行变革，就会受到许多传统势力的阻挠，但这并不是说企业文化是不可变革的。企业文化具有历史性，本身就说明了它具有渐变的特点。企业文化会在社会环境的影响和压力下发生变革，更多的则是在企业的领袖人物的设计和诱导下发生变化。优秀的企业文化，必须依靠企业领袖人物和全体员工共同努力来实现。比如，随着中国加入WTO，国际上各种管理方式和手段就会影响到国内的企业；市场力量的重新分配，也迫使企业的管理思想和经营理念朝着符合国际惯例的方向发展。因此，企业文化具有可塑性，而且必须具有这种随时吸取最新文化成果的可塑性，否则，企业文化就会陷入僵化，成为阻碍企业前进的绊脚石。

第二节　企业文化的功能

一、企业价值的导向功能

企业文化反映了企业整体的共同追求、共同价值和共同利益。这种强有力的文化能够对企业整体和企业每个成员的价值取向和行为取向起到导向的作用。一个企业的企业文化一旦形成，它就建立起自身系统的价值和规范标准，对企业成员个体思想、企业整体的价值和行为取向发挥导向作用。

企业文化的导向功能，主要是通过企业文化的塑造来引导企业成员的行为心理，使人们在潜移默化中接受共同的价值观念，自觉自愿地把企业目标作为自己的追求目标来实现。

企业文化的导向功能具体体现在：一是规定企业行为的价值取向；二是明确企业的行动目标；三是建立企业的规章制度。

一般来说，任何文化都是一种价值取向，规定着人们所追求的目标，具有导向的功能。

二、企业主体的凝聚功能

企业文化可以增强企业的凝聚力。这是因为企业文化有同化、规范和融合作用。这三种作用的综合效果，就是企业文化的凝聚功能。这种功能通过以下两方面得以体现。

1. 目标凝聚

即通过企业目标以其突出、集中、明确和具体的形式向员工和社会公众表明企业群体行为的意义，成为企业全体员工努力奋斗的方向，从而形成强大的凝聚力和向心力。

2. 价值凝聚

即通过共同的价值观，使企业内部存在共同的目的和利益，使之成为员工的精神支柱，从而把员工牢牢联结起来，为了实现共同理想而聚合在一起。

案例 10-1 ▶▶ ....

增强企业凝聚力

日本索尼集团董事长盛田昭夫曾说过："对于日本最成功的企业来说，根本就不存在什么诀窍和保密的公式。没有一个理论计划或者政府的政策会使一个企业成功，但是，人本身却可以做到这一点。一个日本公司最重要的使命，是培养公司和雇员之间的良好关系，在公司中创造一种家庭式的情感，即经理人员同所有雇员'同甘苦、共命运'的情感。在日本，最成功的公司是那些通过努力与所有雇员建立一种共命运的情感的公司。"把每个员工视为企业不可替代的存在，理解人、尊重人、同心同德、齐心协力，这才是企业的成功之道。企业内部的这种凝聚力是由企业文化的氛围所营造的。在日本许多公司，当新员工入厂时，公司就对他们灌输必须与企业同存在的观念。当员工过生日时，公司都会有生日卡和生日蛋糕及总经理的亲笔祝福：公司为能有你这样的员工而自豪，祝你生日快乐。当员工家庭遇到困难时，公司会送上关怀和帮助。日本企业这种以本民族团队精神教育的文化来影响员工，大大增强了企业的凝聚力。

三、员工士气的激励功能

企业文化中的员工士气激励功能，是指企业文化以人为中心，形成一种人人受重视、人人受尊重的文化氛围，激励企业员工的士气，使员工自觉地为企业而奋斗。企业文化对企业员工不仅有一种"无形的精神约束力"，而且还有一种"无形的精神驱动力"。企业文化的激励功能具体体现在以下几个方面：

1. 信任鼓励

只有使员工感到上级对他们的信任，才能最大限度地发挥他们的聪明才智。

2. 关心鼓励

企业各级主管应了解其部属的家庭和思想情况，帮助解决他们在工作和生活上的困难，使员工对企业产生依赖感，充分感受到企业的温暖，从而为企业尽力尽责。

3. 宣泄激励

企业内部上下级之间不可避免地会产生矛盾和不满，管理者要善于采取合适的方式，让员工消气泄愤，满足其宣泄的愿望，使他们能心平气和地为企业工作。

案例 10-2 ▶▶

"泄气中心"

在松下电器公司有一个"泄气中心"，里面摆着松下幸之助的橡胶皮模型，工人可以在这里用竹竿随意抽打"他"，以发泄心中的不满。等抽打完了喇叭里就自动响起松下幸之助的声音："这不是幻觉，我们生在同一个国家，心心相通手挽手，我们可以一起去求得和平，让日本繁荣富强，干事情可以有分歧，但相信日本只有一个目标——让民族强盛、和睦，从今日起绝不是幻觉。"这就是松下幸之助写给员工的松下理念。松下电器公司的员工在这样的文化熏陶中，能不拧成一股绳为企业鞠躬尽瘁吗？

美国国际商业机器公司就是采用"员工庆祝会"的方式来增强企业的凝聚力。该公司分别利用晚上租用新泽西州的体育场举行每个部门的"员工庆祝会"。当天销售任务完成以后，100多名业务员像马拉松运动员一样争先恐后地从场外跑进广场，观看台上巨大的电子计分器分别打出每个人的名字。公司的高级总裁、其他部门的同事以及他们的家属都在主席台上热烈鼓掌，大声地为他们喝彩。通过这种方式，使员工感到了公司对他们的尊重与关怀，感到了集体的温暖，这使他们更热爱公司，更专注地工作。这种利用企业文化来激发员工对公司的感情，增强企业凝聚力的做法，可收到事半功倍的效果。

四、思想行为的约束功能

科学管理是以物为中心的管理，而企业文化则强调以人为中心的管理。企业文化具有特殊的强制渗透功能，把企业精神融汇于诸如厂规、厂法等规章制度之中，使人和企业行为规范化。这是经营者管理的依据，是企业形成自然约束机制的基础。由于这些规章制度反映了企业内所有职工的共同利益和要求，理所当然地会被理解和支持。

企业文化的约束功能是通过制度文化和道德规范而发生作用的。一方面，企业规章制度的约束作用较为明显，而且是硬性的，规章制度面前人人平等；另一方面，企业的伦理包括社会公德和职业道德，员工都必须遵守，它是一种无形的、理性的韧性约束。

案例 10-3 ▶▶ ·······

顾客永远是对的

据有关专家对 1977～1988 年间两公司——沃尔玛公司和莱尼公司的研究发现：沃尔玛和莱尼两家公司的老总们一样，在创业初期，都十分注意提倡创业精神，重视顾客的满意度，注重人才，注重企业形象与经营实力的提高。沃尔玛公司十分注意吸收优秀人才，极力做到"人尽其才，人尽其用"，并且采用一定的标准提高员工形象与员工素质，保持与发展公司"和气生才"的传统，坚决执行"顾客永远是对的，如有疑义，请参照第一条"的"沃尔玛十项基本原则"。包括：顾客原则、人才原则、沟通原则、道德原则、合作原则、平等原则、权力下放原则、遵纪守法原则、降低成本原则。这种企业文化使沃尔玛公司业绩蒸蒸日上，成为世界著名的连锁店。而莱尼公司在发展到一定阶段后，放松了对企业文化的建设，致使企业员工在价值取向上失去一个导向指引以及约束，最终使企业的竞争意识越来越淡薄，企业中滋生出一种裙带关系，职工晋升是凭关系而不是凭业绩与能力，原来的名牌文化渐渐被抛弃了，没有名牌文化的支撑，莱尼公司日趋衰落了。

五、社会影响的辐射功能

企业文化与社会文化紧密相连，在受社会大文化影响的同时，也潜移默化地影响着社会文化，并对社会产生一种感应功能，影响社会，服务社会，成为社会改良的一个重要途径。

企业文化不仅在本企业发挥作用，而且会对社会辐射和扩散。其辐射功能主要是通过以下途径实现的：

1. 通过企业精神、价值观、伦理道德向社会扩散

企业文化与社会产生某种共识，并为其他企业或组织所借鉴、学习和采纳。中国百年老店——北京"同仁堂"，把生产"药"提升到精神"德"的高度。"同声同气福民济世，仁心仁术医病医人"，"炮制虽繁必不敢省人工，品位虽贵必不敢减物力"。他们把经商和做人融为一体，在弘扬中华民族医学传统的同时，充分表现了中华民族文化中的道德价值和人格、国格意识，使顾客在购药用药时也体会到"同仁堂"员工美好的情操和高尚的品质。正是这种传统文化风格使创建于 1669 年的"同仁堂"百年不衰，成为中国医药行业受保护的驰名商标，成为备受中外顾客青睐的药店。

2. 通过产品这种物质载体向社会辐射

我们可通过瑞士手表大方的外观、上乘的质量去了解瑞士国民的质量意识。

3. 通过员工的思想行为所体现的企业精神和价值观，向社会传播和扩散企业文化

4. "为了辐射而辐射"

它具有针对性，通过具体的宣传媒介和工具使企业文化向外扩散传播。

六、社会发展的推动功能

通过抓企业文化，使企业摆脱困境，走出低谷，持续发展，在竞争中长期立于不败之地。这是被国内外许多企业的实践经验所证明了的真理，也是企业文化具有推动功能的表现。

企业文化之所以具备推动功能，是因为文化对于经济具有相对独立性，即文化不仅反映经济，而且反作用于经济，在一定条件下成为经济发展的先导。

企业文化的推动功能，不仅表现为推动企业的经济，也能推动企业的教育、科学以及整个企业的文明总体状态。所有这些推动功能，是在企业文化系统和其他系统发生复杂的相互作用的情况下，共同显示出来的效果。

第三节　企业文化的建设

一、调查研究

企业要建设具有本企业个性特征的文化系统，就必须深入进行调查研究，了解企业的历史与现状及生存发展的外部环境，把握企业文化的状况及其影响因素，为企业文化的定格设计做好充分的准备。企业文化调查的内容主要有：

（一）企业的性质及其生产经营范围

企业系统是由不同的企业组成的。从所有制上看，有国有企业、集体企业、私营企业、中外合资企业、股份制企业等；从处在产品生产流通过程的不同环节看，有工业企业、商业企业、金融企业等；从经营的性质上看，有商品经营企业、经营加工企业、储运企业等；从领导隶属关系看，有经贸系统领导的企业和非经贸系统领导的企业等。不同性质的企业有不同的生产经营范围，承担着不同的经济责任和社会责任，因而具有不同的价值标准和企业文化。例如，以生产为主的企业可以从产品出发树立"向社会提供最优产品"的价值标准，零售企业则可以根据本身经营特点提倡"顾客至上，一切以顾客为中心"的价值标准。如果企业不重视调查研究，对本企业的性质、生产经营范围、服务对象不能全面系统地掌握，就无法塑造具有自身特色的企业文化。

（二）企业员工的素质及其构成

企业员工是企业文化的载体，员工素质的高低及其结构是否合理，直接影响到企业文化的建立与发展。企业员工素质是企业员工在生产经营和行政管理活动过程中的品质、作风、知识结构等内在因素有机结合所表现出来的各种能力。社会经历的状况就直接影响到他们对改革的态度。员工文化、技术水平的高低，在一定程度上决定着员工的思维方式以及对企业

文化的认同、理解与接受。同时，企业员工的结构也对企业文化形成和发展有重要的影响。例如，员工的文化结构、性别结构、年龄结构等。一个以青年员工为主体的企业，必然能够形成朝气蓬勃、生龙活虎的文化氛围。因此，企业必须通过调查研究、准确把握、认真分析企业员工的素质，使企业文化定格设计与员工的素质及结构相适应，使员工对定格后的企业文化能够自觉地认同和贯彻执行。

（三）企业文化基础

除了新办的企业外，多数企业塑造自身的文化都是在原有文化的基础上进行的。因此，塑造企业文化一般是以现有的企业文化作为基础。现有企业文化包括企业优良的文化传统，如企业在长期经营管理实践中形成的好经验、好作风、好传统、好习惯，以及模范人物的先进事迹与影响作用，这些既是企业历史上形成的文化精华，又是现实文化中的闪光点，无须融进新的企业文化之中。同时，了解企业员工基本价值取向、情感、期望与需要，以此作为塑造企业文化最直接的思想资料，并研究其与塑造的企业文化之间的相容、互补，或是互斥关系，有助于企业把重塑的企业文化建立在坚实的思想文化基础之上。

（四）企业的外部环境

企业是一个系统，企业系统置于社会系统之中，其生存和发展受到外部环境系统的影响和制约。塑造企业文化，必须要调查研究企业外部环境系统，只有与外部环境相适应的企业文化才有生命力。企业文化外部环境包括政治、经济、民族文化、法律、地理环境等。这些因素都会影响企业员工的思想和行为。例如，社会政治生活的民主气氛会影响成员对企业的关心程度和一体感，社会经济发展水平决定着人们的价值准则和行为方式；企业所处的地区、市场不同，直接影响企业的经营思想和员工的价值追求；社会传统文化对人们改变旧观念、接受新思想产生很大的影响等。企业在调查研究中明确了企业的外部环境因素对企业文化的影响，才能使重塑的企业文化更具有适应性和竞争力。

二、定格设计

（一）定格设计的概念

所谓企业文化的定格设计，是指在分析总结企业状态的基础上，充分考虑企业性质、员工素质及构成、企业文化基础、外部环境等因素的影响，用确切的文字语言或其他形式，把肯定的企业价值观等文化系统表述出来，成为相对固定的理念。

企业文化定格设计的过程，是对成功的企业文化不断更新、赋予新的活力的过程，也是对已经陈旧的企业文化进行改造，使之转变为优秀企业文化的过程。不同企业面临的环境不同，其历史与现状有异，企业文化各具特色、千差万别，所以，在定格设计上具有不同的要求和特点。能够与企业内外环境和员工的素质、心态相适应，反映广大员工的心声，体现企业优良传统，被多数员工所认同、接受的企业文化的定格设计，都必须遵循一定的原则。

（二）定格设计的原则

1. 目标原则

每个企业都应该根据本企业的实际，确立一个明确而崇高的目标。要让全体员工明确他们的工作是与这一目标紧密联系在一起的，使他们感到自己的目标是企业崇高目标的重要组成部分，自己是在为实现企业目标而工作，从而找到自己存在及其工作的真正意义，使自我实现的需要得到满足。管理者的任务，就是根据形势的发展和需要，在企业文化定格设计中，恰当地调整、修订企业目标，并把这一有价值的目标传达给员工，激发他们的内在潜能。

2. 参与原则

企业文化定格设计一般是由企业领导者最先推出和最终决策的，但这并不否定员工的参与原则。在我国，企业实行经济民主、政治民主和文化民主，强化员工的主体意识、主人翁地位，让员工参与文化管理与定格决策，是保证企业文化科学性、先进性和实践性的重要前提。因此，在企业文化定格设计过程中，需要在企业领导者或文化管理部门的组织领导下，广泛发动群众，自上而下，自下而上地反复酝酿、讨论，然后经企业领导者和企业员工共同确认，最后确定下来。企业文化的定格设计过程既是员工参与讨论和员工之间价值观念的沟通过程，也是员工自我启发、自我教育、逐步认同的过程，同时又是企业领导和员工之间价值观念的沟通过程，员工参与定格设计的企业文化，才能集中各方面的经验和智慧，才能代表大多数的意见，才能有效调动各方面人员的积极性。

3. 价值原则

每个企业都应有一个共同的价值观念。它代表企业和全体员工的共同信仰，是每个员工个人行为中必须遵循的价值标准。企业文化的定格设计，必须把价值置于企业文化体系的核心地位，选择体现企业特色、科学可行的价值准则。它是企业追求和全体员工智慧的结晶，这样的价值准则才能够成为每一个员工自觉行动的准绳。

4. 卓越原则

企业文化定格必须适应社会主义市场经济条件下的竞争要求，具备永不自满，勇攀新高峰的追求卓越精神。在企业树立争先进、争上游的新风尚，使其成为自己奋发向上的激励力量。企业领导和管理人员始终不满足于目前的工作业绩，而是瞄准同行业的先进企业，提出更高的目标，拼搏奋进，使企业在现代激烈竞争的经济环境中保持旺盛的生机和活力。

5. 绩效原则

企业文化是与企业经济运行和经济效益密切联系在一起的经济文化。它的直接目的，就是最大限度地释放生产力潜在的能量，使人、财、物在同等条件或者劣势状态下创造出更出色的经济效益和社会效益。

企业文化定格设计一定要遵循绩效原则，把员工的利益同工作绩效结合起来，制定出衡量员工工作绩效的合理标准，使每个员工自觉地用这些标准去衡量自己的工作，企业用这些标准考核员工，从而激发员工的工作热情和劳动积极性。

6. 亲密原则

世界管理界有句名言：智力比知识更重要，素质比智力更重要，觉悟比素质更重要。这种觉悟表现为一种品质，表现为一种团结、和睦、谅解、忍让及和谐亲密的氛围。企业若没有一种和谐亲密的氛围，管理者之间关系紧张，钩心斗角；干群之间壁垒森严，等级分明，只有职位上、权势上的划分，没有人格上的相互尊重，企业要想进步、发展是很难的。

企业文化定格设计强调坚持亲密原则，就要求在企业中组织与个人之间，上级与下级之间，员工之间团结合作，保持亲密感，使每个员工都能以负责任的态度投入工作，彼此信任，真诚相见。为了强化这种亲密关系，企业必须创造一种使员工能充分发挥其才干和创造力的氛围，人们可以毫无顾忌地自由交换对企业的意见。

7. 整体优化原则

企业是一个系统，发挥企业系统整体功能，追求整体效应，是企业管理者职责之所在，也是企业文化定格设计必须遵循的重要原则。企业文化体系中的各个子系统都围绕企业目标密切配合协调，相互关联促进，在这样的文化熏陶和影响下，企业的管理者与员工融为一体，只有工作分工不同，没有高低贵贱之分，让每个员工参与企业的各项活动，感觉到"我是企业的主人"，形成一个优化的整体环境。同时，在整体环境中建立若干个为实现整体目标而发挥个人才能的局部环境。

三、实践巩固

企业文化来自于企业经营管理实践，其价值的实现还要回到实践中去，通过实践巩固发展；通过实践，实现由精神到物质的飞跃。因此，企业文化在定格后，就要创造条件付诸实践并加以巩固，即把企业文化所确定的价值观全面地体现在企业的一切经济活动和员工行为之中。同时采取必要措施强化新的价值观念，使之在实践中得到员工的进一步认同，使新型的企业文化扎根于企业实践之中，并逐步得到巩固。为此需要做好以下工作。

（一）积极创造适应新的企业文化运行的机制

企业运行机制，是指企业机体各组成部门（要素）和环节相互联系，相互制约，相互影响的有机结合及其整体运行状态，它包括动力机制、文化机制、自主调节机制、自我约束机制、竞争机制、风险机制等。

实践巩固新的企业文化，要求积极创造适应新的企业文化运行机制。这样的企业运行机制包括：能够通过思想教育和员工培训，造就训练有素的"四有"员工队伍，使企业科学管理，企业行为合理化；把企业建设成为一个利益共同体，员工自觉积极地工作，以保证企业目标顺利实现；企业经常、及时地了解与掌握市场信息，在激烈的市场竞争中健康地生存和不断地发展。

（二）加强舆论宣传，创造良好氛围

企业文化要成为员工的指导思想和行为准则，必须经过自觉的灌输、教育和潜移默化的渗透过程。企业要善于采取各种措施和途径，如举办企业文化刊物、出版报、专栏、挂横幅、标语，开展企业文化的理论研究和旨在宣传企业文化的各种市场营销活动或文化娱乐、体育活动等，使企业形成浓厚的舆论氛围。让员工自觉或不自觉地接受企业文化氛围的熏陶和影响，潜移默化地接受新的价值观，并逐渐用以指导自己的行为，进而自觉地成为企业文化的实践者。

（三）抓好主要角色，建立骨干队伍

企业文化的塑造与实践是一种有目的、有计划、有步骤的自觉行动。实现企业文化由精神到物质的飞跃，需要企业全体员工的自觉努力。其中，扮好主要角色，培养一支骨干队伍，提高他们的企业文化意识，丰富他们的企业文化理论，让他们率先垂范，是企业文化实

践巩固过程中的重要环节。

1. 经理是企业文化建设的领导者和组织者

根据《企业法》的规定，我国企业实行经理负责制。经理对企业生产经营、行政管理负全面责任。企业文化建设作为企业思想政治工作和管理工作的重要组成部分，是具有时代特征和企业特色的价值观念体系。它的建设不是传统体制下的经理所能承担的，只有具备企业家素质的经理才能承担起企业文化的领导者和组织者的责任。

2. 党委书记是企业文化建设的主要角色

社会主义企业必须坚持党在企业中的政治核心地位。党委对企业的生产经营、企业的物质文明和精神文明建设、企业行为的引导等，都起着十分重要的作用。企业文化建设既与企业生产经营、行政管理密切相关，又是思想政治工作的重要形式和内容。党委动员企业的共产党员根据企业文化价值体系的要求，率先垂范、自觉实践，是企业文化建设与发展的重要推动力。

3. 工会、共青团组织是企业文化建设的重要力量

工会在民主管理、自我管理中的积极作用，共青团在开展企业文化活动方面的突击队作用等，在许多优秀的企业中都得到了充分的体现。我国企业里的工会，是党领导下的最广泛的群众组织。它所代表的员工群众利益，同企业经营者的利益在根本上是一致的，它是企业经营者联系群众、沟通上下级关系的重要桥梁和纽带。我国企业的共青团组织是青年群众的先进组织，同时又是具有合法身份的重要社会政治团体，是中国共产党的得力助手，这样的性质决定着它在企业文化建设中必然能发挥自己的职能作用。

4. 制度强化

企业要巩固无形的企业价值观念，不能单纯地停留在口号或舆论宣传上，必须寓无形于有形之中，把它渗透到企业的每一项规章制度、政策及工作规范、标准和要求当中，在企业经营管理制度化、规范化、科学化的进程中融进企业文化的内涵与标准，使员工从事每一项经营管理活动都能感受到企业文化在其中的引导和控制作用。同时，用制度的方式鼓励符合企业价值准则的行为，树立实际的仿效榜样，从而产生模仿效应。

四、完善提高

企业文化体系形成以后，有其相对的独立性和稳定性，特别是其中的核心内容，是不会轻易改变的。但是，当企业经营管理实践和企业文化所依存的客观环境及内部条件发生变化时，企业文化必然要发生相应的变化，否则企业文化就会脱离或落后于实践。企业文化依据实践和环境变化而变化的过程，就是企业文化不断充实、完善和发展的过程，这是企业文化健康发展的客观规律。

企业文化的完善提高，直接影响到企业文化的科学性程度和对实践的指导性作用。因此，企业的领导者必须依靠实践，依靠员工群众，不断地把感性的东西上升到理性的认识，把实践的东西化为理论的概括，把少数人的先进思想变成全员的群体意识，并及时吸收社会文化和外来文化中的精华，剔除企业文化中的消极成分，使企业文化在实践中不断升华和提高，从而重新建构和创造新型的企业文化，更好地适应企业变革和发展的需要。

企业文化的建设过程是一个不断变化、巩固、发展、提高的良性循环过程。用哲学语言来说，就是永远处于实践、认识、再实践、再认识、再发展的循环前进之中。一次重塑后的新文化的巩固和发展，就是在更高基础上的再重塑的前奏或开端，循环往复，以至无穷。

第四节 企业形象与企业精神

一、企业形象概述

现代企业经营已经步入形象战略时代。企业形象如何设计是市场竞争的重要手段和竞争胜负的关键。

(一)企业形象的概念与特征

1. 企业形象的概念

企业形象是指企业、企业行为及企业行为后果给社会公众(组织和个人)心目中留下的整体印象和评价,即社会公众对企业的整体信念。

2. 企业形象的特征

(1) **客观性** 企业形象就其形式来说是主观的,就其内容来说则是客观的,是企业行为及行为后果的表现。任何一个企业组织,都会客观地在公众心目中留下一个形象。对企业的优劣评价,在一定程度上影响着企业的发展。

(2) **整体性** 企业组织形象是人们对企业行为观察、体验所形成的整体信念。塑造美好的组织形象,需要企业内部各部门、全体职工的通力协作。任何一次失信,都有可能影响企业的形象,在公众心目中造成很坏的影响。

(3) **可测性** 企业形象是可以测量、分析、评价的。测评企业形象的主要指标有三个:一是美誉度,即公众对企业的赞美和欣赏的程度;二是信任度,即公众对企业的信赖程度;三是知名度,即公众对企业的了解和熟悉的范围和程度。企业组织的美誉度、信任度与知名度的高低,决定了其形象的好坏。测评企业形象的基本方法是舆论调查和民意测验。

(4) **有用性** 良好的企业形象是企业的一种非常宝贵的财富和资源,它能够为企业经营吸引更多的顾客,招来更多的供应商,招揽优秀的人才,增强员工的向心力和归属感。它能比较容易地吸引股东和争取各种资金,能够得到可靠、优质的原材料或产品,能获得销售系统的优势,受到公众的爱戴和拥护。

(5) **相对稳定性** 企业形象一旦在人们心目中确立,就留下难以磨灭的印象。改变企业形象,特别是由坏向好的方向转变,需要一个艰苦、困难的过程。因此,企业组织在自己的行为过程中,要时时、事事注意形象塑造,用自己的良好行为赢得公众的信赖和好感。

(二)企业组织必须注重塑造良好的企业形象

经济体制改革以后,企业成为自主经营、自负盈亏、自我发展的经济实体,企业的前途在一定意义上掌握在社会公众手里。因此,企业以美好的形象展现在公众面前,给社会公众留下可以信赖的印象,对社会公众及整个社会有所贡献,并为全社会所肯定,成为企业生存和发展的重要条件之一。

1. 形象塑造是企业竞争的重要手段和内容

① 良好的企业形象会赢得政府的大力支持;

② 良好的企业形象更容易吸引各方面的专业人才、资金、技术、设备和合作者,发展

横向联系，增强竞争力；

③ 良好的企业形象会增强内部员工的聚合力、自豪感和社会责任感，使全体员工在工作中产生与企业同呼吸、共命运的价值观念，从而最大限度地调动员工的积极性，提高劳动生产率，保证企业旺盛的生命力；

④ 良好的企业形象会使企业生产经营的产品或提供的服务更能受到消费者欢迎，从而获得持久的、扎扎实实的经济效益。

2. 社会主义精神文明建设离不开良好形象的塑造

良好的企业形象是企业素质的综合反映。提倡企业树立良好的社会形象，不仅是对企业的物质技术、产品、经营管理水平方面的要求，也是对企业思想道德素质的要求。如果企业争相塑造良好的形象，必然会重视企业经济效益，自觉维护消费者利益，消除各种社会污迹，严格按照社会主义原则组织企业生产经营和行政管理活动，正确处理对内对外的经济关系，建立团结进取、协力同心、共同奋斗、并肩前进的新型人际关系，以推动社会的安定团结，促进精神文明建设的不断发展。

（三）企业形象构成要素

企业形象是由多种因素构成的复杂系统，是一种复合指标体系，大体可以分为软件和硬件两个方面。

1. 软件方面

（1）企业精神　这是一个企业形象的精髓所在。对于一个企业经济组织来说，主要是企业在长期的生产经营管理活动中逐步形成，并经过其领导（企业家）有意识地概括、总结、提炼后得到全体员工认同的思想和精神力量。企业精神是企业价值观念的体现，对企业形象的塑造具有决定性的影响。

（2）企业的方针政策　这是企业精神的一种具体体现。它表明了企业对待员工及外部公众的态度，是企业的行为规范。一般企业组织的方针是：以公司内部员工的信赖、团结为基础，配合诚实、努力、诚意等为人处世之道或以自我实现观念为核心；同时与这些方针配合的还有信用、服务、贡献。企业方针决定了企业政策，影响到企业形象的塑造。

（3）企业管理水平和效率　企业内部的管理质量水平和效率，是企业素质的综合反映。企业管理也是生产力，对企业的生存与发展起着越来越重要的作用。

（4）企业信誉　信誉体现着社会公众对企业的信任支持程度，对企业影响很大。一旦在公众中失去信誉，任何其他因素都将难以挽回。企业信誉是企业形象的重要支点。

（5）员工形象　是指通过企业员工行为所展现出来的形象。企业拥有的人才阵容以及各类员工的品行、素质、作风、能力、态度、仪表等，体现了一个企业的形象。

2. 硬件方面

（1）技术设备　是指企业拥有的生产、经营、服务设备技术，以及建筑群落、风景设施等。企业所拥有的设备、设施越先进，其形象可能越好。但设备对企业形象的影响完全可以随其产品质量和服务质量而转移。

（2）地理位置　是指企业坐落地点。作为一个企业组织，它的地理位置也反映着企业形象的高低。

（3）资金实力　是通过固定资金和流动资金表现出来的，它往往是企业最有说服力的实力形象。资金雄厚的企业给予其交往的各类公众以安全感，是其对企业产生信任感的基础。

（4）产品（服务）质量　这是构成企业形象的实质性要素，是企业形象的生命。产品（服务）质量的低劣会使企业组织形象毁坏殆尽，从而直接威胁到企业的生存。

（5）商标　商标是企业形象重要的外观表现，在一定程度上它会成为企业形象的外化标志。

（6）经济效益　企业经济效益的好坏，也会影响企业形象。连年增产增收的企业与亏损甚至濒临破产的企业，在形象上的差异是不言而喻的。

（7）福利待遇　对员工和社会公众来说，这是更具有现实性的形象内容。它是职工评价企业形象的重要砝码，也是增强员工凝聚力和向心力的重要因素。

当然，构成企业形象的要素还有很多，而且各要素之间存在着有机联系。企业形象是多种因素综合作用的结果。创造良好的企业形象，必须使每个因素都达到最佳水平。

（四）企业形象与企业文化的关系

企业形象与企业文化是两个既有联系又有区别的概念。在使用的时候要依据不同的情况选用。但企业进行形象设计和塑造与加强企业文化建设则是一致的，或者说，企业形象塑造就是企业文化建设中的一个环节。

1. 两者的联系

企业形象与企业文化在内容上相互交叉，如企业的理念，它既是企业的灵魂，也是企业文化的核心；有关企业的制度部分，既是企业形象要着力建立、调整的内容，也是企业文化不可缺少的组成部分；有关企业的外观面貌，既是企业形象要着力设计和塑造的，也是企业文化中易于被外界所感受的外层表现。

企业形象与企业文化是两个不同的范畴，尽管二者在其内涵上有许多交叉之处，但二者所涉及的使用范围和侧重点是不同的。

2. 两者的不同之处

（1）着眼点不同　企业形象着眼于企业给社会公众产生的印象和影响；企业文化则着眼于企业内蕴力量的聚集；企业形象可进行理性策划，强力推行，企业文化则是在潜移默化中逐步形成的。

（2）形成历史不同　企业形象通过关键时机的重大调整和重新设计，就可以推出新的形象；企业文化则是企业行为长期沉淀的结果，它不可能一朝一夕即造就一个企业的文化，它具有历史的长期性。企业形象面向未来，企业文化关联传统。

（3）认知顺序不同　企业形象引起社会公众的注意往往是由表及里、由具体到抽象的过程；企业文化的辐射则是从里向外的过程。

（4）评价层面不同　企业形象的评价多从企业的社会反映层面来考核；企业文化则要从企业的深层管理及经营业绩来进行评价。前者的评价依据易于流于表层，后者的评价依据则要深入里层。

二、企业形象设计

（一）企业形象设计的概念

企业形象设计是整个企业经营管理策划中的战略策划，就是企业根据实际条件、生存环境及形象追求目标的调查，结合企业的独特性质，对企业形象战略具体塑造企业形象活动进行整体构思和谋划的运作过程。理解企业形象设计概念，需要把握以下两点：

（1）企业形象设计为企业形象战略目标服务

企业形象战略目标是企业在预定时间要实现的知名度和美誉度的程度，它以整个企业的战略目标是一致的。脱离企业的战略目标和形象战略目标的企业形象设计是不存在的。

（2）企业形象设计建立在企业现状及形象追求目标基础之上

企业形象设计如果离开企业现实存在的状态、所处的环境和形象追求目的，便成了无源之水、无本之木。

（二）企业形象设计的步骤

1. 调查企业形象现状

使用多种调查方法，对企业形象进行全面的调查研究，掌握企业形象的现状。特别是要在调查研究的基础上，做好企业的形象定位。

所谓形象定位，就是企业形象设计人员通过调查分析，测定本企业形象在公众心目中的地位。具体方法是：把企业在社会公众中的知名度和美誉度情况用一个二维平面坐标图来表示。根据二者的现状，将企业形象区分为四种状态，即组织形象定位四象限图，然后根据图进行分析与研究，并且制定相应的改善措施。

2. 分析企业形象要素

企业形象的现状是由多种多样的因素造成的，只有进一步分析形成这种形象的具体原因，才能找到产生形象问题的症结，进而有的放矢地制定改善企业形象状态、塑造良好企业形象的具体措施。在具体分析时，形象设计人员还要针对每一个调查项目中各种不同程度的评价所占的百分比进行计算。

3. 明确企业形象目标

企业形象目标包括长期发展目标和具体目标。长期发展目标指 5 年乃至 10 年的企业自我期望形象，内容包括企业形象塑造和提升中的重大问题，如企业形象的发展方向、方针、规模、人员培训、提高知名度和美誉度的重大举措等。具体目标是依据长期目标和企业经营需要确定的具体的塑造企业形象的方法措施及活动目标。具体目标的不断实现就是长远发展目标的实现。通过企业形象要素差距图，找出企业的实际公众形象与企业自我期望形象的差距，是确定与实现具体目标的有效方法。

4. 确定明确的理念和形象

企业理念是企业形象的核心和灵魂，是企业形象设计首先要解决的问题。确定企业理念和企业精神要考虑以下因素：

① 突出个性，有自己独特风格，能鲜明地把本企业与其他组织的理念区别开来。例如，南京无线电厂的企业精神是：争第一，创一流，讲团结，争实干。

② 强调民族特色，体现民族文化。例如，天津达仁堂制药厂的达仁精神是："敢于拼搏争第一，勇于创新争效益，遵纪守法爱集体，振兴中药重信誉"这一民族特色。

③ 简洁概括。例如，IBM 公司的企业理念概括为"科学，进步，卓越"。

④ 依据企业理念，设立形象概念。例如，某企业为塑造追求卓越、科学经营、不断发展的企业新形象，根据经营理念"高品质，高效率，亲切配合，适当成本"，设立的形象概

念是"创造：技术革新的高贵品质感；生活：便捷舒适的空间环境性；文化：人类共享的精致生活观"。

⑤ 将形象概念具体化。即将企业理念应用于企业标志、标准字、商标、企业造型上，把意识中的企业理念化作声音、色彩、形状，使看过这些形象的人都能过目不忘。这就需要企业形象设计者独具匠心，创造性地将深层的企业理念、企业形象外观化，使公众能够感知并产生共鸣。

（三）企业形象塑造

1. 塑造企业形象的目的

① 塑造企业的良好形象，有利于得到社会公众的认可和支持。

② 塑造企业的良好形象，给企业创造良好的竞争环境，从而推动企业的发展。

③ 塑造企业的良好形象，提高企业在社会上的知名度和美誉度。

2. 企业形象塑造应遵循的原则

（1）全方位推进原则　塑造企业形象是企业的一件大事，因此，企业形象的塑造必须从企业内外环境、内容结构、组织实施、传播媒介等方面综合考虑，以利于全面地贯彻落实，这就是全方位推进原则。

（2）以公众为中心为原则　社会公众是企业形象赖以生存的空气，企业形象与社会公众之间是一种"鱼水关系"。以公众为中心正是基于公众对于企业形象的决定性作用，因此，在塑造企业形象时，首先要考虑如何进行准确的公众定位和如何满足公众的需要。如果公众的需要得不到满足，公众心目中就很难树立起良好的企业形象，在满足和尊重公众的同时，企业还应努力用积极的、符合时代特色和未来趋势的思想观念、行为规范来引导公众。

（3）实事求是原则　塑造企业形象不能简单地理解为是对企业进行包装，做些夸大优点和优势、掩饰缺点和不足的事情，这是对企业形象的曲解。企业形象的塑造是企业发展战略的重要组成部分，是建设优秀企业文化、提升企业形象以最终提高企业实力的举措。对于企业的劣势和不足，不能回避和轻视，要认真对待、深入分析、找出原因，使得企业形象战略的实施真正发挥作用。

（4）求异创新原则　求异创新就是要塑造独特的企业文化和个性鲜明的企业形象。企业要想在市场竞争中领先同行就必须与众不同，在社会公众面前塑造超群脱俗的全新形象。

塑造企业形象虽然不会很快地给企业带来经济效益，但它能创造良好的社会效益，获得社会的认同感、价值观，最终会收到由社会效益转化的经济效益。它是一笔重大而长远的无形资产的投资。未来的企业竞争不仅仅是产品品质、品种之战，更重要的还是企业形象之战，因此，塑造企业形象便逐渐成为有长远眼光企业的长期战略。

3. 塑造企业形象的方法

（1）进行知名度和美誉度的投资　企业在创建知名品牌、提高产品质量、加快新产品开发、搞好售后服务、环境保护、人才培养和回报社会方面要舍得下工夫、花本钱。

（2）注重社会效益　在企业生产经营活动中，对社会效益产生影响的主要因素有：产品卫生、环境保护、资源消耗、精神健康、赞助社会公共事业和公益活动。企业要通过注重社会效益来树立良好的企业形象，必然会给企业经营带来深远的影响。

（3）开展传播活动　通过传播媒体，以科学规律为行动指南，向社会传播真实的信息，将企业形象转化为美好的艺术形象，从而使公众对企业产生好感与共鸣。利用各种媒体来展示企业文化和企业形象，是提高企业社会知名度和美誉度的有效措施。

三、企业精神

企业精神是企业员工和企业家在长期的实践过程中总结出来的，并表述为某种观念或信条，逐渐为员工所接受，在实践中加以体现的团体意识，是企业文化的重要内容。企业精神的形成，既需要企业哲学和企业价值观的指导，同时又是企业哲学和企业价值观的体现。由此，它是企业、企业员工重要的精神支柱和活力源泉，是企业最宝贵的精神财富。优秀的企业家、高素质的企业员工毋庸置疑地会珍惜、坚持、巩固、实践企业精神，并在实践中不断地完善、发展和提高。

（一）企业精神的内涵

企业精神是企业在独立经营、独特经营和长期发展过程中，在继承企业优良传统的基础上，适应时代要求，由企业家积极倡导、全体员工自觉实践而形成的代表员工信念，激发企业活力，推动企业生产经营的规范化和信念化的团体精神。企业精神由以下基本要素构成：

1. 时代精神

任何人和组织的行为与思维不可避免地带有时代的局限性。企业精神深受时代精神的影响，不同时代的企业精神有不同的内涵。

现代企业要谋求生存与发展，必须具备下列时代精神内涵：

（1）质量取胜　质量是产品的核心，决定其在市场上的命运。企业必须加强全面质量管理，生产过程注重质量控制，在保证质量的基础上求新、求异。

（2）服务一流　顾客评价是对企业最有说服力的评价，顾客对产品的好感不仅来自质量，更重要是来自企业的售前、售中、售后服务。打动顾客的不仅是物美价廉，而是令顾客感动的服务。

（3）以人为本　人是生产力中最活跃的因素。决定一个企业兴衰成败的不是资金技术，而是企业的员工。当今的竞争，归根到底是人才的竞争，只有以人为本，才能留住、吸引一流的人才，最终创造一流的产品和服务，造就顶级的企业。

（4）追求卓越　很多企业在市场竞争中往往不是被对方击败，而是被自己打败。逐鹿市场的绝招是先打造一个追求卓越的企业，整个企业充满危机感，奋发进取，超越自我，不断向市场提供优质、新颖、实用的产品与服务，令对手无可乘之机，不战而屈人之兵。

（5）双重效益　企业追求的效益包括经济效益和社会效益。作为经济实体的企业，经济效益是其生命线，追逐经济效益是其主要目的。但时至今日，由于企业的发展越来越倚重所在地社区和政府的支持，企业"人性化"形象日趋重要，著名企业纷纷争当"好公民"，以赢得顾客的支持。在这种发展趋势下，企业应非常重视社会效益。

2. 企业价值观

企业价值观是企业文化的核心，也是企业精神的核心。企业价值是企业在追求经营成功过程中所奉行的基本信念，是全体员工或多数员工一致赞同的关于企业价值的终极追求。

企业价值观基本上可分为最大利润价值观、为顾客提供尽善尽美服务价值观、以人为本价值观、利润价值观等类型，不同的价值观所蕴涵的企业精神也不相同。以纯粹逐利为价值观的企业，其企业精神表现为注重降低成本、利己、节约、勤俭、唯利是图的一面。以为顾客提供完美服务为价值观的企业，相应表现出想顾客之所想、宽容顾客的挑剔、亲善周全、利他、人性味浓的精神。信奉以人为本价值观的企业，把企业成功的希望寄托在企业内部员工身上，认为人是企业最重要的财富，尊重、关心、爱护、鼓励每位员工，充分满足员工的合理需要，为员工的发展搭建大舞台，促进企业与员工个人的成功。因此，企业价值观是企业精神的核心要素，企业价值观的内容决定着企业精神的内容。

3. 企业经营哲学

所谓经营哲学，指企业经过长期经营实践的探索总结得来的，关于企业经营目标、企业存在价值与意义、企业中人与物关系的最高精神和指导思想。任何一个成功企业总被一定的经营哲学所支配。

案例 10-4 ▶▶ ···

松下电器公司的经营哲学

松下电器公司的经营哲学概括起来包括：①企业经营目标是为社会尽责。企业的基本使命是增进人类社会的福祉，为社会提供优质产品与服务。②企业态度是"穷则思变，变则通，通则达"，企业始终乐观地顺应事业的发展潮流。③宗教是普度众生的出世事业，经营企业则是脱贫致富的入世事业。④企业的规模越大，越要集思广益，群策群力。⑤"自来水哲学"，即企业的产品应像自来水一样丰富，一样便宜，使更多人买得起。⑥吸引人才的法宝，不是高薪，而是企业的总体形象、发展潜力、内部氛围。松下电器公司的经营哲学决定了其经营、管理方式和行为取向，是其生生不息的源泉。一个企业的经营哲学对企业所起的作用，是各种生产要素、组织结构和机遇所无法替代的，对企业的可持续发展起着根本性作用。

4. 企业道德观

企业道德观指在企业生产经营管理活动中形成的关于善与恶、公正与偏私、光荣与耻辱、诚实与虚伪、正义与非正义、美与丑等的观念意识。一个人要有一定的道德品质才能安身立命，同样，一个企业的长远发展，也要求企业具有良好的道德修养、道德形象、道德行为。那些在经营上取得持久成功的企业，在企业道德上堪称典范。企业道德构成企业精神的重要因素，良好的企业道德是企业精神的重要体现。

案例 10-5 ▶▶ ···

"三不"道德观

IBM 公司自始至终都在践行自己的"三不"道德观：①IBM 公司的推销人员在任何情况下都不能批评竞争对手的产品；②如对手已接获顾客的订单，切勿游说顾客改变主意；③推销人员绝对不可以为获得订单而提出贿赂。这三条道德规范的践行，使 IBM 公司无论在顾客还是在对手那里，都获得了良好的道德形象。激烈的竞争使越来越多的企业重视维护、提高企业的道德声誉。据统计，目前全美国已有 120 家跨国公司或大型公司成立了专门部门负责调查本公司内部违反商业道德的事件，在企业内部建立健全监督机制。事实证明，讲道德的企业一般能"道德良好，生意兴隆"，良好的企业道德转化为劳动生产率和产品质量的提高。相反，道德败坏的企业，不但得不到投资商和顾客的青睐，甚至会多行不义必自毙，葬送企业。

（二）企业精神的表达

企业精神不是自然滋生的，有其培养、生长发展的过程。表达企业精神必须用高度概括、精炼明了、有震撼力和号召力的语言，反对复杂、烦琐、冗长的表达方式。

1. 命名式表达形式

所谓命名式，就是用某种名称来概括企业精神。主要有以下几种：

（1）企业名称命名法　这是一种最常见的命名方法。在命名时，为称呼起来上口，一般取简化的企业名称，有的取首尾二字，有的取中间二字。如"首钢精神"（首都钢铁公司）、"新华精神"（山东新华制药厂）、"齐鲁精神"（齐鲁石油化学工业总公司）、"一汽精神"（第一汽车制造厂）等。这些命名方法的优点是将企业精神和本企业的名称连在一起，使人直接明确企业精神的归属。

（2）产品商标命名法　以商标形象来概括企业精神。一般适用于产品有名气或具有悠久历史的企业，如江苏戚墅堰机车车辆工厂的"严细、遵纪、团结、勤奋、文明"的"为车头精神"；常州照相机总厂的"团结、求实、创新、超群"的"红梅精神"；北京第四制药厂的"团结、勤奋、严细、进取、奉献"的"蜜蜂精神"。

（3）产品名称命名法　以企业生产的产品命名，一般适用于生产品种单一且有特色的企业，如沈阳风动机厂生产凿岩机那种敢于碰硬、开拓进取的精神又体现了该厂员工的追求，因此，他们将自己企业的企业精神命名为"凿岩机精神"。这种命名方法使企业精神形象化，同时也宣传了企业的产品。

（4）人名命名法　这是一种以企业英雄模范人物或企业创始人的名字命名的方法。在国内如大庆油田的"铁人精神"、鞍钢的"孟泰精神"、北京王府井百货大楼的"张秉贵一团火精神"等。在国外，以人的名字命名的较多，如日本松下电气公司的"松下精神"等。

此外，还有群体命名法等。命名式的优点可以在员工心目中经常确立企业精神和产品的立体形象，增强自豪感；可以在弘扬企业精神的同时宣传企业和产品，提高其知名度。

2. 非命名式表达形式

所谓非命名式是不使用象征概括的手法，而是开门见山地突出企业精神的特点。这种方式使用灵活，直接表达了企业精神，企业中使用得最多。

（1）优良传统式　企业的优良传统是一笔无形的财富。将优良传统概括为企业精神，能够使优良传统进一步发扬光大。

（2）宗旨式　即表达企业经营服务的宗旨，如朝阳第一建筑公司的宗旨式企业精神是：同心协力奋斗，精心施工创优，干一项工程交一户朋友。

（3）目标式　如广州铁路局的"争创一流夺冠军"精神；朝阳重型机器厂的"唯旗是夺"精神。

（4）号召式　如大连某厂的"一切为了工厂，一心想着工厂，行动维护工厂，合力建设工厂"的精神。

（5）要求式　如某耐火材料厂的"比别人干得更好些"的企业精神。

企业精神采用什么样的表达形式不是最重要的问题，最重要的问题是企业精神要体现"三性"（有个性；有群众性；有相对较长的时效性。）和"三力"（主旨鲜明有号召力；含义深刻有凝聚力；振奋精神有向心力）；这样，企业精神才有顽强的生命力。

本 章 小 结

1. 所谓企业文化，是指在一定的社会大文化环境影响下，经过企业领导者的长期倡导和员工的长期实践所形成的具有本企业特色的、为企业成员普遍遵守和奉行的价值观念、信仰、态度、行为准则、道德规范及传统和习惯的总和。

2. 企业文化的特征包括企业文化的标志性、历史性、系统性和可塑性。

3. 企业文化的功能包括企业价值的导向功能、企业主体的凝聚功能、员工士气的激励功能、思想行为的约束功能、社会影响的辐射功能和社会发展的推动功能。

4. 企业文化建设的基本程序分为调查研究、定格设计、实践巩固和完善提高四个环节。

5. 企业形象是指企业、企业行为及企业行为后果给社会公众（组织和个人）心目中留下的整体印象和评价，即社会公众对企业的整体信念。

6. 企业精神是企业在独立经营、独特经营和长期发展过程中，在继承企业优良传统的基础上，适应时代要求，由企业家积极倡导、全体员工自觉实践而形成的代表员工信念，激发企业活力，推动企业生产经营的规范化和信念化的团体精神。

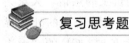 复习思考题

1. 企业形象为什么也是企业文化的内容？

2. 简述企业文化的结构及其关系。

3. 怎样理解企业文化中的企业主体的凝聚功能。

4. 有人说经济与文化一体化是现代企业发展的大趋势，你认为这种说法对吗？为什么？

5. 赵总在一个企业文化研讨会上说道："企业管理应该现代化、科学化，应该将精力放在市场的开拓、生产的组织上，而现在有些人提出了什么企业文化的概念……企业文化不就是唱唱歌，跳跳舞，开开运动会嘛，它应该是工会的事，花费时间去过问这种事是没有意义的。"你听了这段话，有什么想法？

 案例分析

美国通用电器公司管理文化的变革

美国通用电器公司（简称 GE）从爱迪生创办电灯公司开始，历经 120 多年，一直保持长盛不衰。特别是近 20 年在杰克·韦尔奇掌管公司以来，GE 公司的营业额以每年 10％以上的速度增长。1999 年公司净利润达 107 亿美元，销售额 1120 亿美元，通用股票市值高达 5170 亿美元，是世界上市值最高的公司。GE 创造了全球跨国公司的奇迹，其成功在很大程

度上得益于企业管理文化的变革。

1. 追求完美。

20世纪80年代初，韦尔奇初掌GE时，GE是美国最强大的公司之一，运营一切正常，当时年销售额250亿美元，利润15亿美元，资产负债良性。然而，韦尔奇从市场变化中看到了挑战，意识到在经济全球化的形势下，二流的产品与服务将不能生存，只有那些坚持第一、低成本、高品质以及在市场定位中拥有绝对优势的产品与服务，才能在竞争中获胜。为此，韦尔奇执意要修理这架"没有毛病的机器"，提出了"第一或第二"的经营战略。他果断淘汰了一些虽然赢利但已过时的业务，只保留那些在市场上占统治地位的业务，要求GE所有的事业部都要变成市场中的第一或第二，否则就将其关闭或出售，从而实现使GE成为全球最具竞争力公司的目标。经过10年调整，到20世纪90年代中期，GE的各主要事业部都已在全球市场上居于主导或接近主导的地位。

2. 消除界限

为使公司更有竞争力，GE致力于构筑"无界限组织"，建立一个流畅和进取的世界性公司。其观念和行动的变化是化繁为简，向小公司学习。压缩规模，10年裁员35％；减少层次和流程，从董事长到现场管理者之间的管理级别数目从9个减到4～5个，管理层中的二三级部门和小组完全删掉。公司实行垂直为主的矩阵式、扁平化组织管理，各事业部的领导人直接向CE0和他的副手汇报。现在，GE的最高层经营班子仅有三人，总部机关只有五个职能部门（人力资源、研究开发、法律、信息和财务），却非常有效地控制着公司所有的重大决策。"无边界"行动将大公司的雄厚实力、丰富资源、巨大影响和小公司的发展欲望、灵活性、激情较好地结合起来，消除了官僚主义制度，激发了管理者与员工的热情，大家共同承担责任，相互合作。同时，还有助于加强与顾客和供货商的联系，消除公司的外部界限。他们让供货商参与设计与生产过程，如发展新的超声系统时请医生参加。GE的"无边界"行动，是基于他们对速度与效率的推崇与追求。因为，GE人意识到，更快的速度，给公司带来的不只是直接的商业利益，还有更大的现金流量、更强的赢利能力和更高的市场份额。尽管韦尔奇直接接受各事业部领导的汇报，但他能够做到所有投资决策在上报当日就可得到答复，绝无"研究研究"之说。1989年，GE只用了三天就完成了与英国GEC集团的联盟就是一例。

3. 挑战极限

"视客户为赢家"是GE的经营之道。公司的行为就是要确保客户永远是其第一受益者。为此，GE视产品与服务的品质为生命，而且在六个西格玛（6sigma）管理中找到了提高质量的有效途径。六个西格玛是一种测量每100万次谨慎操作中所犯错误的计量单位，它表明错误的次数越少质量越高。一个西格玛表示68％的产品合格率。三个西格玛表示99.7％的合格率，一般情况下，这已经达到了优质标准。在GE看来这还不够，世界性的顶级公司要达到六个西格玛水平，即99.99966％的合格率，每百万次操作中只能有3.4个失误。这是一个很高的几乎达到极限的标准，但GE人都表现出异乎寻常的热情和挑战精神。他们转变管理模式，从修改和检测产品转为修改生产过程，确保产品一经生产出来就完美无瑕，从而实现GE向市场提供绝对无缺陷产品与服务的目标。为实现这一极限目标，GE把六个西格玛标准落实到全球各公司，所有员工必须接受相关培训。六个西格玛管理的推行，不仅在GE的企业文化中深深扎下根来，而且到1999年年末已给GE带来超过20亿美元的巨大收益。

4. 不去管理

GE 经营者对"管理"的理解是"越少越好"。他们对"管理者"重新进行了定义：过去的管理者是"经理"，表现为控制者、干预者、约束者和阻挡者；现在的管理者应该是"领导"，表现为解放者、协助者、激励者和教导者。GE 的"不去管理"，并非认为管理者可以自由放任不进行管理，而是强调不要陷入过度的管理之中。杰克·韦尔奇把管理行为界定为：清楚地告诉员工如何做得更好，并且能够描绘出远景构想来激发员工的努力。用他自己的话说，就是"传达思想，分配资源，然后让开道路"。激发热情的方式，是允许员工们有更大的自由和更多的责任。在 GE，有两种人必须离开：一是违反道德原则；二是控制欲强、保守、暴虐和压制别人，并不愿改变。这种"不去管理"的理念，造就了一大批优秀的管理人才，这些人才充满活力。

5. 群策群力

这是一种松散的、非正式的并且常常是热闹的聚会形式，目的是集中公司内外、上下各方面智慧，培植收集并实施最好的主意。其方法是提出问题、倾听、讨论、建议，然后付诸行动。"群策群力"的意义在于：对经理人员来说，倾听员工的声音是一件必不可少的工作；对员工来说，提出自己解决问题的想法是一种权利和责任。所有员工的潜力和热情都能调动起来。

6. 合法抄袭

GE 人意识到，仅有一个好的主意还不够，只有当它与大家共享时，才能真正发挥效用。好学已经成为 GE 人思维方式变革不可或缺的一部分，也是 GE 很重要的一个经营理念。对外，GE 采纳了克莱斯勒公司和佳能公司的新产品介绍技术；采用了 GM 和丰田公司的高效原料供应技术；学习了摩托罗拉公司的六个西格玛管理方法。对内，GE 的各事业部之间在技术、设计、人员奖赏和评价系统、生产以及顾客和地区信息等诸多方面实行共享。

7. 掌握变局

"得以生存的不是最强大或最聪明的物种，而是最善应变的物种"，达尔文这段话给了 GE 很大的启发。GE 人意识到，公司不能靠大，而要靠变。面对激烈的市场竞争，"只有变革不会改变，而我们能改变"。成功企业的领导者，应该是"掌握变局的赢家"。

 问题讨论

GE 管理文化变革对中国企业文化建设有什么启示？

 实践训练

收集一个我国近几年有关管理的案例或资料，应用所学知识分析其企业文化，并写成简要书面分析报告，在班级组织交流与讨论。

参 考 文 献

[1] 高海晨. 企业管理. 北京：高教出版社，2003.

[2] 徐盛华. 现代企业管理. 北京：清华大学出版社，2005.

[3] 张亚，周巧英. 企业管理. 北京：北京大学出版社，2007.

[4] 陈春泉. 现代企业经营与管理. 北京：科学出版社，2009.

[5] 杜玉梅. 企业管理. 上海：上海财经大学出版社，2009.

[6] 李育民. 现代企业管理. 北京：人民邮电出版社，2011.

[7] 李渠建. 现代企业管理. 北京：首都经济贸易大学出版社，2010.

[8] 由建勋. 现代企业管理. 北京：高等教育出版社，2008.

[9] 胡建宏. 现代企业管理. 北京：清华大学出版社，2010.

[10] 汪永太. 企业经营与管理. 北京：电子工业出版社，2007.

[11] 姚裕群. 人力资源管理. 北京：中国人民大学出版社，2004.

[12] 夏昌祥. 现代企业管理. 重庆：重庆大学出版社，2005.

[13] 吴拓. 现代企业管理. 北京：机械工业出版社，2009.

[14] 单风儒. 管理学基础. 北京：高等教育出版社，2005.

[15] 袁竹. 现代企业管理. 北京：清华大学出版社，2009.

[16] 宋克勤. 企业管理. 上海：上海财经大学出版社，2004.

[17] 芮明杰. 管理学教程. 北京：首都经济贸易大学出版社，2004.

[18] 谌新民. 新人力资源管理. 北京：中央编译出版社，2006.

[19] 韩伟. 现代企业经营管理. 北京：化学工业出版社，2009.

[20] 周鹏. 综合营销实务. 北京：电子工业出版社，2006.

[21] http://www.cem.com.cn，中国企业管理信息网.

[22] http://www.crmchina.com.cn，中国客户关系管理网.

[23] http://www.wiseman.com.cn，中国企管网.

[24] http://www.chinamarketing.com.cn，华夏营销网.

[25] http://www.chinahrd.net.，中国人力资源开发网.